U0660286

落地生根

让智能制造回归价值

于 琪 著◎

電子工業出版社.

Publishing House of Electronics Industry

北京 · BEIJING

内 容 简 介

"科学技术是第一生产力"。如果科学技术转化不成生产力，就失去了应用支撑，而变成纯理论或被淘汰的技术。当下，在中国制造领域，各种概念满天飞，数字化、智能制造、工业 4.0、工业互联网等。制造企业如何拨云见日，理解这些概念背后的核心支撑是什么，如何对接这些技术或理念？这些都值得广大从业人员思考。

本书的作用正在于此。从制造企业面临的升级转型困局和不知道智能制造到底为何物的疑惑开始，引导读者思考制造企业的痛点，深入挖掘痛点背后制造业的复杂现状，给出智能制造的工具包，以及制造企业面临的问题。通过提供企业自诊断的工具模板、智能制造规划路线图等工具，不仅让制造企业家能够深入理解智能制造，同时也能让广大读者对智能制造的理解不再停留在概念层面，而变得具有可操作性。

图书在版编目（CIP）数据

落地生根：让智能制造回归价值 / 于琪著. —北京：电子工业出版社，2020.3

ISBN 978-7-121-38372-4

Ⅰ．①落… Ⅱ．①于… Ⅲ．①智能制造系统—制造工业—研究 Ⅳ．①F407.4

中国版本图书馆 CIP 数据核字（2020）第 012115 号

责任编辑：刘志红（lzhmails@phei.com.cn）　　　　特约编辑：李　姣

印　　刷：北京捷迅佳彩印刷有限公司
装　　订：北京捷迅佳彩印刷有限公司
出版发行：电子工业出版社
　　　　　北京市海淀区万寿路 173 信箱　邮编　100036
开　　本：720×1 000　1/16　印张：16.25　字数：203.3 千字
版　　次：2020 年 3 月第 1 版
印　　次：2023 年 9 月第 6 次印刷
定　　价：89.80 元

凡所购买电子工业出版社图书有缺损问题，请向购买书店调换。若书店售缺，请与本社发行部联系，联系及邮购电话：（010）88254888，88258888。

质量投诉请发邮件至 zlts@phei.com.cn，盗版侵权举报请发邮件至 dbqq@phei.com.cn。

本书咨询联系方式：（010）88254479，lzhmails@phei.com.cn。

推 荐 语

　　本书接地气、有格局，针对企业转型升级面临的困惑和痛点，以及智能制造这个热门话题，以实现价值这个本质的视角对"智能制造"是什么、为什么、做什么、谁去做、怎么做，用深入浅出的语言，拨云见日，直击本质，解惑答疑。尤其是本书分享了作者自己多年做智能制造调研、诊断、提供方案的一些专家工具和思路，对企业从事智能制造的人员，尤其是高层管理者，包括总经理、董事长对本企业智能制造推进之路有更清醒的认识，对智能制造在企业落地操作层面有更明确的认知，为智能制造落地生根，赋能中国制造，让中国制造赢得世界的尊重提供了实操性很强的思想、方法、工具、方案。

——澳柯玛控股集团总经理　张兴起

　　于琪是具有智能工厂丰富诊断、规划、落地和优化全方面服务能力的专家。所以，他的这篇著作《落地生根：让智能制造回归价值》值得制造业高管和智能制造从业者借鉴。企业数字化转型成功率不超过 30%，我认为最主要的原因是客户和服务商都没有思考好智能制造转型的价值定位。本书从 20 个维度，通过 5 级评估法帮助企业构建"自画像"和体检报告，并给企业提供了智能制造转型所有可能的应用工具优缺点的介绍。我作为一名 20 年世界五百强制造业从业者，最近 3-5 年转型创业，从事智能制造服务商，通读全书，受益匪浅。本书实操性强，强烈推荐。

——精益云产品经理，迅驰智能创始人，苏州精益教练学院院长　余凤华作为一家纯法资在华电子代工企业，欧朗电子同样面临着用工贵、用工难、竞争日趋激烈的挑战。选择智能制造来替代某些人工、提高综合效率，已经从之前高大上的概念，变成了企业提升竞争力，乃至长期生存的战略选择。于琪先生将他多年在"IT+OT"领域工作中积累的宝贵实战经验，以及所思所想凝结成本书，我有幸先睹为快，感觉干货满满。不仅有理论的分析和支持，更有实实在在的工具包提供给实施者，对于关心和想要实施智能制造的企业来说，是一本难得的接地气的好书。

——欧朗电子科技有限公司 CEO　沈春晖

对于制造企业而言，智能制造究竟如何施行，不同的企业，思路和方法各有差异。本书作者立足于长期的实践，以制造企业，尤其是中小企业的痛点为抓手，围绕企业实际运行，深入浅出地从理论的高度和实践的深度上为推进智能制造提供了新的视角和路径，值得大家深入研读。

——江苏辉能电气有限公司董事长　江长生

推 荐 序

不久前，一位朋友跟我分享了高效沟通的 THINK 原则：T–Truth 基于事实，H–Helpful 提供助益，I–Inspiring 鼓舞人心，N–Necessary 有所必要，K–Kindness 亲切友善。深以为然。很开心听闻于琪又出新书，更有幸能成为本书的第一批读者。细细读来，恰好是 THINK 原则的完美诠释。

实业难，制造业这个实业更是难上加难。企业家们希冀借助智能制造的翅膀帮助制造业实现升级转型，但问题盘根错节，概念层出不穷，经费捉襟见肘，从何入手，如何着手，借谁之手？

本书就是作者针对企业家们这些共性问题的一次全方位答疑解惑。作者在智能制造领域有数十年的一线实践经验，文中列举的问题、场景、范例，无一不是制造型企业的真实写照。

作者不但通过冷静观察和深入思考为读者抽丝剥茧，层层剖析，对智能制造进行了系统的解析，更提供了思路、步骤、工具模板、表格、矩阵等，都是作者多年实践的总结，也是帮助企业家们拨云见日，进行自我诊断评估、规划的切实有效的借鉴。

都说文如其人。本书没有生僻晦涩的名词、没有高深玄妙的概念，更没有宏大绚烂的夸辞。文字朴实、诚恳、生动，如同与老友饮茶，可以推心置腹，可以沉静深思，可以会心微笑。

罗马非一日建成，智能制造也不可能一蹴而就。希望有更多的朋友读到此书，借助这杯茶的温度和余味回甘，实现智能制造在企业的落地生根，开启真正的价值实现之旅。

——西门子中国研究院研发部总经理　李明

自　序

　　制造业生产有形的实物，是一个"实在"的行业。在过去三十年里，中国的制造业通过利用外资，与外商在合作中学习成长、在竞争中提高，产业规模、水平和竞争力不断获得提升和增强。模仿和学习的快车道已经用了这么多年，现在，中国的制造业水平在一些细分领域或者在某些领先企业中已经比肩发达国家的水平，甚至成为某些制造业领域的隐形冠军。但模仿和学习的快车道已经不能继续支撑中国制造业继续快速进步，需要新的增长引擎。这个引擎就是深度拥抱 IT 技术，发展智能制造，用智能改造制造业，促使制造业再次发生变革。

　　近三十年来，发展最快的当属 IT 行业，硬件性能越来越好，并且价格走低，软件功能越来越多。因此，这也是工业领域拥抱 IT 技术形成现在的智能制造的基础。而事实上，绝大部分领域缺乏创新、换代缓慢，于是，"实在"的部分拿不出手，就纷纷开始炒概念，毕竟造词比造物容易。计算领域算法创新不足，就从架构及名词创新方面狠下功夫，多年前的"分布式计算"现在经过调整以"边缘计算"的形式出现，对应"云计算"的还有"雾计算"。我曾跟同事开玩笑说："很快会出现霾计算、尘计算"。如果学究式地区分这些名词，可能有一些细分差别，但脱离了用户场景和能够解决的用户问题，脱离了价值，只谈名词称呼，那真的是在"耍流氓"。

　　智能制造领域也一样，制造工厂的企业主被太多名词包围，甚至被淹没。"工业 4.0""工业互联网""智能制造""数字化"，等等；每一个词都有丰富的内涵和外延，每一个词都强调"全价值链""全景""端到端"，好像什么都可以囊括。

我几个月前在制造业的朋友圈里，甚至看到有国内服务商已经提出"工业互联网2.0"的概念了，大家讲"PaaS""平台"还没有多长时间呢。几个月前，我们又有了"中台"这个词。业内朋友问我下一个名词会是什么，我开玩笑说："中台过时了，还会有前台和后台，再不行还有上台和下台。"

针对制造业这么实在的大类行业，还是要回到说实在话、办实在事的轨道上来。"回归价值、价值回归"就是本书的核心主线，通过先提问题，后逐渐解析问题的方式，让制造业的企业高管和制造业服务提供商对当下应该做的事有一个更清晰的认识，获得一些可借鉴的工具。而这两类人也正是本书的目标读者。

我最初较为深入地接触制造业是在 2006 年，在青岛一个制造钢构件的公司进行了 1 个多月暑期实习调研。后来因工作原因先后去了南京的 3 家电力行业的公司，全面地接触了 PCBA、钣金、组装、机加工等制造工艺。进入西门子之后，内部岗位换了 3 次，工作地点也换了 3 个不同的城市，从南京到苏州，再到青岛，因此，较为全面地接触了江苏和山东两省的制造业。这两个省的制造业基本能够作为中国制造业的代表——江苏的电子、机械及器材制造，山东的家电、化工及重型器械，都是在国内占比大、集中度高、传承较久的省份；江苏多外企、私企、苏南模式的小城镇企业，而山东多央企、国企、混改后的公私合营企业。基于对这两个省制造业的调研和总结而概括出来的内容，相信对中国的制造业发展还是有一些可借鉴之处的。而且本书中的绝大部分问题来源于我在制造业走访、诊断、做方案时遇到的客户疑惑，以及为同事、同行解答或与其交流的问题。

2019 年于青岛

目　录

第 **1** 章
制造企业之困惑

世界上有一部分人被尊称为实业家，有一部分人被尊称为企业家，如果给这两者做个合并——"实业企业家"，他们应该就是指从事制造业的企业主们。这些人在社会上之所以获得这一尊称，除了制造业生产的产品为大家的衣食住行提供了硬核的解决方法之外，制造业也做出了提供就业岗位、纳税等社会贡献，当然还因为他们的不容易：忙碌的生活节奏，巨大的精神压力，还要应付各种人际关系。

但即使如此，也不能保证他们的企业能够脱颖而出，甚至仅仅是保证企业能够存活下来。人追求差异化带来了产品需求的多样化，从而倒逼生产制造柔性化需求；而智能制造作为解决方法，又是生产制造柔性化、生产制造快速交付、生产制造成本和库存压降等因素倒逼出来的。这个从需求侧倒逼出来的智能制造课题最终要落实在制造企业身上来实现，这又要靠企业的老板和管理者们接下这个任务。

身处繁忙的工作和压力之中，很多企业管理者们很难有精力专门研究课题。这个课题就是 IT 技术在制造业中的跨界衔接课题，比之前的知识维度有一个较大的跃进；服务商天花乱坠的说辞和概念泛化，许多企业管理者很难深入了解……。

本章针对制造企业面临的困惑进行剖析，直击制造业企业主们的迷茫和担心；并对这些困惑、迷茫、担心给出初步的参考建议，在后续章节中，会更深入地详解智能制造如何落地操作。

1.1 / 企业之困——升级转型迫在眉睫

老刘是某私人企业的老板。创业 30 年来，兢兢业业、勤勤恳恳，现在公司也算搞得有模有样，前几年情况好的时候企业一年上缴利税几千万元，为社会做了不少贡献。但这几年市场变动很大，现在的客户订单要求交付的时间越来越短，产品的波动也大，混线生产的情况越来越多，他自己忙于外部应酬，也没精力去抓管理细节。每次会议简单听几个副总、部门负责人的汇报都像是过流水账，狠抓一下管理就有各种吐槽。几个跟随自己多年的老部下都在公司做高管，物质生活日益富裕，没有变革的动力，而年轻人又不能独当一面，正是企业人才青黄不接的时候。老刘自己也能明显感觉公司在生产制造方面存在问题，但细说又说不清，更别提拿出解决方法了。很长时间不接触底层的管理，公司生产制造层面出现问题不能及时进行定量分析，自己也不能实时掌握公司生产状态，直到自己接到客户投诉才发现问题严重了。可问题挖不深，除了发火，还能做什么建设性的工作呢？

老李是某国企的总经理。十几年前，他所在的行业的产品供不应求，而现在这个行业一片黯淡，利润率低。由于国内私企品牌崛起，产品具有较强竞争力，既压低了产品价格，还占有了一大部分市场。国企减员不像私企那么灵活，而增效又似乎不是出路，毕竟市场需求量有限，万一增效之后产品出现滞销又怎么办？搞新产品研发吧，现在私企里的产品研发从进度、质量上似乎都力不从心。思索良久，觉得出路有两条：一条是利用国企可以比较便捷地融到资金的优势，在现在传统制造业基础上，发展智能制造，来个"借壳上位"，争取成为同行业中的智能制造服务商；另一条是利用国企在某些方面更容易获得政府资源和扶持的优势，研发新产品，争取产业升级。方向是有了，关键是抓手在哪里？做事讲究"道、术、器"，"术"和"器"没有积累，从哪里获得指导呢？

以上的问题很典型，是很多我走访、交流过的企业所面临的困境。整体来说，是企业遇到了产业升级转型的临界点，或者叫做瓶颈。具体来说，企业如何升级转型、制造业如何"换血续命"，体现在存在解决制造企业数据不透明、问题不量化、研发复杂等问题。

这还是大面上的问题。如果从生产制造的计划环节、物料供应环节、仓储管理环节、生产报工环节、设备管理环节等方面去发掘更为基本的问题，那简直是纷繁芜杂，不忍直视。

"走集约型发展的方式，不要粗放式发展。"之前忽视过的口号现在成了用教训换来的名言警句。但时光不能倒流、时局容不得假设。困局已成，如何破局？这才是当下需要解答的问题。

1.2 企业之惑——这么多"解药"吃哪个

问题这么多，遵循"内事不决问百度"，于是制造业的高管们带着问题去搜索了各种软文，最终发现"纸上得来终觉浅"。于是，他们又去市面上听各种讲座，听完后还是一头雾水。名词太多了，工业 4.0、工业互联网、工业物联网、智能制造、数字化……甚至有些新的名词还在加工制造中。

表面看起来，有这么多"解药"，但这些药的区别在哪？哪个适合自己？这些药之间是相同的内容，不同的包装，还是互相之间有一定关系？搜集了资料、听完了讲座，大部分企业主的感受是，结果不是更清晰，而是更混乱。

在这里，我可以简单地给这个问题提供一个"非标准答案"。在这里，而不是后面的章节再回答这个问题，是因为它比较简单。之所以说是"非标准答案"，是因为一方面这个问题没有标准答案，另一方面为了简化问题。

工业 4.0、智能制造、数字化……这些概念像极了春秋战国时的诸子百家，它们均针对制造业遇到的问题试图给出解决方案。解决社会问题时，"得民心者得天下"。解决制造业的问题也一样——哪个药能解决问题，哪个药就会被社会接纳。

根据这些概念的范围，大致可以理解为：数字化是智能制造的前提，工业4.0 是包括了数字化和智能制造的，但又不仅仅是这两者的组合。工业 4.0 与工业互联网被比较早地提出来。工业 4.0 由德国主推，工业互联网由美国主推，这都是非常大的概念，但由于迟迟不能形成行业标准，导致概念难以落地，所以后来大家都宣贯智能制造，智能制造在中国大部分中小企业的实践还处于很初级的阶段，因为很多企业连数字化都没有做好。所以数字化又成了最近一直火热的名词。

由此可知，是先有了很大的工业 4.0 的名词概念，后来调整成了较小范围的智能制造的名词概念，再后来觉得数字化虽然更初级，但与现在中国大部分企业的状况比较接近，起码能看到对标的目标，这好像司机驾驶时更在乎车灯下眼前的 30 米，而不是更远处的距离。

我们不妨将数字化作为智能制造的初级阶段，选一个比较折中的词来谈当前和未来 10 年的制造业目标愿景，个人以为这样是比较合适的。其实，当前中国的制造业已经在这样做了。各地出台政策鼓励制造企业进行智能制造，几乎所有的企业现在进行的是深入推进数字化。所以，本书中所说的智能制造既是包含了智能元素的工业制造，也包含了深度推进的制造业数字化。在此解释以免读者在阅读后面的章节时产生歧义。

1.3 企业之怕——花钱后到底会不会成功

很多制造企业都知道智能制造是未来趋势，也是今后发展的需要。但之所以迟迟不动，几乎都因为这样一种心理：我不想当第一个吃螃蟹的人，先看看别人怎么做，能不能收到效果再说。

这种心理可以理解。是否正确，我认为只能说因情况而异：如果企业是通过观望来甄别哪些智能制造的服务商更有能力和责任心实施好某个行业的项目，这种心态是对的。但如果是想等别人都实施好了自己再做而希望风险就一定变小很多，那可能实际情况恰恰不是这样的。

一方面，即使做同一个领域产品的制造企业也没有一模一样的。即使工艺完全一样，企业里的人员素质、生产组织方式、自动化和信息化水平、企业预算等方面可能都不一样。在别人工厂里适用的东西在自己的工厂里未必适用，反之也一样。所以如果实施智能制造，你肯定是要做第一个吃螃蟹的。

另一方面，实施一个智能制造的项目，哪怕是第一期，从立项到实施到小批量试制，再到每个环节应用得比较顺利，至少需要 1.5~2 年的时间。在这段时间内，制造企业团队人员获取的项目实施和配合经验，以及他们在这个过程中的成长都是至关重要的，这些知识和思考的积累，有助于企业向更高层面迈进。如果等别人已经升维思考、品牌升级、质量提高了，有了更好的声誉之后，自己才亦步亦趋，就已经落在了后面，实施成本上省下的费用很可能弥补不了失去先机造成的损失。

所以，制造企业只要能够挤出一些费用，不妨谨慎但坚持地往智能制造方向投资。至于投资是否一定能有回报，坦率地讲，不一定。

就以十年前就开始风靡的 ERP，以及三年前非常火爆的 MES 为例。ERP 的服务商宣称大约 70%~80% 的项目是成功的，而从用户反馈得到的大致统计结果是，只有不到 50% 的项目是成功的。而 MES 的服务商宣称，大约一半的项目是成功的，而从用户反馈得到的大致统计结果是，只有不到 30% 的项目是成功的。ERP 和 MES 两个领域涉及的项目里，不付尾款甚至只付了首款的项目很普遍，制造企业和服务商互相指责、推诿责任也是经常发生的事情。责任不是单单哪一方的，我们在本书中会逐渐对这个问题进行剖析，并提出解决办法。

通过这些例子能得出一个结论：智能制造，花钱了不一定能成功。那花钱不一定能成功为什么还要做这件事？我想把它比喻成学生的高考，这样比较简单、易懂，也比较形象：除非你有其他的谋生之道（作为某些领域指定的固定供应商），否则高考（智能制造）几乎是你唯一的出路。努力学习（深入地走智能制造之路）不一定能顺利考上大学（成功实现智能制造），那你就不努力了吗？

1.4 企业的腻烦
——我不要搜索引擎上的浅层科普

制造企业对智能制造的理解参差不齐，对智能制造的诉求也是千变万化的，这对服务提供商也提出了不小的挑战。但一般而言，真心想做智能制造的企业一定同时也有学习和深入了解的需求，规划和实施智能制造的过程也是制造企业成长的过程。所以，用户出现的问题越多，越有可能最终落地实施智能制造。是否由当前这家服务商最终买单倒是未必。但越能够讲清楚智能制造是什么、智能制造怎么样帮助企业、价值在哪里、如何在用户这里落地的服务商，他们获得用户青睐的概率也越高。

之前遇到一个同行被制造企业质问："不要老讲些概念，关键在我这个行业、我的公司里，怎么做你得说清楚，我不要从百度百科上就能搜索到的那些高大上的概念！"我自己在给一个制造企业进行调研和诊断时，也曾第一次进会议室就被客户告知："来我们这走访、诊断的专家，没有一百批，也有五十批了，说的都差不多，浮在表面，不能深入，您来这，我希望最终能听到、看到一些实在的东西。"

的确，制造企业希望服务商提供的内容货真价实，而反之，服务商希望所服务的制造企业给予商机，并多多支持。这里，我有一点经验可以分享给读者：

对制造企业来说，如何甄别服务商是否靠谱：

- 第一次就聊案例的服务商，比较靠谱。
- 第一次就聊痛点的服务商，比较靠谱。
- 第一次聊概念后面逐渐引入需求确认和方案的服务商，比较靠谱。
- 第一次聊概念，后面还是聊概念的服务商，得考虑下。因为要么这家服务商是一家大体量的公司，沟通协调流程复杂，并且每次来谈业务的人可能相互间信息不衔接；要么这家服务商没这个领域的能力和经验，是在忽悠你。

对服务商来说，如何甄别制造企业能否作为潜在客户，可以从以下几方面判断。

- 第一次就聊明确需求和预算，也告诉你接触过哪些服务商的制造企业，后面成交的可能性大。
- 第一次就聊明确需求和预算，告诉你这是他们首次接触服务商的制造企业，大多数没说实话，但可以继续跟踪。
- 第一次接触说不清需求但表示一定需要往这个方向走，并且感觉到危机感的制造企业，可以继续跟踪。
- 第一次接触说不清需求但做过同行业的对标，虚心表示自己有提升空间，或者因为智能制造可以得到一些补贴政策的制造企业，后面成交的可能性也比较大，可以继续跟踪。

- 第一次接触就把饼画得很大，声称自己要做行业第一，但其实企业在走下坡路，谈到预算时，似乎只等政府补贴，不愿意自己投入的制造企业，后续难有业务成交的可能，即使接到了单也很难做。
- 第一次接触就安排一堆人来参加会议，会上却明显上下不同心，谈到预算就含含糊糊的制造企业，他就是想让你去做个免费培训，后续也难有业务成交的可能。

第**2**章
智能制造的两头难

第 1 章提到，智能制造的落地，花了钱也不一定能成功，还得去了解各种新东西，那是不是可以不做、维持现状就挺好呢？我想不用我回答制造企业的管理者们也知道肯定不可以维持现状，因为现状存在太多的不足。

其实，不仅仅是因为现状不足，所以要推进智能制造，还因为现在的制造业产能已经供大于求，所以不是所有制造企业都会在未来的竞争中存活下来。世界上的人口就那么多，所以需求也就那么多。由于受物流运输成本等因素的限制，一个工厂生产的实物产品多数也就在方圆几百平米内销售是比较有成本优势的，所以能去迎合的需求也就那么多。既然市场需求有限，有的企业还在推进智能制造，提高人均产能和地均产能，这也意味着制造企业之间的竞争只会越来越激烈。实施智能制造的结果一定是"明天可能会更好"，但对智能制造迟迟不能付诸行动的结果就可想而知了。

本章当然不是为了解释制造企业的难处，也不是为了强调制造企业不去做智能制造就会无法生存下去。而是从制造企业及服务商两方面去剖析是什么因素导致了制造业的问题不容易解决，以便于双方能够彼此理解对方的业务和难点，从而更清楚自己在智能制造之路上应有的准备。这也为后续为什么需要诊断企业的制造现状和问题，制定智能制造实施的路线图，以及为什么要选择敏捷或者小步迭代的方式去实施智能制造做原因铺垫。

2.1 制造企业为什么这么难？
——升级转型的临界点

中国制造企业当年的快速崛起有其背景因素，现在面临的困难也多是因为随着时代发展，当年那些助力制造业快速腾飞的背景因素不存在了。所以，只能摆脱对之前因素的依赖而迈入升级转型的新路子。

1．当年中国制造兴起的条件与现在情况不同

中国制造业的兴起兼具"天时、地利、人和"，一方面得益于改革开始后，大量国有企业的倒闭导致大量产业工人下岗，这为制造业的发展提供了优秀工人，这些产业工人可以迅速成为生产力，为投资者节约了大量的人员培训成本。

另一方面，中国的基础设施建设能力很强大，为制造业发展提供了有效的保障。中国在建筑方面屡创世界第一，再难的工程也可以做，再长的桥也可以造，再深的隧道也可以挖。我在电力行业的继电保护方向做项目经理和产品经理时，

同行们骄傲地说世界第一的继保技术在中国，这确实是事实。中国地域广所以特高压直流输电技术有试验场，人口多、供电复杂为运营经验的丰富提供了基础。国家要求"村村通电，家家户户有电"给制造业发展提供了基础条件。

2．现有的国际竞争者太多

中国在改革开放之际，世界上没有其他国家比中国更适合劳动密集型和低端的制造业生产。但时隔数十年后，中高端制造业市场受到西方国家的堵截，低端制造业市场有老挝、孟加拉、越南等国的争抢。

现在的中美贸易战主要原因就是美国要保护本国的中高端制造业，对中国的高科技和中高端制造业进行打压。而中低端制造业方面，很多之前在苏州和南通一带的工厂为了节省人工成本，整厂搬迁到了苏北和安徽，而位于安徽的很多工厂搬迁到了东南亚国家。这几年，苏州和无锡等苏南城市的很多外企，如欧姆龙等工厂关门，让配套的供应商工厂面临极大的生存压力。看看我们手头使用的打印机及国外品牌的服饰，之前印着"made in China"，而现在大多数印着"made in Vietnam"，还有来自柬埔寨生产的。

3．现在中国制造业招工难

其一，制造业的工资比较低，活比较累，以前比较好招工是因为可以通过技校或者人才市场招聘工人。但是，现在的年轻人普遍学历较高，对工作的要求也高，很少有能放得下身价来进工厂打工的。

其二，生产工厂的蓝领工人大多数在做重复性劳动，一段时间后对经验积累没什么太多帮助，不属于那种"越看越吃香"的工种，这样的工作对有想法的年轻人来说没有吸引力。

其三，制造企业的工作缺乏社交性。在这个钢筋混凝土把大家隔离起来而人的社交需求更需要沟通出口的时代，很多年轻人宁肯去开网店、送外卖，也不愿意去制造企业工作。

4．人能发挥的作用到了极限

因制造业的管理需要，诞生了很多工厂里的白领岗位。这些岗位有行政岗位，如后勤和秘书等；有生产管理岗位，如计划员和物控等；有工艺提升人员，如工艺工程师和 IE 工程师等。但人多了，相互之间的沟通也就多了，信息传达的链路就长，所以导致效率比较低。既然人多了效率低了，那么减员行不行？这样做的结果是部分解决了沟通效率问题，却导致某些工作没人完成。如果企业想一直停留在低端制造业，当然不需要效率提升。IE 工程师，甚至质量人员也没那么重要，但要走出低端制造业，这些岗位就都不可或缺。

之前，中国靠低端制造业冲击世界市场，不需要那么多白领岗位。即使后来增加了这么多白领岗位却导致了效率低，可以通过加班等方式解决。而当加班也发现仍存在产能不足等问题时，可以采取招工扩产，实在不行就新建厂房，反正那时候土地便宜。而现在不仅是企业主因为低端制造业利润低而不想做低端，而且当时那样的人力成本低、土地便宜等适宜低端制造业生存的条件也不复存在了。

不能走回低端制造业的老路，冲击高端制造业是中国制造企业发展的必然之路。而要走高端制造，人的素质必须要提高，因此这无法靠堆人来解决问题。

总而言之，低端制造业在中国一直在被淘汰，将来也必将全部被淘汰。能否升级到中高端制造业，现在是一个关键时期。已有的中高端制造业要跟西方制造业逐鹿仅有的市场，现在也是处于一个竞争激烈的时代。难就对了，这是近期及长期需要面临的常态。

2.2 服务商为什么这么难？

——制造业本来就复杂

制造业有多复杂？BAT 还没有把这个领域快速颠覆成功就说明它真的不容易。不要以为这些大互联公司对制造业没兴趣，据我所知，已经有好多大互联网公司在做"工业云平台"，只是暂时没有杀手级的应用发布，所以也没有大肆宣传而已。

这里给出一个我梳理的基本能代表大部分离散制造业的主流程，真正导致不同行业、不同工厂流程不一致的原因主要在于车间的生产过程环节，因为这些环节与工艺有关。这里，我抽象了车间里的生产过程环节，该图主要反映一个离散制造企业从客户订单到生产过程是如何驱动流转起来的。制造企业内部业务流程如图 2-1 所示。

销售部门的订单主要有两个来源：一是销售部门通过和客户沟通，得到一个订单；二是根据历史销售订单情况进行销售预测，这一般考虑去年同时期的参考数据、上季度的销售状况、行业的周期性、今年的行业变动因素等进行综合销售预测。然后，销售部门将订单交给生产计划部门，生产计划部门生成生产计划用的订单。物控部门计算制作一个订单完成所需原材料的订单（算料，也叫 MRP 运算），核实有没有当前订单所需的材料，这时候会有两种情况出现。

1．仓库的原材料足够完成订单

生产计划部门就应该进行生产排产，库管按照生产管理人员下达的领料单进行备料，生产部门取走备好的料，安排生产过程。车间生产完成品后，要进行质量检测。如果检测合格，入到仓库作为成品库存。如果检测不合格，有以下两种处理方式：能重新加工的，打回生产车间，进行重新加工；不能重新加工的，入到报废仓库，进行报废处理。

2．仓库的原材料少于订单的材料所需

物控要制定一个采购单，将其交给采购部门。采购部门得到采购单后根据自己的一个采购渠道，去了解市场价格，然后根据货比三家、物美价廉的原则来采购原材料。当采购部门与供应商签订合同后，供应商会根据当前采购部门签订的合同，将货物运送到仓库，当库管收到货物后，要通知质量部门来审核商品的质量。根据审核质量的结果有两种处理方式：

第一种，质量没问题就入库。之后采购安排收货，并通知财务部门。财务部门收到了供应商的发票后，此时货到、票到，就可以给供应商付款了。

第二种，如果存在问题就通知采购人员过来，并退货给供应商。

生产部门每天生产的成品都放入成品仓库。当订单的成品数量完成时，通知销售人员订单已经完成，销售人员则指示库管可以出货给客户。当客户收到货物以后，财务将发票寄给客户，由营销人员对客户催收货款。财务部收取货款之后，便可以做账了。

这个流程复杂吗？这其实只是一个简化的主生产过程流程，制造企业真正的流程比这个过程复杂得多，遇到的问题也多。比如，物控部门除了关注物料的齐全，也就是不缺料之外，还要注意如何减少库存积压，从而降低库存成本以便提高库存周转率和资金使用率。有的公司还设有生产程序部门来维护生产过程中使用的程序版本。有的公司还具备效率提升人员来统计、追踪、建议公司每个环节的效率，以此来提升工作效率。有的公司设有工艺提升部，并下设工业工程师（IE）进行生产过程中的作业指导等工作。

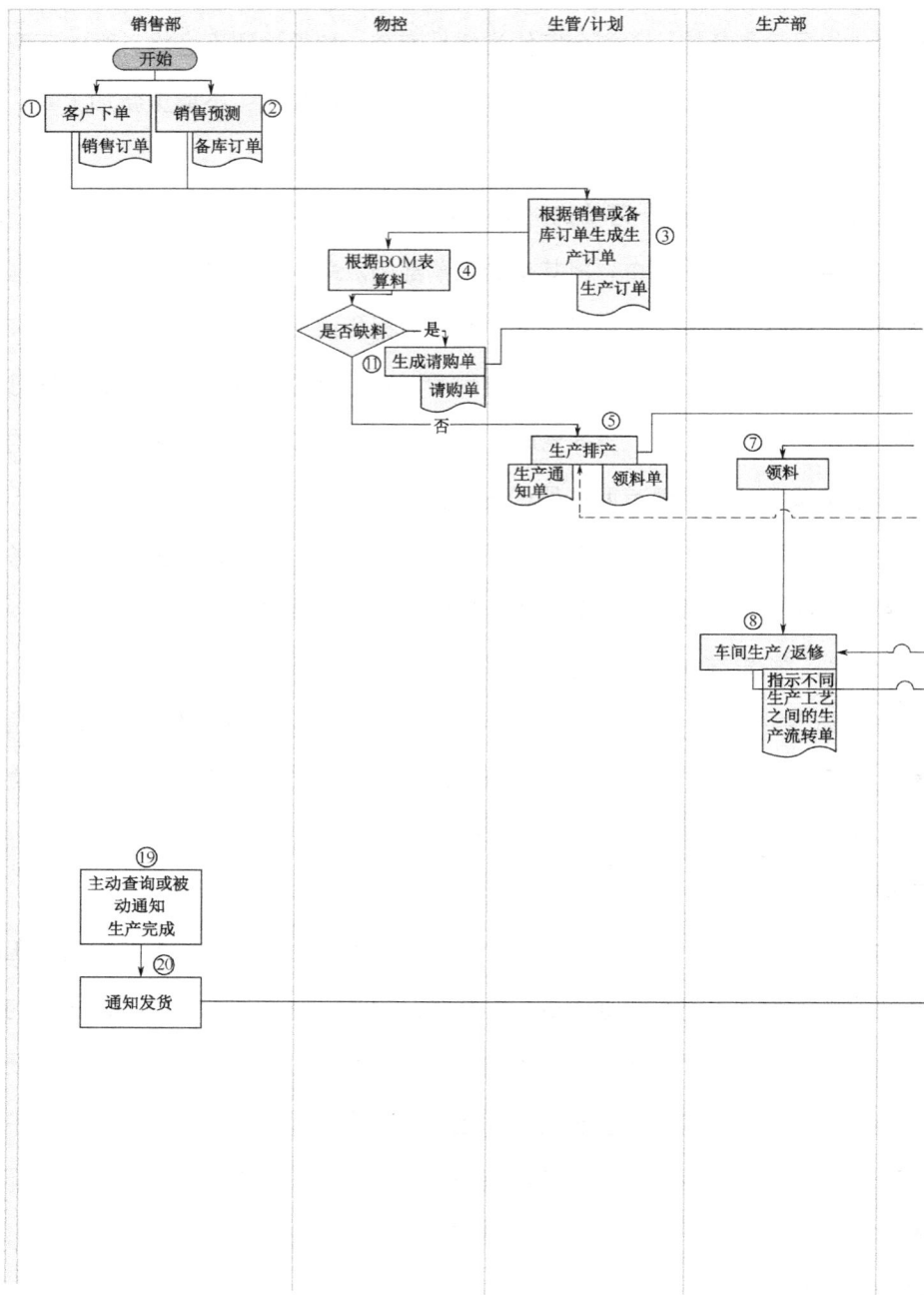

图 2-1　制造企业内部业务流程

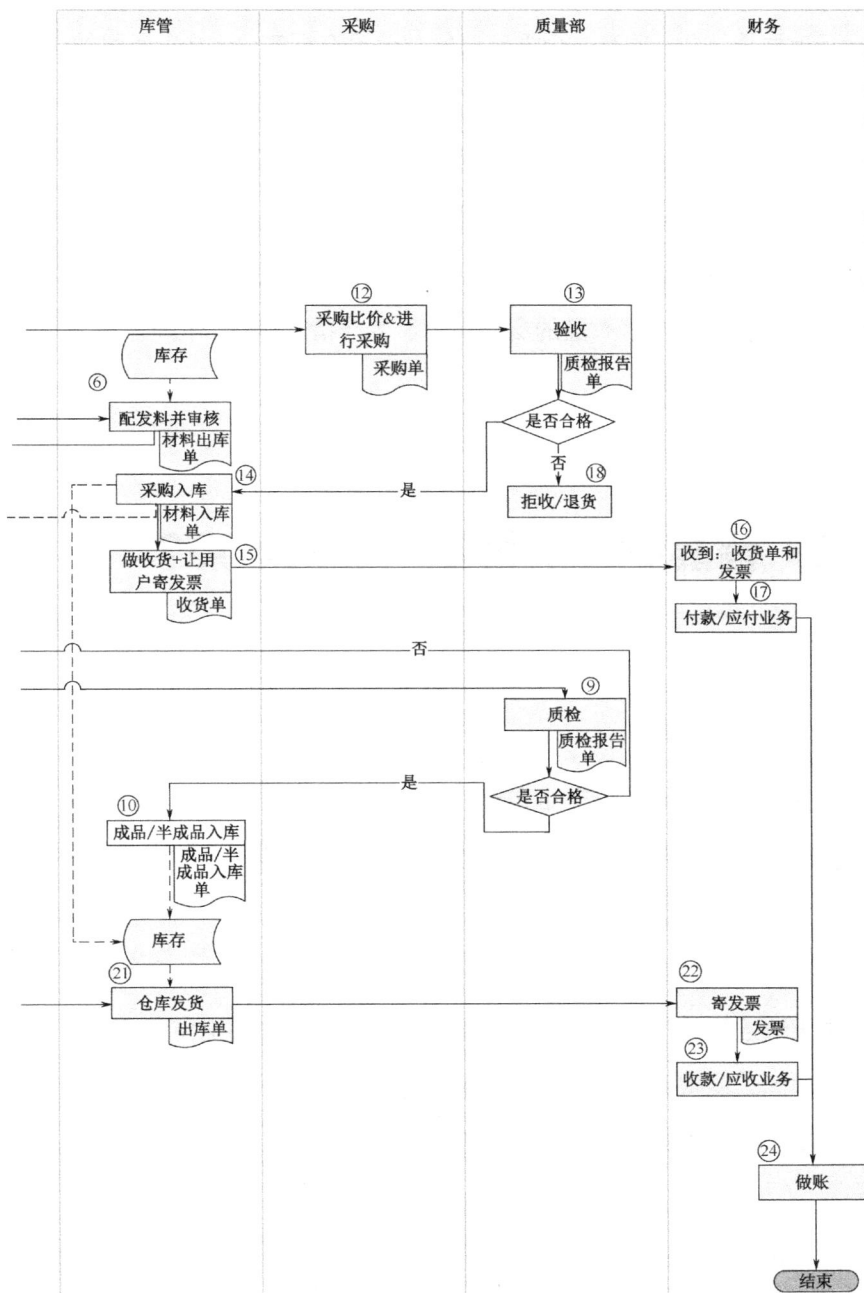

图 2-1　制造企业内部业务流程（续）

除了上面提到的，还有一个很复杂的部分没有展开，就是车间里的生产过程。这个过程是以工艺（工序组合）为中心的，可能有少至几个多至几十个步骤。比如一个平时常见的小金属玩具就可能有切料、冲压、机加工、焊接、去毛刺、喷漆、质检等工序环节，而每个环节都要考虑物料供应、与下一道工序的衔接、加工设备换型等因素。这个生产过程中不仅有蓝领工人使用设备进行加工，车间生产计划员和线班长等生管人员的参与调度、生产指令传达、信息反馈等也都是不可或缺的工作组成部分。

2.3 智能制造的推进有哪些难点？
——意识、投资需求、技术标准，等等

制造企业组织、业务、产品和价值链的复杂性，为制造企业的智能制造转型带来诸多障碍。事实上，智能制造并非单项技术的应用，也不仅仅是一个技术命题，更是一个战略和管理命题。

不同行业借助信息产业技术向智能制造转型，但行业中的有机构成部分——企业，由于缺乏预算与资源、缺乏专业技能、缺乏上级的支持与赞助、缺乏正确的技术等原因，使智能制造的推进在不同行业深度不一。具体来说，我们可以把智能制造推进过程中存在的难点概括为以下几方面的原因。

- 企业高层没有意识到智能制造的必要性、紧迫性和复杂性，观念还停留在部署常用的 IT 系统。实际上，数字化转型远远不是 IT 部门能够实现的，

必须由企业的决策层引领，自顶向下推进。

- 企业已经应用了诸多信息系统，但是孤岛纵横，由于基础数据不准确、编码体系不统一等原因，推进智能制造无从下手。

- 不少企业认为推进自动化系统效果更能够立竿见影，因此普遍存在重自动化、轻智能化的状况。通过走访很多企业，我发现企业都更加重视产线的自动化和少人化，但是设备联网和数据采集的基础差，车间没有真正实现可视化。

- 企业投资推进数字化转型没有取得显著效果，制约了企业进一步推进智能制造的积极性。例如，一些企业虽然投资自建了电商平台，但在流量为王的时代，客户还是被主流的电商平台掌控，自建平台达不到预期效果。

- 制造业的各个细分行业差异很大，处在各个产业链中不同位置的企业个性化很强，智能制造的突破口也各不相同，并没有可以直接照搬的模板。

- 我国制造企业的利润率较低，推进智能制造往往缺乏足够的资金进行投入。

针对以上的智能制造推进过程中面临的各种困难，我们推荐制造企业需要深度剖析智能制造的需求，并寻找突破口，建立明确的智能制造转型路线图。如果没有清晰的智能制造转型战略，把各种时髦的互联网、物联网相关技术囫囵吞枣地应用，不仅起不到真正提升企业核心竞争力的效果，还有可能使企业面对投资巨大，收益甚小的局面。这一话题是本书后续章节中要与大家一起深入探讨的主要内容。

2.4 未来会怎样？

——要么大难临头，要么"渡劫"成功

低端制造业一定被夹逼着向中高端制造业转型，中高端制造业也一定被夹逼着进一步自我提升和优化，但这一定会成功吗？当然未必，但不选择升级转型肯定会慢慢没落，选择升级转型因为成本支出等原因可能把制造企业的弱点放大，导致制造企业快速坍塌，但至少还是有机会成功的。这就像"渡劫"，要么成功，要么提早罹难。

其实制造企业也没有必要过度担心升级不成而致使企业提早关门的问题，中国制造企业能活到现在，哪个不是经历了多次的变动和调整。很多制造企业虽然成立时间不长，但对比企业从刚建成到小规模运营，到能够解决各种设备、人员等问题，现在的变革其实并不显得特别突兀。唯一突兀的点在于现在的变革需要更多的知识，而不仅仅是需要经验和勇气，而这可以通过参加一些培训和企业的自我学习来完成，比如可以从本书中得到一些有用信息。

这里需要"渡劫"的不仅仅是制造企业，而是整个生态。这个生态中还包含智能制造的服务商，因为中国制造企业和服务商是一个生态，一荣俱荣，一损俱损。

第 3 章
智能制造赋能的抓手

既然智能制造是制造企业发展的必然之路，那这么一个大概念，该从哪开始讲？常言久病成医，但那指的是人，还真没见过哪家制造企业能够久病成医。然而，久病成习惯；知问题之面，而不知问题之源；说得清大概，却说不清细节；知道有问题，但不知道有没有解决之道，倒是制造企业中常见的情况。

囫囵吞枣不能消化，那滋补良品也就发挥不了价值。本章给制造企业提供了几个工具帮助他们能对自己的企业状况进行望闻问切，发掘问题并归类。

工欲善其事必先利其器，解决制造企业的"事"，一两件"利器"是远远不够的，而需要一个组合工具包。但因为每个具体企业的情况不同、所面临的问题不同、需要解决的当务之急也不同，不能靠一堆"利器"大刀阔斧地把问题铲除。所以，就需要知道什么"药"治什么"病"，本章也给出了智能制造的工具包，分别能够解决企业面临的各类问题，赋能工具，映射矩阵。

3.1 你也谈赋能，我也谈赋能
——到底什么是赋能

如果搜索"赋能"这个词，我们得到最多的答案类似于是"授权"，而授权显然不是智能制造中所谓的赋能，逻辑不通顺。广义一点来看，授权其实是为了将人的自我效能和成就动机激活。所以，智能制造领域谈的赋能也类似这个意思——利用智能制造技术、工具和管理方法，将制造企业的效能和潜力激活。

谈到"能"，我们不陌生的有两大概念——动能和势能。如果把赋能按概念区分，我个人认为智能制造可以赋予制造业的动能是企业向高端制造升级转型的速度，使制造企业更快地迈向高端制造；智能制造可以赋予制造业的势能是企业和服务商形成共赢生态，实现可持续发展。

赋能的最终落地要靠工具来支撑在某些问题上的解决方案，"赋能工具"有哪些、能解决什么问题或者说在哪个维度赋能，是本章后续章节要跟大家一起分享的。

3.2 夫唯病病，是以不病
——企业自诊断可用的一个模板

"夫唯病病，是以不病"是《道德经》中的一句话——只有担心自己可能在某些方面有疾患，才能不发生疾患。这跟平时常说的口头语"哀兵必胜"是一个道理。

　　如何做到知道自己的企业有疾患，以便于采取措施预防和避免病入膏肓？如果能有一个给企业自我诊断的模板或标准是会有用的。这里，我根据国标《20173534-T-339 智能制造能力成熟度模型》和《20173536-T-339 智能制造能力成熟度评估方法》制作了一个企业自诊断智能制造成熟度的模板。为了使制造企业能够方便地给自己企业的相关项打分，列出了表格中的各项示例问题。这套工具也是我初步走访、调研制造企业用的工具之一。

表 3-1　企业自诊断智能制造成熟度

能力维度	能力域	等级	内　　容	问　题　示　例
人员	组织战略	1级	a. 企业应具有发展智能制造的愿景	企业对智能制造有没有一个近期的规划？【能说清楚近期智能制造规划，该条即满足】
			b. 管理层应对发展智能制造所需的资源投入做出规划	
		2级	a. 企业应综合考虑内外部环境的变化、生产经营的持续稳定发展、总体战略目标等关键因素，对组织内部结构进行规划	企业对智能制造如何落地有过内部讨论，并指定专人负责这个话题吗？【能说清楚智能制造的负责人该条即满足】
			b. 企业内部应明确智能制造责任部门和各关键岗位的责任人，并且明确各岗位人员的岗位职责	
			c. 企业内部应有专职人员或专职部门承担系统整体架构的集成规划和设计，并对智能制造战略执行情况进行监督考核，确保战略落地	
		3级	a. 应建立优化岗位结构的机制，并定期对岗位结构和岗位职责的适宜性进行评估，基于评估结果实施岗位结构优化和岗位调整	企业对智能制造的话题是否定期进行跟进？比如，公司内部的智能制造专项汇报或定期会议？【会议是定期的，并且制定会议之后的任务，该条即满足；如果会议不定期，则酌情给分；如果没有定期会议，也不追踪会议后的任务，则该条不满足】
			b. 对智能制造战略进行监控与评测，通过对各指标、战略相关性检验和调整，形成新的战略	

能力维度	能力域	等级	内　　容	问 题 示 例
人员	人员技能	1级	a．企业现有员工依据经验能够开展生产经营活动 b．企业内部员工应充分认识到智能制造的重要性 c．应培养或引进拟发展智能制造需要的人员	企业有没有招聘智能制造方向的人才？ 【有相应的智能制造招聘要求，该条即满足】
		2级	a．企业应具备IT基础、自动化技术、数据分析、数据安全、信息安全等信息技术人员 b．企业应具备掌握设备操作、设备维护、操作编程等自动化技术人员 c．应制定适宜的智能制造人员培训体系、绩效考核机制、人才培养机制等，及时有效地使员工获取新的技能和资格，以适应企业智能制造发展需要	企业有没有对员工进行智能制造方向的培训？是内部的，还是邀请的外部培训？ 企业有没有对员工进行智能制造方向的技能奖励或偏向于智能制造技能的KPI考核？奖励或KPI考核的比例大概是什么比例？ 【有相应的智能制造培训，并且有相应的KPI考核，该条即满足；如果其中某一项不满足，则酌情给分；两条都没有，则该条不满足】
		3级	a．企业应具备智能制造统筹规划能力的个人或团队 b．具备创新管理机制，鼓励员工持续进行技术创新和管理创新 c．通过信息技术手段，管理员贡献的知识和经验，并结合智能制造业务需求，开展分析和应用	企业有没有对具有智能制造技能的员工重新进行岗位安排？比如把他们放到一个智能制造的专项组里，负责公司的智能制造课题？ 【如果有专门的智能制造课题组，并且有具体的任务职责分配，能够持续推进半年以上，则该条满足；不具备则酌情给分】
		4级	将人员知识、技能、经验进行数字化与代码化，实现人员知识、技能、经验的沉淀	企业有没有对智能制造所形成的经验有进一步的应用，比如形成工具或知识库？ 采用了什么方式记录并使用之前的智能制造经验？ 【最好是将智能制造的成果形成公司的工具和知识库，则该条满足；如果不具备，则酌情给分；如果没有完整的归档、没有在公司内部传递、优化这些经验，则该条不满足】

能力维度	能力域	等级	内　　容	问 题 示 例
技术	数据	1级	a．通过人工方式采集制造活动所需的数据，在关键环节应用自动数据采集的方式实时获取数据	对于生产数据（比如产品的质量数据）的采集是如何进行的？ 对于设备数据（比如检测设备的输出结果）的采集是如何进行的？
			b．在项目层面基于人工经验开展常规数据分析	【如果用手工或自动化方式记录了数据，则该条满足；如果从来不统计数据，则该条不满足。一般生产企业不会不记录数据】
		2级	a．应用二维码、条形码、RFID等技术，实现数据采集	企业有用条码等方式对生产过程进行追溯吗？比如产品的物料追溯。 出现了质量问题，怎么做质量问题分析的？
			b．应基于信息系统数据和人工经验开展数据分析，满足特定范围的数据使用需求	【如果用对生产过程中的数据进行了记录并且进行了简单的分析（比如分析质量问题的工艺原因或物料原因）则该条满足；如果没有记录也没有分析的手段则该条不满足】
			c．数据分析结果的应用局限于部门内，跨部门的共享以线下为主	
		3级	a．应使用传感技术，实现制造关键环节数据的自动采集	企业对于自动化设备（比如数控机床）的数据是怎么采集的？ 企业对于非标设备、非自动化设备是怎么进行数据采集的？
			b．在企业层面建设统一数据平台，便于整合数据资源，支持跨部门及部门内部常规数据分析	数据采集之后，对数据进行了哪些进一步的处理？比如数据的展示、比对、数据分析？
			c．数据分析结果能在各个部门之间进行复用，数据分析口径定义明确	【如果数据仅仅是存储没用来做分析则该项不满足；如果数控机床等设备仅用于加工而数据是不上送的该项也不满足；其他情况酌情给分】
			d．能够基于一定的算法、模型对数据进行实时监测，并根据预设的阀值进行预警	
		4级	a．建立了常用数据分析模型库，帮助业务人员快速进行数据探索和分析	企业有用到大数据分析吗？现在的分析以定性为主还是定量为主？能不能数据分析的结果是怎么样支撑公司决策的？
			b．采用大数据技术，应用各类型算法模型，预测制造环节状态，为制造运行维护活动提供优化建议和决策支持	

续表

能力维度	能力域	等级	内　容	问 题 示 例
技术	数据	4级	c. 应量化评价数据分析效果，实现数据应用的量化分析，进而推动制造目标的螺旋式上升	【如果不能说明数据分析的结果如何支撑公司决策，则该项不满足】
		5级	对数据分析效果实时评价和改善，实现基于数据的精准执行	数据支撑了企业决策后，会形成数据利用的闭环吗？比如，企业决策后持续收集数据，再次分析数据的使用效果如何并对企业决策进行进一步的调整？公司通过什么组织形式、机制或工具来保证这一过程？ 【如果不能清晰地说明公司是如何完成这个闭环的过程的，则该项不满足】
	集成	1级	企业初步形成系统集成的需求分析	企业有没有对系统集成（IT系统或自动化系统）提出想法，有没有详细的文档来描述？ 【有文档描述则该条满足；从来没想过则该条不满足；有想法但没文档化则酌情给分，比如开会讨论过也算是有】
		2级	a. 企业初步规划整体系统集成架构，规划应包括网络、硬件、软件界面等部分集成	企业的系统集成有没有详细设计部分？详细设计文档里 MES 与 ERP 或 SCADA 的主要联通数据定义了哪些？
			b. 企业初步实现了关键业务领域设备、系统间的集成	【没有文档化则该条不满足；仅仅对网络层进行了规划则该条不满足；如果文档里描述了设备层、企业信息系统与网络层的对接则该条部分满足，酌情给分；如果系统之间的对接描述详细到接口或关键数据，则该条满足】
		3级	a. 企业具有完整的系统集成架构，并形成了设备与设备间、系统与系统间、设备与系统间的横向、纵向、端到端集成的技术方案	企业的系统集成详细设计方案里，自动化设备与信息系统之间定义了哪些数据联通？自动化设备上的数据上送周期是多少？自动化设备中哪些主要数据被上送，在信息系统中发挥了什么作用？
			b. 企业实现了现有业务领域设备、系统间的集成	【如果不能通过示例（文档+实际应用）说清楚这里面的数据连接关系，该条不满足】
			c. 企业应进行集成技术方案评审	

续表

能力维度	能力域	等级	内　容	问 题 示 例
技术	集成	4级	企业建立了统一的集成架构，应用企业服务总线（ESB）和操作数据存储系统（ODS），实现设备与控制系统、设备与设备、设备与管理系统的集成	企业的系统集成方案里，通过增加什么样的支撑辅助系统或额外的数据库来连接各个信息系统？有没有应用案例和详细的架构设计？数据的吞吐量有多大？【如果不能通过示例（文档+实际应用）说清楚信息系统的架构和中间数据库所承载的数据接通作用，该条不满足】
	信息安全技术	1级	a. 已制定并落实工业信息安全管理机制 b. 已成立工业信息安全协调小组	企业是怎么理解数据安全的作用的？（信息安全问题对企业的威胁是什么）有没有指定专门的人负责信息安全？【如果有专人负责信息安全，该条满足；如果对信息安全没有认知或没有考虑其作用，该条不满足】
		2级	a. 定期对关键工业控制系统开展工业信息安全风险评估 b. 工业主机应安装正规的工业防病毒软件 c. 工业主机应进行安全配置和补丁管理	企业做了哪些信息安全的加强措施？（防火墙安装和规则设置、杀毒软件、定期评估信息安全风险）【如果有安装防病毒软件和防火墙，真正配置了安全规则或网络进行隔离，该条满足；如果只安装了杀毒软件，却没有定期杀毒，该条不满足；其他中间情况酌情给分】
		3级	a. 工业控制网络边界应具有边界防护能力 b. 工业控制设备的远程访问应进行安全管理和加固	企业对网络进行了几个区域的划分？区域中间是否设置了安全规则？核心保护区开放哪些端口？企业的系统在上线前有没有做操作系统加固？企业的信息系统登陆密码是用什么规则设置的？哪些属于公司的敏感信息，对这些敏感信息通过采取什么措施保证不同权限用户不能越权访问？【如果企业对网络进行了至少 2 层的划分，并且在防火墙或网闸侧设置了核心数据保护策略，有敏感数据访问策略（比如区分用户权限的设置等）则该条满足；如果这些措施少于 1 个则该条不满足；其他中间情况酌情给分】

续表

能力维度	能力域	等级	内　容	问 题 示 例
技术	信息安全技术	4级	a．工业网络应部署具有深度解析功能的安全设备 b．自建离线测试环境，对工业现场使用的设备进行安全性测试 c．在工业企业管理网中，采用具备自学习、自优化功能的安全防护措施	企业在系统上线前有没有做渗透测试？发现的问题哪些已经关闭，哪些依然开着？ 企业应用了什么样的入侵检测系统和日志审计系统？ 对于入侵事件，说明企业是如何处理的？（如何清理病毒，事后做了哪些加固，有没有过程分析和结果的记录） 【如果企业只做了上述的 2 项或少于 2 项，则该条不满足；如果做了以上 3 项，则该条满足】
资源	装备	1级	a．企业在关键工序开始使用数字化装备 b．对关键工序设备形成技改方案	企业的关键工序是什么？关键工序使用什么设备来进行加工生产？ 【如果企业对关键工序使用了数控机床、伺服控制系统、PLC 控制的非标自动化设备等，则该条满足】
		2级	a．企业在关键工序全面使用数控装备 b．设备应具备标准通信接口（如 RJ45、RS232、RS485 等），并支持主流通信协议（如：OPC/OPC UA、IODBUS、PROFIBIS 等）	企业的关键工序有哪些对人存在伤害可能性的操作步骤？这些步骤现在用人，还是用机器？ 企业的关键工序有哪些低效率的操作步骤？这些步骤现在用人，还是用机器？ 【如果企业的关键工序中存在对人有伤害、低效率的步骤，而这些步骤仍然在采用人工操作，则该条不满足；反之则该条满足】
		3级	a．企业在关键工序实现设备互连互通，实现设备联网和数据采集 b．自动化设备、数控装备等应具备无纸化作业、在线加工、模拟加工、图形化编程等人机交互等功能 c．企业生产设备、动力设备等具有远程监控和远程诊断功能，可实现故障预警统计与分析	企业的关键工序是如何做数据采集和传输的？（哪些数据会被上送，通过什么工业协议上送） 设备的数据被采集上送之后，有没有 Dashboard 对这些数据进行展示或汇总？ 【如果企业的数据能够通过工业协议传输并统计、展示，则该条满足；否则该条不满足】

续表

能力维度	能力域	等级	内　容	问 题 示 例
资源	装备	4级	a. 设备具有预测性维护功能	企业的设备有没有做基于历史数据的预测性维护？预测效果如何？（有没有故障的历史数据，上了预测性维护后的故障数据）
			b. 建立设备数字孪生模型，实现数据采集、设备控制和远程维护等功能	
			c. 设备数据模型、机理模型应支持自适应和定制化功能，实现工业知识沉淀	企业的设备有没有建立设备模型，设备模型用来展示，还是用来语义化地描述设备自身？设备模型如何被使用的？【目前该条很难满足。如果设备的数字孪生仅仅用于展示，则该条不满足】
		5级	无要求	【目前该条很难满足】
	网络	1级	企业实现办公区域网络覆盖	企业的办公区域是否可以上网？【目前该条很容易满足，绝大多数企业都会满足】
		2级	企业实现部分办公区域和生产区域的网络覆盖	企业生产区域是否有网络覆盖？企业的生产网络与办公网络连通吗？是直连，还是经过了防火墙再连通？【企业设置了单独的生产区域网络，则该条满足；企业生产区域没有网络，则该条不满足；企业生产区域与办公区域是同一个网络，则酌情给分】
		3级	企业应通过有线网络（现场总线、工业以太网）、无线网络等手段实现企业范围内网络覆盖	企业的设备之间能够互相通信吗？企业进行了几层网络划分？（比如办公网、现场设备层、控制层、生产层等）【如果企业有不同的网络划分，并且不同层的网络之间能够通信，则该条满足；如果企业生产区域与办公区域用同一个网络，则该条不满足；如果生产区域是信息孤岛，则该条不满足】
		4级	a. 企业建立工业网络和办公网络的防护措施，包括不限于网络安全隔离、授权访问等手段	企业工业网有环网或双网设计吗？企业工业网采用什么手段保证网络的异常访问被及时发现并处理？（有没有网络实时监控系统、有没有U盘管控措施、对网络入侵有什么善后手段和预防再次发生的措施）
			b. 网络具备远程配置功能，包括不限于带宽、规模、关键节点的扩展功能和升级功能	

续表

能力维度	能力域	等级	内　容	问 题 示 例
资源	网络	4级	c. 网络保障关键业务数据传输的完整性	【如果企业有网络态势感知系统、有 U 盘管控措施、有网络入侵的原因分析和加固，以及优化流程等措施，则该条满足；只覆盖其中的单一项，则该条不满足】
		5级	a. 企业应建立分布式工业控制网络，基于软件定义网络（SDN）的敏捷网络，实现网络资源编排能力 b. 基于柔性制造、自组织生产的需求，各网络设备进行网络资源调度和业务分发，实现工厂网络的柔性灵活组网	企业是否用无线网络进行组网？采用什么标准的组网方式？ 无线组网采取什么措施保证传输速率和传输安全性？ 【如果能清晰地回答以上问题，则该条满足。但目前该条很难满足】
设计	产品设计	1级	a. 基于计算机辅助开展二维产品设计 b. 应根据用户需求，按照设计经验进行产品设计方案的策划 c. 应根据相关标准规范开展产品设计	企业使用什么软件进行设计辅助？（autoCAD/solidWorks/DXP/…） 所设计的产品符合行业标准有哪些？ 【如果企业有设计能力并使用了计算机软件辅助设计，则该条满足。目前大部分有设计能力的企业满足该条】
		2级	a. 应建立计算机辅助三维产品设计平台 b. 通过设计管理软件实现产品设计数据或文档的结构化管理及数据共享，实现产品设计的流程、结构的统一管理，具备版本管理、权限控制、电子审批等功能 c. 基于模型实现对外观、结构、性能等关键要素的设计仿真及迭代优化 d. 实现产品设计过程中不同专业或者组件之间的并行协同	企业是如何进行设计资料的版本管理的？（比如使用 svn 等版本管理工具，有明确的归档命名原则等） 企业是如何保证归档资料的权限控制的？（比如使用归档软件的权限控制功能，或有专职人员统一管理资料） 企业在设计产品时会用到仿真软件吗？用什么仿真软件？用仿真软件的目的是什么？ 【如果企业能做到上述至少 2 项，则该条满足；小于等于 1 项，则该条不满足】
		3级	a. 应建立典型产品组件的标准库及典型产品设计知识库，在产品设计时进行匹配和引用 b. 三维模型应集成产品设计信息（尺寸、公差、工程说明、材料需求等），确保产品研发过程中数据源的唯一性	企业使用仿真软件取得的实际效果是什么？（比如缩短开发周期的时间比例等） 企业使用什么软件保证产品设计与工艺设计的协同？将设计模型转换为工艺环节所需的模型是手动操作，还是通过软件进行的？协同设计取得的实际效果是什么？

续表

能力维度	能力域	等级	内　　容	问 题 示 例
设计	产品设计	3级	c. 基于三维模型，应实现对外观、结构、性能等关键要素的设计仿真及迭代优化 d. 建立产品设计与工艺设计的协同平台，通过工艺设计的介入与联动，实现产品设计与工艺设计间的信息交互、并行协同	【如果企业能做到上述 2 项，则该条满足；没有仿真和协同设计该条不满足；其他情况酌情给分】
		4级	a. 基于产品组件的标准库、产品设计知识库的集成和应用，实现产品参数化、模块化设计 b. 将产品的设计信息、制造信息、检验信息、运维信息、销售信息和服务信息等集成到产品的三维数字化模型中，实现基于模型的产品数据归档和管理 c. 构建完整的设计仿真分析平台，并对产品外观、结构、性能、工艺等全维度进行仿真分析与迭代优化 d. 通过产品设计、制造及支撑业务范围内的高度集成，实现设计、制造、检验、运维等业务之间的协同	对于一款新产品设计，企业如何进行时间和工作量估算？（把产品拆解成标准部分和非标部分，再细分……） 企业设计新产品的比例占总产品量的多少百分比？（新产品设计比例小于10%，则很难积累出足够的产品设计经验） 企业设计的产品出厂后，如何采集产品的运行数据？这些运行数据如何被用来保证迭代优化产品？ 【如果企业设计新产品的速度够快，而且可以复用的部分多，所设计的产品是智能产品（具备记录甚至实时上送自身运行信息的功能），对产品的数据进行分析以用于产品的迭代优化，则该条满足。目前大多数企业很难满足这条】
		5级	a. 基于参数化、模块化设计，建立个性化定制服务平台，具备个性化订制的接口与能力 b. 基于三维模型，建立产品全生命周期的业务模型，满足设计、制造、检验、运维、销售、服务等应用需求 c. 基于产品标准库和设计知识库的集成和应用，自动优化，并实现产品智能设计 d. 基于大数据、知识库建立产品设计云服务平台，进行产品设计周期动态管理，实现服务信息与用户实时交互、协同	企业有没有收集产品在生产过程中的数据和产品在运行过程中的数据？ 有没有对产品的生产数据和运行数据做关联分析？发现了什么关联关系？产品的数据关联是通过什么手段、途径、数据平台来实现的？ 【如果企业对产品的全生命周期（从生产到出厂到运行）数据都有采集和分析，则该条满足。目前大多数企业很难满足该条，除非企业做的产品本身是智能产品、对产品生产过程进行了数据收集，对成产过程和运行态的数据做了大数据关联分析】

续表

能力 维度	能力域	等级	内 容	问 题 示 例
设计	工艺 设计	1级	a. 基于设计经验，进行计算机辅助工艺规划及工艺设计	企业生产产品的工艺流程图是什么样子？
			b. 建立产品设计与工艺设计之间的关联性	车间所展示的工艺流程图与产品实际的工艺流程一样吗？
			c. 对工艺设计进行验证	【如果企业有明确的工艺流程图，并能够实际指导生产，则该条满足。大多数规范的企业应该满足该条】
		2级	a. 建立工艺设计规范和标准，指导计算机辅助工艺规划及工艺设计	工艺流程图的更新、审批和发布过程是怎样的？使用什么工具（PLM 软件）来保证这一过程？
			b. 建立产品制造工艺流程、参数、资源等关键要素的知识库，并以结构化的形式展示、查询与更新	
			c. 通过设计管理软件，实现工艺设计数据/文档的结构化管理及数据共享，实现工艺设计的流程、结构的统一管理，具备版本管理、权限控制、电子审批等功能	【如果企业使用 PLM 软件等工具来保证工艺流程图的更新、审批和发布等过程，则该条满足；否则不满足】
			d. 实现工艺设计过程中，不同专业之间的并行协同	
		3级	a. 建立产品制造工艺流程、参数和资源等关键要素的知识库，并能以结构化的形式展示、查询与更新	企业有没有统一的平台来管理工艺设计和研发设计？（其实就是 PLM 软件使用了哪些模块、使用的深度如何？）
			b. 建立工艺设计与管理平台，实现工艺设计数据或文档的结构化管理以及数据共享	
			c. 基于在线知识库，实现为产品设计和工艺设计提供决策支持	【如果企业深度使用了 PLM 软件，则该条满足；如果 PLM 仅仅使用了最基本的设计文件管理、审批流程和发布管理，则该条不满足】
			d. 实现研发/设计平台与生产、物流等平台间产品设计信息、工艺设计信息的融合共享	

续表

能力维度	能力域	等级	内　　容	问 题 示 例
设计	工艺设计	4级	a．建立包含工装模型、工具模型和设备模型等信息的工艺模型，将完整的工艺信息集成到三维数字化模型中	企业使用了什么样的数字孪生工具来模拟产品的制造过程？ 产品的工艺修改了之后，如何通知制造环节？（制造环节的工艺数据是否能自动从统一的库里拉取） 产品的设计数据修改了之后，如何通知制造环节？（制造环节的工艺数据是否能从统一的库里拉取 BOM 表） 【如果企业的设计环节使用了仿真软件，并且数据能通过软件或平台在制造环节和设计环节进行实时共享，则该条满足；否则该条不满足】
			b．将知识库与工艺设计系统集成，在制造工艺流程、工序内容、工艺资源等优化过程中，为工艺规划与设计提供决策支持	
			c．利用有限元分析、虚拟现实等技术，实现基于三维模型的制造工艺全过程的仿真分析及迭代优化	
			d．通过工艺设计系统与资源管理系统、制造执行系统、质量管理系统等高度集成，形成产品信息、物料清单、工艺路线、工艺设计要求与生产作业等信息下发、执行、反馈、监控、优化等闭环管控，实现工艺设计与制造协同	
		5级	a．基于知识库实现辅助工艺创新推理及在线自主优化	企业的生产过程中，有没有对产品工艺或设计反向地提出改进要求？这些改进要求如何传递到设计端？改进要求形成了在线的知识库吗？ 企业跟供应链厂家之间是如何进行协同设计的？（选择哪种协同机制？使用的什么工具平台？） 【如果企业有在线知识库记录生产过程中给工艺设计的反馈改进建议，并有结果记录，与供应链之间采用云平台等工具进行了协同设计，则该条满足；否则该条不满足。目前绝大多数企业做不到这一条】
			b．实现设计、工艺、制造、检验、运维等信息动态协同	
			c．基于云设计服务平台，围绕产业链实现多领域、多区域、跨平台的全面协同，提供即时的工艺设计服务	
生产	采购	1级	a．根据产品、物料需求和库存等信息制定采购计划	企业使用什么工具来记录或保存订单信息、供应商信息等？ 【如果企业能够采用 Excel 等简单的计算机工具完成这些任务则该条满足。目前国内绝大多数企业满足该条】
			b．实现对采购订单、采购合同和供应商等信息管理	
			c．建立供应商评价体系，并记录评价结果	

续表

能力维度	能力域	等级	内　　容	问 题 示 例
生产	采购	2级	a．通过信息系统制定物料需求计划，生成采购计划，并管理和追踪采购执行全过程	企业有没有使用信息系统对供应商进行管理？使用了什么供应商管理系统或采购管理系统？
			b．通过信息系统，实现供应商的寻源、评估、认可和优化	【如果企业使用了采购/供应商管理系统，则该条满足；否则不满足】
		3级	a．将采购生产（维修）和仓储等信息系统集成，自动生成采购计划，并实现流水、库存和单据的同步	企业的采购系统与仓储 WMS 系统是打通的吗？WMS 系统中用了哪些物料，这些物料多长时间自动同步到企业采购系统？有没有低库存告警等提示？
			b．实现企业和供应商在采购计划与采购执行流程中的信息共享	【如果企业的采购系统与仓储系统打通数据，并且有低库存告警信息，则该条满足】
			c．建立包含质量、设计、生产、交付、成本等要素的供应商可量化评价系统，持续提升供应商能力	
		4级	a．可通过数据模型优化供应商评价和选择	与供应商之间的采购交互通过什么方式进行？通过电话还是由共有云来实现协同？
			b．通过与上游供应商的销售系统集成，实现协同供应链	【如果与供应商之间有公有云或私有云，订单信息通过云服务传送，则该条满足。但目前大多数国内企业该条不满足】
		5级	a．通过大数据、云计算、机器学习等技术自优化供应商管理	与供应商的共有云上有数据分析、机器学习模块或机制吗？有什么样的系统自治、数据优化的例子？
			b．实现企业与供应商在设计、生产、质量、库存、物流的自动协同，并实现监控采购环节的风险及变化，自主做出反馈和调整	【如果共有云有机器学习、大数据分析的功能并且实际优化了供应链，则该条满足；否则不满足。目前绝大多数国内企业不满足该条】
	计划与调度	1级	a．基于销售订单和销售预测等信息编制主生产计划	目前企业的生产是按订单生产还是按库存生产？
			b．基于主生产计划进行调度排产，编制详细生产作业计划	【目前大多数企业满足该条】

续表

能力维度	能力域	等级	内　容	问 题 示 例
生产	计划与调度	2级	a. 建立信息系统，系统基于生产数量、交期等约束条件自动生成主生产计划 b. 基于企业的安全库存、采购提前期、生产提前期等制约要素来实现物料需求计划的运算 c. 基于约束理论的有限产能算法开展排产调度，并自动生成详细生产作业计划	企业如果接到订单，怎么根据订单来安排库存和估算生产交货期？这个过程用到 ERP 等信息系统吗？ 【如果企业使用了 ERP，能够有效地掌握库存信息，也能够根据订单所需要的 BOM 拆解并生成配料表信息，并查看库存，则满足该条；大多数使用 ERP 的企业满足该条；其他情况酌情给分】
		3级	a. 基于安全库存、采购提前期、生产提前期、制造过程数据等要素实现物料需求运算，制定较优的详细生产作业计划 b. 监控各生产环节的零件、部件、毛坯、半成品的投入和产出进度，实现系统自动预警和分析调度排产后的异常（如生产延时、产能不足等）情况，并支持人工方式调整异常	企业有没有使用 APS（高级排产）软件或等效软件？这些软件真正发挥作用了吗？ 【如果企业使用了 APS 软件或模块，并在实际生产中受益，则该条满足；否则不满足】
		4级	基于协同透明的生产过程数据、生产调度算法和各类约束条件（工艺顺序、加工资源、工作时间等），实现高级排产与调度，处理生产过程中的波动和风险，实现优化的排产	企业有没有使用 MES 软件，并实时追踪生产过程中的半成品数据和物料消耗数据？ 企业使用的 APS 软件有没有根据 MES 中追溯的实时生产信息进行排产调整？ 【如果企业使用了 MES 和 APS，并且数据能够打通，MES 也可以实时追溯生产过程中的物料消耗，则该条满足；否则不满足】
		5级	a. 建立基于智能算法并融合人工智能动态调整算法的新一代高级计划与高级排产系统 b. 用大数据和人工智能，持续优化生产调度算法，实现动态、实时的排产与调度，提前处理生产过程中的波动和风险，实现优化的排产	企业生产过程中的数据有没有进行大数据分析，并将分析结果反馈到 APS 系统？排产过程中是否仍然有痛点？ 【人工智能的动态调整排产，其基础是对生产过程数据的追溯达到很细的颗粒度，目前国内厂家绝大多数不满足该条】

续表

能力维度	能力域	等级	内 容	问 题 示 例
生产	生产作业	1级	a. 有生产作业相关的标准化指导文件	企业的生产有没有标准化作业指导书？指导书描述了哪些环节的标准化作业？
			b. 生产过程中，关键件、关键工艺信息及过程信息应可采集	流程型企业如何保证生产出合格品？（保证严格遵守标准化工艺流程） 离散型企业产品生产过程中抽样几次？是全检还是抽检？ 【如果企业有标准化操作指导，流程型有措施保障温度、时间等生产工艺因素，离散型有多次抽检、全检等环节，则该条满足；其他情况酌情给分】
		2级	a. 通过信息技术手段及时传输和下发与生产相关的图纸、工艺文件、作业指导书、配方等图文资料到各生产单元	企业有没有通过使用 MES 等系统记录操作过程，保证产品生产过程中的数据追溯？ 企业有没有自动化检测？检测环节的自动化程度有多少？ 生产过程中的防呆措施有哪些应用案例？ 【如果企业满足 2 项以上，则该条满足；少于等于 1 项，则该条不满足】
			b. 实现生产过程中对关键物料、设备、人员等资源的数据采集和存储	
			c. 必要时，企业应在关键工序使用数字化质量检测设备，实现在线自动检测、报警和诊断，分析产品质量	
			d. 生产过程实时记录产品信息，每个批次产品实现生产过程追溯	
			e. 宜在关键工位实现电子防呆、防错管理	
		3级	a. 根据在制品信息，自动获取相关的图纸、工艺文件、作业指导书、配方等图文资料到各生产单元电子看板	企业有没有使用 MES，并采集生产过程中的数据，实时上送到 MES？ MES 中的质量数据如何支持企业的质量分析？（图形化展示，并分析可能影响质量数据的人员、班次、时间段、原料来源等因素） 企业有没有发现质量信息数据与哪些因素有关系？ 【如果企业使用了 MES 进行质量数据统计并，实际分析过影响质量结果的因素，则该条满足；如果只是收集了数据，没有分析影响质量的因素，则该条不满足】
			b. 集成生产作业、资源管理、工艺路线等关键业务数据，能并行实时可视化展示	
			c. 实现包含产品原料、质量特性、关键工序过程等信息的可追溯，并采用信息技术手段进行产品先期质量策划和失效模式分析	
			d. 通过数字化检验设备及系统集成，实现关键工序质量在线检测和在线分析，自动对检验结果判断和预警，实现检测数据共享至其他模块，并建立产品质量问题处置知识库	

续表

能力维度	能力域	等级	内　　容	问 题 示 例
生产	生产作业	4级	a．通过信息系统集成实现生产过程三维电子作业指导、运行参数和生产指令自动下发到数字化设备	企业生产线的智能程度能否做到简单的系统自治？（数据不仅仅是上送，而且可以下行控制，并且能够根据检测结果自动停线） 【如果企业的产线拥有简单的自治功能，则该条满足；否则不满足。但目前国内绝大多数企业不满足该条】
			b．实现生产作业数据的自动采集与在线优化，并根据优化结果调整生产作业工艺、工位和生产线布局	
			c．实时收集产品原料、生产过程、客户使用的质量信息，实现产品质量的精确追溯，并通过数据分析和知识库的运用，进行产品的缺陷分析，并提出改善方案	
			d．基于在线监测的质量数据，建立质量数据算法模型，预测生产过程异常，实时驱动生产线及时停止或警示	
		5级	a．必要时，应基于云计算和大数据技术实现快速设备、工装、工艺切换，满足高度柔性化、个性化生产的需求	【目前绝大多数企业不满足该条】
			b．实现生产过程中异常预警和自动调整	
			c．实时收集产品全生命周期的质量信息，形成全过程产品质量履历；通过大数据、云计算、机器学习等技术自优化产品设计、工艺、材料的质量改善方案，并实施	
			d．基于大数据分析，检验系统能进行产品质量异常预测，并自动修复和调校相关的生产参数	
	设备管理	1级	通过人工或手持仪器开展设备点巡检，辅助数据检测发现设备异常，并依据人工经验实现检修维护过程管理和故障消缺	企业有没有定期点检或巡检制度？对设备是定期检查，还是出了问题再检修？ 【如果出了问题再检修而没有定期点检或巡检，则该条不满足】

能力维度	能力域	等级	内　容	问 题 示 例
生产	设备管理	2级	a．通过信息技术手段实现对设备设施维护保养的预警，产出预防性的维护计划 b．采用预防性设备管理技术，科学制定设备维护周期 c．采用设备管理系统，实现设备点巡检、润滑作业等日常维护工作的标准化	企业有没有在信息系统中记录设备的巡检或点检记录？对设备故障及其原因有记录吗？ 企业的设备巡检或点检有没有标准化操作指导书？ 【如果企业满足上面的项，则该条满足；否则不满足】
		3级	通过在线监测技术，开展远程诊断分析，实现设备状态的诊断分析，并依据分析出的设备故障状态，自动生成备件目录、检修标准、检修人员等可执行工单，实现基于数据状态的检修维护闭环管理	企业有没有设备故障的工单系统或软件？对于分析出来的故障怎么进行流程管理？ 【如果企业有设备故障工单系统，则该条满足；否则不满足】
		4级	基于设备状态的预测性分析，自动形成设备状态、维护计划、备件计划、检修标准等环节间匹配的检修维护策略优化，并实现设备运维生命周期管理	企业有没有设备的故障预测性软件或系统？ 企业的故障工单系统与采购系统、库存系统之间打通了数据吗？ 【如果企业的预测性维护系统、故障工单系统与采购系统、库存系统打通了数据，则该条满足；否则不满足。但目前国内绝大多数企业不满足该条】
		5级	采用机器学习、神经网络等，实现设备状态预测模型的自学习、自适应	企业的预测性维护系统对故障的预测准确率有没有进行过统计？预测准确率高吗？ 【如果企业的预测性维护数据没有与实际做过比较，证明其准确、有用，则该条不满足。但目前国内绝大多数企业不满足该条】
	仓储配送	1级	a．应制定仓储（罐区）管理规范，实现入库管理、盘点和安全库存 b．基于生产线计划制定配送计划，实现原材料和中间产品定时、定量配送	企业的物料入库和出库流程是什么？（入库抽检、根据订单出库等） 【如果企业有入库抽检、记录，有根据订单出库、定期盘点等操作，则该条满足；否则不满足】

续表

能力维度	能力域	等级	内　　　容	问 题 示 例
生产	仓储配送	2级	a. 基于条码、二维码、RFID 等标识货物，实现货物的自动和半自动出入库管理 b. 建立仓库管理系统，实现货物库位分配、出入库顺序和移库等工作的合理管理 c. 基于生产单元物料消耗情况发起配送请求，并提示及时配送 d. 适用时，建立罐区管理系统，实现储罐中介质相关数据的实时采集和分析（流程行业）	企业如何保证准确查找所需要的物料？ 企业如何保证物料的先进先出？ 【如果企业使用了 WMS 系统，则该条满足；如果企业使用了 Excel 等工具配合流程规定，保证物料的先进先出，则该条满足；否则该条不满足】
		3级	a. 基于仓储配送系统与运输管理系统、企业资源管理系统、供应链管理系统和制造执行系统等集成 b. 建立仓储模型和配送模型，实现最小库存和方便快捷配送 c. 实现仓储和配送可视化管理，通过生产线实际生产计划实时拉动物料配送 d. 应用数字化设备（AGV、桁车等）或配送人员和信息系统集成实施关键件及时配送	企业的 WMS 系统有没有与 ERP 系统打通？ 企业何时通知供应商发货（是一月一次触发，还是库存低于某个数值时触发）？ 企业的物料运送有使用 AGV 等设备吗？ 【如果企业满足以上至少 2 项，则该条满足；否则不满足】
		4级	a. 实现生产、仓储配送（管道运输）、运输管理多系统的集成优化 b. 应通过生产线实际生产计划、仓储和配送实时协同调整	企业有没有使用立体仓库？ 企业的立体仓库是否与 WMS 打通？ 企业的 WMS 系统与 MES 系统是否打通？（能实时获取工位的缺料信息） 【如果企业满足上述项的 2 条或以上，则该条满足；如果企业的 WMS 系统与 MES 系统打通，则该条满足；其他情况，则该条不满足】
		5级	优化仓储配送模型，实现最优库存和最优配送方案	企业有没有对仓储进行数字化建模？ 是否通过数据分析仓储进一步优化空间？ 【如果企业满足上述项，则该条通过；仅满足 1 项或没有满足上述项，则该条不满足】

能力维度	能力域	等级	内　容	问 题 示 例
生产	安全环保	1级	应建立安全管理机制和环保管理机制，并建立安全和环保操作流程，并有效执行安全环保管理	企业最近的环保评审是什么时候？是否通过了环保评审？ 企业是如何处理有毒、有害原料、半成品及废物的？ 有将这些措施文档化形成操作指导吗？ 【如果企业满足以上项，则该条满足；否则不满足】
		2级	a. 通过信息技术手段实现安全作业管理 b. 采用信息技术手段实施环保管理，环保数据可采集并输入信息系统	企业有没有信息化平台实时显示、监测企业的环保数据、环保应处理项？ 企业如何采集自身需要的环保数据？ 【如果企业有自动获取环保数据的措施，并且能将环保数据实时监测，则该条满足；否则不满足】
		3级	a. 建立安全培训、风险管理等知识库；在现场作业端应用定位跟踪等方法，强化现场安全管控 b. 实现环保数据的全面采集、实时监控及报警，并开展可视化分析。信息化系统覆盖从清洁生产到末端治理的全过程 c. 必要时，应建立应急指挥中心，基于知识库自动给出管理建议，逐步完善应急预案，优化突发事件应急响应时间	企业有没有对环保数据分段显示和分析？（按生产工序的不同环节划分环保数据） 出现环保事故时，企业如何进行应急响应？（建立应急预案，指导如何处理环保事件，定责，定流程） 【如果企业满足以上项，则该条满足；否则该条不满足】
		4级	a. 基于安全作业、风险管控、设备维修作业等数据的分析，实现危险源的动态识别、评审和治理 b. 实现环保监测数据和生产作业相关数据的集成应用，建立数据分析模型，开展排放分析及预测预警	企业是否建立专门的信息系统来实现环保数据的实时采集、环保工单系统、环保数据分析等功能？ 【如果企业满足以上项，则该条满足；否则该条不满足】

续表

能力维度	能力域	等级	内　容	问 题 示 例
生产	安全环保	5级	a．综合应用知识库及大数据分析技术，实现生产安全一体化管理 b．实现环保、生产、设备等数据的全面实时监控，应用数据分析模型，预测生产排放，并自动提供生产优化方案予以执行	企业有没有环保信息系统，采用哪种大数据分析、平衡计算等技术，使用这些技术后为企业的环保解决了哪些问题？ 【只有大数据等技术在企业的环保平台中被使用，并且有效果，该条才满足；目前国内绝大多数企业不满足】
	能源管理	1级	a．通过人工或手持仪器开展设备点巡检，辅助数据检测发现设备异常，并依据人工经验实现检修过程管理和故障消缺 b．建立企业能源管理制度，开展主要能源计量和数据采集	企业的能源使用状况是怎样的？（看企业是否了解自己的能源使用状况） 【目前国内绝大多数企业满足该条】
		2级	a．建立水电气等重点能源消耗的动态监控和计量 b．实现重点高能耗设备、系统等动态运行监控 c．对于有节能优化空间需求的设备和系统，适时开展基于实时计量的节能改造 d．对能源输送、存储、转化、使用等各环节进行全面监控，使能源使用和生产活动匹配，并实现能源调度（流程行业）	企业的高耗能设备有哪些？有没有对这些高耗能设备的状态进行实时监控？ 对于高耗能设备，企业采取了哪些措施来节省能源？ 【如果企业对高耗能设备有数据记录、监控，并且实施了部分降低耗能的改进措施，则该条满足；如果不能用数字说明高耗能设备的能源消耗情况，则该条不满足；其他情况酌情给分】
		3级	a．利用能耗数据来统计运行时间、统计生产停机频率和停机时间，以分析设备的可用性，并输出能源数据报表 b．实现能源数据与其他系统数据共享，为业务管理系统和决策支持系统提供能源数据	企业有没有通过报表或对比图表等手段做能源使用分析？ 企业的能源消耗与生产产量之间的关系是怎样的？与季节之间的关系是怎样的？能否用数字来说明？ 【只有将能源消耗的因素、组成等用数字说明，该条才满足；其他情况酌情给分】

续表

能力维度	能力域	等级	内 容	问 题 示 例
生产	能源管理	4级	利用成熟的节能模型、实时优化技术、模拟技术，与信息系统结合，实现能源管理精细化和可视化，能主动根据能效评估结果及时对空压机、锅炉、工业窑炉等进行技术改造更新，不断对能源有效利用程度进行技术分析	企业有没有请过专门的能源优化公司开展改造工作？改造的效果如何？改造前后的数据对比如何？【企业请专门的公司制定了能源使用方案并实施，取得了效果，该条才满足；否则不满足】
		5级	实现能源的在线动态预测和平衡，并指导生产	企业有没有使用带有自动控制算法的分布式能源系统？使用了哪个厂家的什么系统？投资多少？【企业只有使用了专门的分布式能源解决方案，并收到结果，该条才满足；否则不满足】
物流	物流	1级	a. 根据运输订单和经验，制定运输计划，并配置调度 b. 对车辆和驾驶员进行统一管理	企业是如何制定运输计划的？企业如何调度运输？（根据订单出库数量？根据用户发货期？）【如果企业能够根据订单生产量或预测订单产量来调度运输，则该条满足；国内大多数企业满足该条】
		2级	a. 通过运输管理系统实现运输计划、调度等合理管理 b. 配送运输关键节点应通过电话、短信等形式反馈给管理人员	企业是否有专职人来管理物流调度工作？有没有对物流的中间运输过程的关键节点做状态汇报/汇总，以便物流负责人知道物流整体情况？【如果企业有专职的物流负责人，负责人能够得到物流中间位置的一些信息，则该条满足；否则不满足】
		3级	a. 实现仓储（罐区）管理系统和运输管理系统集成，根据实际生产计划实现自动出入库管理 b. 实现配送运输关键节点信息跟踪	企业是否有运输管理系统或平台？企业是否有出入库管理平台（比如WMS）？企业的运输管理平台如何与出入库管理平台同步数据（是数据接口，还是人工输入）？【如果企业符合以上项，则该条满足；如果企业有运输管理平台，并且能收集运输关键节点数据，则该条满足；如果企业没有运输管理系统或平台，则该条不满足】

续表

能力维度	能力域	等级	内　　容	问 题 示 例
物流	物流	4级	a．实现生产、仓储配送（管道运输）、运输管理多系统的集成优化 b．实现配送运输全程信息追踪 c．基于模型优化引擎实现配送运输线路优化管理	企业的运输管理平时是否可以实时追踪物流状况？（这往往需要在运输汽车等上面安装 GPS 定位功能） 企业的运输管理平台是否与出入库管理平台打通？ 【如果企业的运输管理平台能与运载工具的 GPS 定位实时通信，并且企业的运输管理平台与出入库管理平台打通，则该条满足；否则不满足】
		5级	a．基于核心分拣算法和智能物流算法优化，满足个性化、柔性化生产实时配送需求 b．通过物联网和数据模型分析，实现物、车、路、用户最佳方案的自主匹配	企业的运输管理平台是否具有物流优化算法或功能？（比如，自动分析物流车的利用效率，通过更优化的调度算法实现对物流车、物流运输路径的最优化组合，以节省物流成本） 【如果企业的运输管理平台有相应的算法来优化物流，能够合理利用物流路径和减少车辆，提高效率，则该条满足；否则不满足】
销售	销售	1级	a．基于市场信息和销售历史数据（区域、型号、产品定位、数量等），通过人工方式进行市场预测，制定销售计划 b．对销售订单、销售合同、分销商和客户等信息进行统计和管理	企业有没有制定销售计划？销售计划的制定考虑哪些因素（比如，行业生命周期、旺季淡季、需求的自然增长、竞争对手的份额及其他影响销售的因素等） 【如果企业有基于考虑销售因素的方式来制定销售计划，则该条满足；否则不满足】
		2级	a．通过信息技术手段实现销售计划、订单、销售历史数据的管理 b．通过信息技术手段实现分销商、客户静态信息和动态信息的管理，进行客户关系维护	企业有没有对销售做数据整理？（可以是 PPT 形式的柱状图或历史曲线图等） 企业的 ERP 系统有没有销售计划相关的模块？企业有没有使用 CRM 等与销售数据相关的软件系统？ 【如果企业有 CRM 等与销售数据相关的软件系统且会定期对销售数据做统计、评审，则该条满足；否则不满足】

能力 维度	能力域	等级	内　容	问 题 示 例
销售	销售	3级	a．根据数据模型进行市场预测，生成销售计划 b．与采购、生产、物流环节集成，实现以客户实际需求来拉动采购、生产和物流的计划，通过与仓储管理系统的集成，整合销售和产品仓储业务	企业是如何进行市场预测的？（企业使用了哪些数据来进行市场预测，这些数据能够区分不同的因素产生的可能的影响吗？比如行业在下降，但国家扶持政策带来的增长大概只有20%） 企业的ERP系统有没有与MES系统打通？保证ERP里的销售订单数据转换成生产订单后就能对接到生产车间？ 【如果企业的市场预测基于数据细分来做，并且ERP与MES在生产订单这个层面打通，则该条满足；否则不满足】
		4级	a．通过客户知识挖掘、分析和优化策略等，加强销售决策，优化销售预测，制定更准确的销售计划 b．企业能够综合运用各种渠道，实现线上线下协同，将所有销售方式进行统一管理，并与企业级信息系统集成，实现根据客户需求变化动态调整设计、采购、生产、物流方案	企业有专门的销售管理平台，该平台与企业内网、企业PLM等系统是打通的吗？ 企业的销售管理平台有算法进行优化销售预测，还是仅用于记录销售数据？ 【如果企业有销售管理平台，并且具有算法优化销售策略，企业的销售管理平台与企业的PLM、ERP等打通，则该条满足；否则不满足】
		5级	a．采用大数据、云计算和机器学习等技术，通过数据挖掘、建模分析，全方位分析客户特征，实现满足客户需求的精准营销，并能够挖掘客户新的需求，促进产品创新 b．必要时，通过虚拟现实技术，满足销售过程中客户对产品使用场景及使用方式的虚拟体验 c．实现产品从接单、答复交期、发货、回款全过程的自动管理	企业的销售平台能做到精准营销预测吗？采用了什么技术方法来实现的？ 企业的销售平台是否具有自动回复交期、通过打通MES或WMS自动完成发货记录等功能？ 【如果企业的销售平台能够使用大数据等手段或算法完成精准营销，并与企业内的信息平台做深度集成，则该条满足；否则不满足】

续表

能力维度	能力域	等级	内　　容	问 题 示 例
服务	客户服务	1级	a. 有规范化客户服务制度	企业是否有专门的客户服务部门或职责划分？
			b. 应对客户服务及信息进行统计，并反馈给设计、生产部门	客户服务部门的主要工作内容是什么？客服部大多与哪些部门打交道，相互之间交流什么信息？ 【如果企业有专门的客户部或负责这个职能的部门，客服部与生产等部门有交互（履行了其职责），则该条满足】
		2级	a. 有客户服务知识库及规范化服务体系，设立客户反馈渠道，建立服务满意度评价制度，实现客户服务闭环管理	企业有没有客户服务平台，能够实现接服务单、评价服务单、对服务单进行统计等功能？
			b. 采用信息技术手段实现客户服务管理，应对客户服务信息进行统计，并反馈给相关部门，进行客户关系维护	【如果企业有客户服务平台系统，具备基本的客户服务记录、评价等功能，则该项满足】
		3级	a. 通过云平台或移动客户端实时提供在线客服	企业是否同时有客户服务系统和客户关系管理系统（CRM）？
			b. 有客户服务信息数据库，并与客户关系管理系统集成，通过数据建模分析，建立数据模型，实现精准客服	企业的客户系统与客户管理系统打通吗？打通后可以提供哪些新的功能？ 【如果企业的客户服务系统与 CRM 打通或集成在一起，能够提供客户满意度数据分析、客户信息统计等功能，则该条满足；否则不满足】
		4级	应通过移动客户端提供产品全生命周期管理，实现产品全程可追溯	企业是否提供手机 App 可以实现产品问题的实时上报功能？企业的产品是否具有通信功能直接把产品数据上送？ 【如果企业的产品具有数据实时上送功能，并且企业有手机 App 支持用户实时上报故障等，则该条满足；否则不满足】

续表

能力维度	能力域	等级	内 容	问 题 示 例
服务	客户服务	5级	基于大数据和人工智能，通过智能客服机器人实现自然语言交互、智能客户管理等功能，并进行多维度的数据挖掘，进行自学习、自优化，实现智能客服	企业是否有在线客服机器人？（该机器人能理解自然语言，并能给出相应的回复和用户建议） 企业手机的客服数据是否进行了大数据分析，挖掘出产品的故障类型、故障原因等并作数据关联分析？ 【如果企业有在线客户机器人，并将获得的客服数据进行大数据分析，反过来支撑客服机器人的改进，则该项满足；否则不满足】
	产品服务	1级	a. 有规范化产品服务制度，可提供现场运维和远程指导服务 b. 对产品故障信息进行，并反馈给设计、生产部门	企业是否有产品服务制度？（比如，划定产品服务的区域和负责人，规定服务时限，规定服务完成后的反馈机制或建立服务的供应商等） 【如果企业建立了功能较为完善的服务制度，则该条满足】
		2级	a. 有产品故障知识库和维护方法知识库，服务人员可根据手册进行现场服务和远程运维指导服务 b. 采用信息技术手段进行产品服务管理，可对产品故障进行统计，并把统计结果反馈给相关的设计、生产部门，进行产品优化	企业是否建立了产品故障知识库？知识库如何被服务人员使用或共享？（比如定期培训、为现场服务人员开发了手机 App 来操作指导等） 【如果企业有产品故障知识库并通过手机 APP 等手段能够把这些知识库的信息利用起来，则该条满足；其他情况酌情给分】
		3级	a. 产品应具有数据采集、存储、网络通信等功能 b. 产品服务系统应有产品运行信息管理、维修计划和执行管理、维修物料及寿命管理等功能，并与其他系统集成	企业的服务系统管理哪些服务数据？（维修计划、故障服务记录、物料使用统计等。）这些数据如何进一步被其他信息系统使用？ 【如果企业的服务系统能够与其他企业信息系统打通，比如将维修备件使用状况与 WMS 或 ERP 等打通，故障与 PLM 系统打通，则该条满足；如果服务系统是信息孤立的，则该条不满足；其他情况酌情给分】

续表

能力维度	能力域	等级	内　　容	问　题　示　例
服务	产品服务	4级	a. 产品应具有数据传输、故障预警、预测性维护等功能	企业在产品层面和运维平台层面如何支撑远程诊断和运维？（比如，产品本身支持实时数据上传，产品本身有独一无二的 ID 号，客户或产品信息平台记录了产品从生产到报废过程的全程数据）
			b. 建立远程运维服务平台，提供远程检测、远程运维等服务	
			c. 远程运维平台能对装备/产品上传的运行参数、维保等数据进行挖掘分析，并与产品全生命周期管理系统、产品研发管理系统集成，驱动产品性能优化与创新	企业收集的产品生命周期中的数据如何被利用？（比如，故障数据共享到产品设计平台后，通过设计改进，再投入运行的数据来分析改进结果等）【如果企业具备上述项，则该条满足；只收集数据却不进一步分析数据，则不满足】
		5级	a. 产品应具有自感知、自适应、自优化等功能	企业的智能产品具有哪些智能功能特性？
			b. 应用物联网技术和增强现实/虚拟现实技术实现远程智能运维	企业如何保证故障产品的服务时限？（比如可以根据产品数据做远程诊断，或者产品本身具有预测性功能，并上送到云平台+本地化服务团队，通过平台进行调度的方式）
			c. 通过云平台，整合全球服务资源，实现协同服务	【如果企业的产品是智能产品（具有上送自身健康参数的功能），智能产品的健康状态数据能够上送到云平台进行健康度预测和自动服务调度，则该条满足；否则不满足】

可能有读者会产生疑惑：达到几级才算是好的？实际上，每个行业之间都有差别。比如，电子领域、汽车领域的自动化程度很高，而其他很多偏装配类的领域自动化程度比较低；炼化、化工、医药等流程行业的自动化水平很高，但信息化水平不高。所以，没有一个针对所有行业或领域的标准，但这种诊断仍然非常有意义，让企业既可以互相对标，也让企业知道自己处于什么水平，以及提升的空间在哪里。就如同体检不是要一个数据，体检的意义在于可以真实地反映身体

状态，从而提醒自己健康的方向，并应该注意什么。

我先给出一个计算方法：每一个"能力域"的 1～5 级中，如果该级别能达到 80% 的要求，则认为满足该级别；低于 80%，则不满足该级别。比如某企业的"计划与调度"1～2 级均得 1 分（满分），3 级得分 0.8 分，则该企业的"计划与调度"的成熟度为 3 级；而如果该企业的"计划与调度"1～2 级均得 1 分（满分），而 3 级得分 0.5 分，则该企业的"计划与调度"成熟度为 2 级。

每一个等级 1～5 级的得分为该等级"能力维度"（比如"生产"能力维度）下的各个"能力域"（比如"计划与调度"能力域）等级得分的平均值。然后把 5 个等级对应的平均值相加得到总分。能力域示例图如图 3-1 所示。

| 能力域 | 人员 | | 技术 | | | 资源 | | 设计 | | 生产 | | | | | | | 物流 | 销售 | 服务 | | 平均值 | 总分 |
	组织战略	人员技能	生成	信息安全技术	数据	装备	网络	产品设计	工艺设计	采购	计划与调度	生产作业	设备管理	仓储配送	安全环保	能源管理	物流	销售	客户服务	产品服务		
1级	1.00	1.00	1.00	1.00	1.00	1.00	1.00	0.00	0.00	1.00	1.00	1.00	1.00	1.00	1.00	1.00	1.00	1.00	1.00	1.00	0.90	
2级	1.00	1.00	1.00	1.00	1.00	1.00	1.00	0.00	0.00	1.00	1.00	1.00	1.00	1.00	1.00	1.00	1.00	1.00	1.00	1.00	0.90	
3级	1.00	1.00	1.00	1.00	1.00	1.00	1.00	0.00	0.00	1.00	1.00	1.00	1.00	1.00	1.00	1.00	1.00	1.00	0.00	0.00	0.80	3.40
4级	0.00	1.00	0.50	0.62	0.62	0.33	1.00	0.00	0.00	0.00	0.00	0.13	1.00	1.00	0.75	1.00	0.00	0.00	0.00	0.00	0.40	
5级	0.00	0.00	0.00	0.00	1.00	0.00	0.00	0.00	0.00	0.00	0.00	0.00	0.00	0.00	0.00	0.00	0.00	0.00	0.00	0.00	0.05	

图 3-1　能力域示例图

把得到的总分四舍五入取整，即可得到估算的整体智能制造成熟度得分。在上面的例子中，这个制造企业的智能制造成熟度为 3。

当然，这些数据可以以很多方式展示，比如也可以以雷达图的形式来展示制造企业的能力。制造企业能力矩阵雷达图如图 3-2 所示。

如果非要一个参考，这里可以给出一个大致适合所有行业的粗略水准：如果企业的智能制造成熟度为 2，那很正常。因为接近一半的企业智能制造成熟度为 1。如果企业的智能制造成熟度为 3，那么恭喜你做得不错，大多数情况下，可以作为一个市或者区级的标杆企业。如果企业的智能制造成熟度为 4，几乎可以作为省级的行业标杆企业。如果自评企业的智能制造成熟度为 5，请重新评估，应该是计算错误。

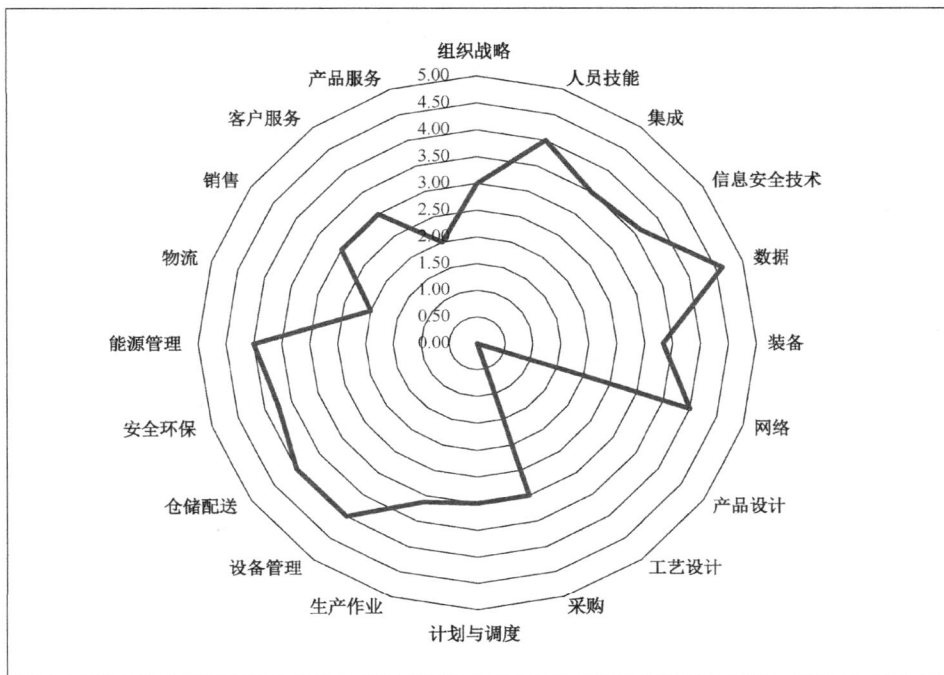

图 3-2 制造企业能力矩阵雷达图

3.3 知其源——深挖制造业的痛点

一谈到生产管理，很多企业里的管理者可能会想到很多生产过程中的问题，如订单准交率不高、计划达成率不高、生产效率低、在制品太多、生产周期长等一系列问题。但其实，这里面的多数因素只是表象而已。如果仅从表象上去尝试寻找解决方案，这就是"舍本逐末"，是找不到正确答案的。

有一个"二八法则"在很多层面上都适用，如果用在这里可以理解为：80%的问题是由于 20%的因素导致的。这 20%导致主要问题的因素就是问题之源。依我的观察，主要的问题源头可能在以下方面。

（一）BOM 资料表的缺失

BOM 资料表是一个产品部件构成基本资料，但是在很多企业里，BOM 资料表的准确性不高。因为"产品多、BOM 资料表杂乱，所以没有仔细梳理"。作为借口导致的 BOM 不完善问题，给中小企业的生产管理带来了很大的难度。在生产过程中，会出现很多技术层面的异常。

我见过一家企业抱怨 ERP 也没起到什么作用，深入分析其原因才发现是因为 ERP 里的 BOM 表不完整，所以也就不能发挥 MRP（物资需求计划）算料的功能，这个环节解决不了也就很难验证一个订单到达后的物料齐套情况，因此生产计划下达到车间之后才发现出现缺料而停产、换产的现象不稀奇。有意思的是，这家企业在 ERP 还没用好的情况下又想使用 MES 系统，这就像一个主要环节脆弱还没巩固好，再盲目堆砌几个软件，能起到的作用也不是很大。

（二）仓储数据的缺失

很多企业里面仓库账、物、卡的对应准确率非常低，仓库是生产产前准备物料的核心，仓库数据都是缺失的，所以给生产管理带来了困难。

物料数据不准，就不能指导采购是否应该提前下采购单，就不能指导物控部门核验生产订单中的物料是否齐套，就不能保证物料的先进先出。这些问题都会造成牵一发而动全身的混乱现象。

WMS 仓储管理系统是解决这一问题的有效手段，但这一手段执行得如何？即使有了软件，但管理不到位导致的软件没有发挥作用、出入库流程没有遵照约定、物料架上的物料位置与 WMS 软件中的信息不对称等问题也很可能导致制造企业觉得 WMS 不好用或没效果，问题依然不会因为买了一个软件系统而得到解决。

（三）生产计划没有发挥作用

一般而言，离散制造业中的计划分为 3 级：季度计划（有的公司叫"N+13 周计划"）、月度计划和周计划（有的公司是三天计划）。季度计划和月计划是为了能够大致估算公司的产能是否能够应对近几个月的订单，以便于提早联系委托外部加工，是否缺工人以便于提前发布招工信息或者与高职院校合作，是否需要提前采购物料以便备库生产等。周计划是为了能够指导实际生产，是要下达到车间的生产指令。

很多公司没有将计划分 3 级，甚至有的只有 1 级计划。既然只有 1 级计划，那么这个计划通常被做得不伦不类——经常是 2 周计划一类的，既不能为近期的相关安排提供指导，也不能指导生产。生产计划下达到车间之后，由车间主任或者车间里的生产计划员自行安排。车间里的生产往往不是根据生产计划来进行的，设备故障少的时候多生产一些，这就导致了生产数量大于计划数量，而当设备原因或缺人的时候，完不成计划就少生产。

这种混乱的状况下，很多企业生产还能运行下去的原因，一方面靠库存多备库，另一方面靠频繁的插单。所以，很多企业库存数量居高不下，这些库存可都是押了大量的流动资金在里面，插单反复发生，导致换产频繁，生产效率进一步降低，工人辛苦，车间主任也焦头烂额。生产计划管理人员抱怨车间擅自安排生产，车间生产抱怨计划不准没法遵守。

"瘦也要先长筋"，不能省的地方就不能省。当然，并不是多招几个人来负责

3 级计划就马上解决问题了。招的人是否具备这样的能力？顶层的生产计划与车间的生产计划员如何配合？生产计划加强了车间生产能力是否能与之匹配？制造企业是否有决心忍受改进过程中的一些损失，比如用户订单发生了几次交付不上的情况？

APS（高级排产）软件是用于解决这一问题的，但这同样不是企业买个软件就能解决的。如果制造企业的生产计划发挥不好作用，车间的数据收集没做好，排产过程中的限制条件没理清，买了软件也起不到作用。很多服务商不会告诉制造企业"你这种情况买了 APS 软件没用"。对服务商而言，多笔订单谁会拒绝？制造企业的管理层们看到的服务商介绍的 PPT 中好像所有排产痛点都能解决，的确这能解决有些用户的问题，只不过可能不适合你的情况。"不是东西不好，是客户的基础太差"。这是我听过不止一个服务商解释软件最终没落地的原因。除了服务商拿单心切这个原因，当初没做详细考察和企业诊断就给用户推方案也是造成出现这种结果的一个重要原因。

（四）没有数据支撑

我们说做某件事不靠谱，很多时候会用一句"做事没数"来形容。"没数"就是不了解状态，不知难度。

就以计划排产为例来说，其实排产基本要做的事就是根据资源的限制条件来安排生产。如果不了解资源的状态，比如物料是否齐套、机器设备是否可用、需要的工装治具是否具备、前面的生产状态完成了多少比例，就无法安排生产，即使安排也是比较盲目的。

没有数据来量化，也就没有制造业的战略转型。有数据才能做对标，有数据才能知差距，有数据才能细化目标，有数据才能制定合理的智能制造目标。举个例子来说，如果一个制造企业的目标是"打造行业标杆"，那么如果不往下潜行，这不过是一个口号而已。真要把口号变成现实，就得把"行业标杆"拆解成"自动化程度达到 70%"或"信息化程度实现 ERP/MES/WMS 的贯通，信息化贯穿办公流程的 95%"；或"2 年时间进行精益改善，使包装和组装环节节拍均达到 30 秒之内"等具体目标，而每一项可以继续深入拆解成"通过立体货架和自动滚筒线，使到料时间缩短为 10 分钟"或"通过区分内部和外部动作，使换产时间缩短到 18 分钟"等具体内容。从顶层目标逐层拆解到各个子项可能要经过 3~4 层的分解，目标量化得用数据，而制定目标的过程还需要收集现有状况的数据，否则不知道达到量化目标要花多少钱和时间等。

收集现有数据，确定预算，制定量化目标，反推资源需求并调整目标。试点项目计算投入产出，这是一个闭环的过程，每个环节都少不了数据的支撑。

3.4 知其所以然——制造业的未来路线图规划

人们用一叶障目，不见泰山来形容一个人的短视。这个俗语里的"泰山"是指什么？是全局，是目的地，是长远目标。而障目的那"一叶"又是什么？是局部，是片面的态度，是当前的困难。这句话通俗的解释无非就是说，错误的做法是因为当前的困难放弃了长远和全局。

如果一个制造企业去落地智能制造，如果感觉一帆风顺，那肯定是还没入智能制造的大门。不容易是常态，容易反而不正常。我们说智能制造是未来制造企业能否升级转型成功的分水岭。既然是"岭"，就需要攀爬，没有坦途。

　　然而，能否跨过这道坎是真正的分界，这里我们不着重强调企业的毅力和企业主百折不挠的企业家精神，尽管这些因素至关重要。我们想说的是，如果心中有图，那么对当前的困难就会有预估，对实施落地就不会显得过于急功近利，不因为一时的不顺利而放弃整个实施计划。

　　在企业实施智能制造的开始阶段，挖掘完痛点，并发掘出弱项之后，需要一个解决问题的粗略计划，这个计划参考了企业的资源调度能力（能拿出多少预算、有没有人配合等）、迫切需求、想解决问题的优先级、解决问题的时间计划。图 3-3 给出一个制造企业的路线图示例。

青岛×××智能制造规则（V1.0）		2019年				2020年			
分类	系统	2019/Q1	2019/Q2	2019/Q3	2019/Q4	2020/Q1	2020/Q2	2020/Q3	2020/Q4
企业管理系统	企业资源管理ERP			MRP计算，物料标准化					
	客户管理CRM								
	供应链SCM								
智能工厂系统	仓库管理（WMS）			物料标准化导入，仓库系统化管理					
	生产制造系统（MES）	MES基础框架，手动计划排程，计划执行追溯			MES功能模块持续导入，MES功能模块丰富				
	设备联控平台（EAP）				设备数字化能力导入，柔性化产线管理				
	产品生命周期管理（PLM）								
	高级自动化、设备智能化						智能机器人系统应用		
	能耗管理（FEMS）								
	品质管理系统（QMS）						QMS导入，供应链品质/制造品质协同		
数据平台建设	主基础数据系统（MDM）					关键环节数据因素识别&数据梳理			
	大数据智能平台（Big Data）								

图 3-3　制造企业的路线图示例

　　制造企业中的流程非常严谨，对哪个先哪个后有严格的顺序。所以，针对这样的一个示例路线图，可能有的管理者会问："是先做预算，再做路线图，还是先做路线图，再做预算？"其实都可以，因为这是一个闭环的迭代过程。先做了路线图，根据预算再进行调整也可以；先做了预算，在整理路线图的时候调整预算或者调整路线图中的某些实施优先级亦可以。关键是先破局——写个草稿，再优化——调整（可能有多轮），最终拿出一个较为靠谱的路线图。这里的"靠谱"

说的是考虑企业的资源调度能力和解决问题的时间计划等因素在内之后做出的计划，而不是随便想到一个计划后就束之高阁，不再评审。

3.5 赋能工具映射矩阵

市面上有好多宣称自己拥有智能制造解决方案的服务商，其实他们分为做咨询的、提供 MES 的、提供 PLM 的、提供自动化设备的，等等。制造企业看着眼花缭乱、听得错乱，难免产生更大的疑惑：到底谁跟智能制造更相关？他们提供的各种东西我能不能用得上？是只能用一部分，还是全都得用才能解决问题？

如果能提供一个映射矩阵，说清楚哪个环节的问题对应市面上哪一类供应商，甚至对应某个供应商的哪一类供应模块，当然是一件打破混沌、洞见真实的事。这里给出了一个赋能工具映射矩阵，可以在表 3-2 中找到赋能工具能够解决哪个维度的问题。

表 3-2　智能制造赋能工具映射矩阵表

维　度	子　维　度	针对的对象/范围	赋　能　工　具
人	市场分析	公司高层管理人员	市场和行业咨询报告
	岗位和 KPI 制定	公司中高层管理人员	培训——公司岗位设置和 KPI 设置
	领导力	公司中高层管理人员	培训——卓越领导力
	沟通技能	公司中低层管理人员	培训——有效沟通
	员工技能	公司工人	内部培训——员工工艺操作说明
	……	……	……

续表

维　度	子　维　度	针对的对象/范围	赋　能　工　具
机	设备状态	生产设备	安灯系统
	设备点检、保养	生产设备	MES——设备管理模块
	设备数据采集	自动化生产设备 非自动化生产设备	MES/SCADA——自动化设备数据接口 设备 Add On——加装传感器、视觉识别、 简单设备，如扫码枪等
	模具、工装管理	生产设备	模具、物资管理系统， MES——设备管理模块
	设备工序连接	生产设备	自动化设备——接驳机、滚筒线等
	设备节拍匹配	生产设备	自动化设备——平行移载机
	自动化程度	生产设备	标准自动化设备对标 非标自动化设备设计
	……	……	……
料	算料	物控	ERP-MRP
	找料、盘点	仓库管理	WMS+智能物料货架
	物料过期/维护提醒	仓库管理	WMS
	中间库存	生产车间管理	精益——生产物件流动，物流仿真
	缺料、搬料	生产车间管理	叫料系统（或 MES——物料管理模块） +AGV
	物料、成品、 半成品存库	仓库管理	自动化设备——自动化立仓
	……	……	……
法	生产组织方式	公司生产管理人员	培训——精益生产
	生产计划	公司生产管理人员	APS 高级排产， ERP/MES——计划管理模块
	收集、记录与传递 生产信息	公司生产管理人员	MES——数据采集模块 MES——作业管理模块
	……	……	……
环	危险品控制 （标识、抢救）	生产安检人员、5S 管理 人员	标准学习、贯标
	生产环境 （温、湿、尘）	工艺人员、质量人员	MES——质量管理模块、 生产过程工艺参数收集

续表

维　度	子　维　度	针对的对象/范围	赋 能 工 具
环	5S 管理	5S 管理人员	培训——5S 管理
	……	……	……
测	测试标准	质量人员	培训——IEC/行标/企标
	自动化测试	装备工程师	自动化测试装备设计（硬件+软件）
	质量追溯	质量人员	MES——质量管理模块，条码/RFID 追溯系统
	质量检验（IQC,IPQC,PQC,FQC,OQC）	质量人员	MES——质量管理模块
	……	……	……
账	客户订单	销售人员	ERP——销售订单模块
	采购	采购人员	ERP——供应商管理模块
	出货信息	销售人员、库管人员	ERP——出货管理模块
	销售数据	销售人员	ERP——销售分析模块
	生产经营费用	会计，公司中高层管理人员	ERP——成本管理模块
	应收、应付、票据	会计，公司中高层管理人员	ERP——财务管理模块
	设备台账	设备维护检修人员	ERP——设备管理模块，MES——设备管理模块
	决策支撑数据	公司高层管理人员	BI，数据驾驶舱，PaSS/数据中台
	……	……	……
档	产品图纸	产品设计人员	PLM
	工艺图纸	工艺人员	PLM
	研发文档	产品研发人员	PLM+SVN 等
	设备维修文档	设备维护检修人员	MES——设备管理模块，PLM
	……	……	……
客	客户关系维护	营销人员	CRM
	客户服务	客服人员	客服系统（电话+PC+WAP+微信+App+微博+邮件等渠道整合）

维 度	子 维 度	针对的对象/范围	赋 能 工 具
客	供应链管理	采购人员	SRM
	……	……	……

表 3-2 从人、机、料、法、环、测、账、档、客 9 个维度进行了第一层次的维度划分。人、机、料、法、环、测作为一个框架用于车间里的生产管理，大家是熟悉的，但从公司管理层面出发，仅从这 6 个维度来看，还缺少了高管、会计、研发、客服、销售等职位对工厂关注的影响，所以，在此基础上拓展了"账、档、客" 3 个维度。

表 3-2 所示矩阵表格涉及当前市面上大部分常见的软件、硬件、技术方法，我们这里统称为赋能工具。当然，还不完全包括所有内容，但这样一个框架可以把读者所接触到的赋能工具放入进来，既可以帮助企业加深对智能制造的赋能工具的理解，又能够减少应用时的迷茫。

一个制造企业所面临的具体问题，或者说生产弱项可能有很多，但如果企业自身能够诊断或者邀请专家做一下诊断，企业再排一下问题的优先级，真正亟待解决的也就是那么几条，虽然每一条背后所需要的工作量并不小，但至少可以按照本章提供的赋能工具映射矩阵来大致找到解决这些问题的方向、思路，甚至可以有的放矢地定向寻求供应商的细化建议和方案。

第4章
言简意赅且抓住重点地聊聊主要赋能工具

　　智能制造的赋能工具中，软件占了大部分，毕竟现在是互联网时代，电脑上不安装个软件、手机上不安装个 App 都被认为没有与时代同步。但我们的问题是怎么看待软件的作用，是有了软件，问题就迎刃而解吗？大多数情况下是这样的，比如出门有软件帮忙打车，吃饭有软件帮忙点外卖，购物有软件帮忙选东西，看起来似乎有了软件就解决了问题。

　　多数生活场景中，看似有了软件就解决了问题，但那是因为与生活相关的软件处理的是个人问题，比如一个人想购物、一个人想点外卖，而个人问题又细分了好多场景，每个场景，用户所需要的步骤和逻辑是有限的。比如，我要购物时也就是几个需求：有没有现货等商品情况需要跟卖家聊聊天，想看发货后货到哪里了，所以需要物流信息，或者想看申请退货退款后处理到什么流程了……现有这些软件之所以能解决问题是因为人的生活场景有限，生活场景中经历的步骤和逻辑有限，所以软件里集成了这些功能。而这些功能是能够针对性地处理用户需求和问题的，所以有了软件就解决了问题。

但制造业用的软件不是这样的。制造业的行业非常多，即使同一个行业，生产状况甚至工艺也不同，工艺环节分了好几十道工序，工厂的生产需要营销部门、计划部门、生产部门、采购部门等各部门的协同配合。没有一个制造企业的组织架构能够代表一切，也没有一个制造企业的工艺流程能够代表普遍状况，更没有一个制造企业的生产组织方式能够代表行业通例。这都导致了制造企业用的软件只能有一部分模块是能够标准化的，很多功能要根据现场情况进行配置和二次开发及调试。诸如 ERP、MES 等软件，基本上软件费用和现场实施费用是 4∶6 的比例。

制造业的软件公司现在也在纷纷进行功能延伸，做 ERP 的公司似乎在把 MES 的功能纳入 ERP，而做 MES 的也有一些 ERP 中的功能模块，做 MES 软件的通过功能延伸似乎功能已经可以覆盖 WMS，这就更让制造企业的用户迷惑：某个软件到底是干啥用的？是啥都能干吗？

本章我们聊聊主要的赋能工具，这些赋能工具中主要是干什么的，什么才是这个软件的核心以及可以解决制造企业用户的什么问题。当然，赋能工具中软件占了半壁江山但软件不是全部，所以我们不仅仅聊软件。

4.1 ERP

我调研过的大部分企业，甚至大部分中小企业都采用了 ERP，当然用得好的比例大概 50%，用得不好主要反映在以下几个方面。

- 企业投入了大量资金，希望通过 ERP 改变企业现状；而服务商来宣讲 PPT 时又夸大了 ERP 的功能。ERP 解决不了制造企业所有问题，用户就把 ERP 当成了鸡肋——弃之可惜，用起来又觉得不好用。
- ERP 是基于业务模型和流程来开发的，不是基于用户的操作需求来开发的，所以用户体验不佳。
- 算料模块 MRP 没有起到实际作用，企业花了大价钱的模块，反而发挥不了作用。

其实，ERP 被称为企业资源计划管理系统，它的目标是帮助企业形成人、财、物、供、产、销的闭环管理，这种管理解决两个制造企业核心问题：

- 某一个订单来了，能不能接（料够不够）？
- 某一单做完了，怎样计算有没有赚钱？

至于 ERP 是否可以记录供应商信息等功能其实不重要，这不是它真正要解决的核心问题。

以上说的两个核心问题对应着 ERP 的两个核心功能——MRP 算料和成本核算。这两个核心功能其实是架设在另一个核心功能——工作流控制之上的。

这样，工作流控制、MRP 算料和成本核算就是 ERP 的三大核心功能。言简意赅地聊 ERP 的话，这就是 ERP 基础、重要的部分。

我们先说工作流控制部分，也是重要的部分。

以一个请假流程为例，绝大多数制造企业里都会有这样的流程规定，哪怕未必遵守得很好，或者是采用了原始的填写纸质单据加主管签字的方式，但其实还是这样一个流程逻辑。制造企业请假流程示意图如图 4-1 所示。

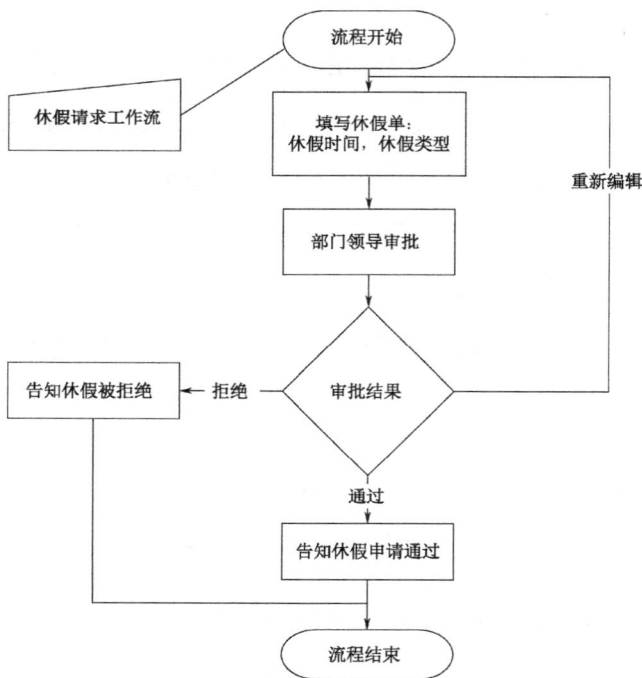

图 4-1　制造企业请假流程示意图

把公司里的请假流程规定放到 ERP 里，并按照 ERP 的元素进行分解，这个请假流程图会被描述成如图 4-2 所示这样。

可以看出，流程（即一个有先后顺序和触发条件的步骤组合）是核心，但流程中除了动作任务（比如创建休假请求），还依赖于另外两个因素——公司的组织结构和组织结构某个岗位上的具体人员。谁是员工？谁是直线经理？谁应该收到通知（不管是邮件，还是短信方式）？所以在实施 ERP 过程中，实施人员会反复与制造企业确认：公司的组织架构是什么样子的？组织架构的每一层又有哪些人？现有的流程图是什么？

流程名称：休假请求

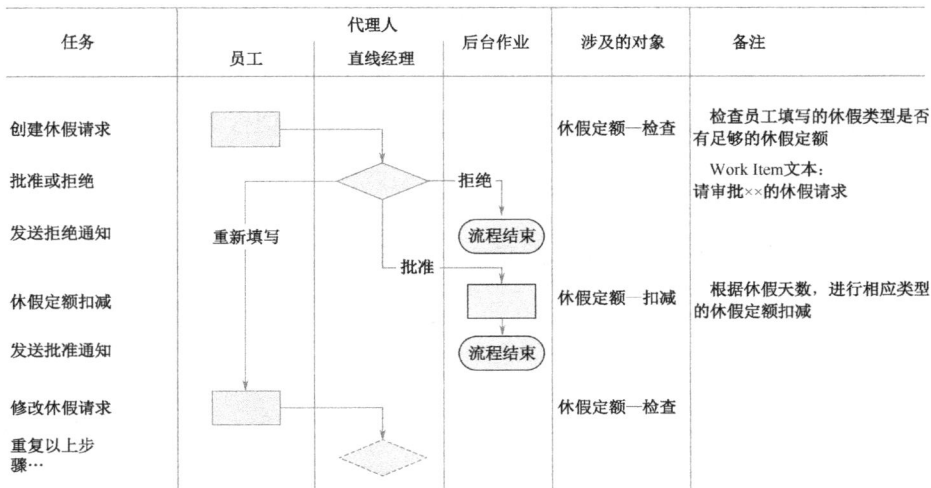

图 4-2　一个制造企业的请假流程在 ERP 里的任务定义

在具体的 ERP 实施中，根据每个 ERP 系统的不同，厂家软件开发风格不同，这个流程还会长成不同的样子。一个制造企业的请假流程在某款 ERP 里的用户界面如图 4-3 所示。

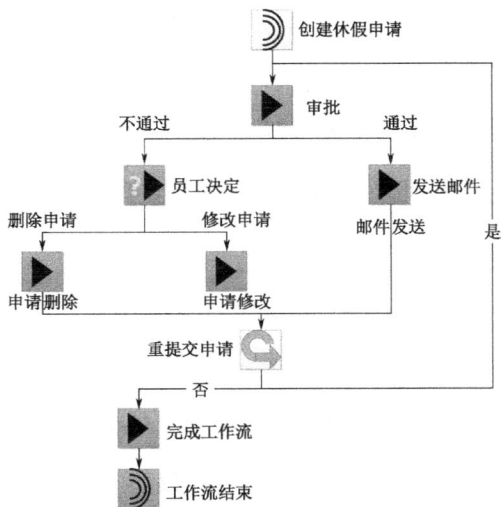

图 4-3　一个制造企业的请假流程在某款 ERP 里的用户界面

MRP 全称为物料需求计划，是由制造企业的主生产计划推动运行的，主要解决企业生产中的物料需求与供给之间的问题。这里有几个很关键的问题：需求是什么？现有什么？还缺什么？什么时候需要？所以，看似很简单的一个 MRP，其实对以下几项数据有依赖。

- 主生产计划（MPS），它指明在某一计划时间段内生产出的各种产品和备件。举例来说，一个用户订单下，要求生产多少个产品 A 和多少块电路板 B。
- 物料清单（BOM），它指明了物料之间的结构关系，以及每种物料需求的数量。举例来说，型号 B 的电路板包含了多少个芯片 C、多少个贴片电容 D、多少个贴片电容 E，以及多少个立式电容。
- 库存记录（Inventory），它反映了每个物料品的现有库存量和计划接受量的实际状态。举例来说，现在物料仓库里还有多少个芯片 C、多少个贴片电容 D、多少个贴片电容 E，以及多少个立式电容。

很多企业反映他们的 MRP 没起到作用，深入分析其原因，很多制造企业对应该生产产品的 BOM 表没捋清，尤其是不经常生产的产品类型。没有清晰的 BOM，也就没办法根据主生产计划来计算每种物料需要多少完成这次生产。有了主生产计划，也有了 BOM 表，但如果仓库的库存信息没拿到，就不能指导采购部门是否需要为这次生产进行采购，那么结果就是要么生产过程中发现物料不够只能加急采购或者停止生产，要么就得常年堆放很多不必要的物料库存以应付生产需求。

定期算账很重要，一笔生意做下来，用户付的款项要减去生产物料成本、生产过程成本、差旅成本、税金和摊销费用等，最终这笔生意赚钱了没有？现在手头这么多种的生意，哪种类型比较赚钱？哪种生意其实是薄利的，甚至是亏损的？这都是 ERP 中的核算功能。没有 ERP 之前，这样的计算其实只要能够做好记录，并由专门的会计认真负责，那也可以完成。在 ERP 这样的 IT 软件里，这种工作更容易进行，是因为利用 IT 软件进行计算、类型合并和搜索等，本来就是计算机比较擅长的事，不仅省去了大量人工查账、汇总、计算的工作，而且比人工更快、更准。

4.2 MES

MES 又叫制造执行系统，其实在 ERP 中已经有了这个功能模块，比如设备管理、计划管理等。既然有了 ERP，为什么还要 MES 呢？

我个人认为根本原因是因为人的精力有限。有的人可能会产生疑惑，ERP 和 MES 的区分跟人的精力有什么关系？开发一个特别庞大、复杂的系统在资源组织、项目协调、沟通协调等各个方面都异常复杂。开发一个既能够对企业资源进行管理，又能对车间层生产进行管理的软件，复杂程度大于开发一个对企业资源进行管理的 ERP 软件，加上开发一个对车间层生产进行管理的软件。因为人的精力有限，意味着人在沟通效率、协调调度上会打折扣，导致联合开发效率是 1 加 1 小于 2 的，所以从另一个角度来看，开发复杂度上就是 1 加 1 大于 2。再者，开发这样一个庞大的软件，导致现场配置和实施的复杂度也很大，购买时成本太高也会使用户倾向于放弃，因为很多用户倾向于只购买这个大软件的一小部分功能就足够了。

上面说明了 ERP 和 MES 为什么分开。而软件分成了 ERP 和 MES 之后，其定位也不一样。

- MES 属于 ERP 计划层和车间层操作控制系统之间的执行层,主要负责生产管理和调度执行。
- MES 在计划层 ERP 与底层控制之间架起了一座桥梁,填补了两者之间的空隙。
- MES 提供了一个能够集成诸如定单执行与跟踪、质量控制、生产调度、物料投入产出管理等功能的统一的系统平台,实现 ERP 系统无法实现的实时生产管理报表功能。

　　总而言之,MES 偏向于车间的生产执行层。对比 ERP 而言,MES 获取生产数据的实时性高,对底层生产的数据把握细;而 ERP 是一个功能更广,但对车间生产执行层了解不细致的系统。其实这也合理,有的数据对生产执行过程来说需要比较高的实时性,比如设备出了故障需要维修人员马上到场修理,MES 需要把这个信息及时传到设备维修班组,而对于使用 ERP 的大部分角色,比如总经理来说,他不关心这个,他只要月度性地浏览一下设备故障率数据或者月度性地知晓一下因设备停机带来的生产损失即可。再例如,车间主任或者车间级的计划员要实时关注要求生产的 200 个产品是否在一上午过去之后加工了接近一半的数量,他需要从 MES 中看到这样的信息。而对于会计人员来说,他只需要关心整个订单是否完成,是否具备开票条件,并且需要从 ERP 中关注整个订单的状况即可。

　　所以,通过上面的描述也就比较容易回答"MES 和 ERP 中有一些重名的模块,是不是功能重复了,是不是在某一个里面就不需要了"的问题。在 MES 和 ERP 中的确有重复的功能模块,比如我们之前提到的设备管理、计划管理等,但在 MES 和 ERP 中,它们的角色可能不一样,比如在 MES 中,维修人员关注设备管理模块是为了及时得知设备是否有故障、统计设备故障类型等;而在 ERP 中,高层管理人员关注设备管理模块是为了得知设备故障是否影响了生产等。数据的颗粒度肯定是 MES 更细、ERP 更粗，MES 更实时，ERP 更滞后，但对使用终端用户来讲，每个软件的功能都足够。这跟人的组织结构是一样的——对于某件事来说，肯定是具体执行这件事的员工知道的细节多、领导知道的少，但领导不是针对某件事，而应有一个更大的全景。

既然 MES 和 ERP 中都有某些模块，这些模块之间需要同步信息吗？的确，ERP 中与 MES 对应重名的模块，其数据来源来自于 MES 的同步。而这其实涉及另一个话题——ERP 与 MES 打通，两个软件要约定通信接口和传输的数据表，以便于能进行数据同步，这也是后面端到端集成这个话题里的内容。这跟人的组织结构是一样的——领导的信息来自于具体执行这件事的员工的汇报，而对于某一件具体的事来说，员工知道得更及时，领导知道较滞后，因此他们需要约定一个时间和交流方式（面谈还是电话），这样才能把信息同步。

MES 其实是作为 ERP 在车间执行层拓展的一个软件，结合之前介绍的 ERP 内容，MES 的功能就比较好理解了。MES 有很多功能，可以综合为一句话：获取生产状态相关信息。

什么叫生产状态相关的信息？举例说明有：生产进行到什么地步了？——生产看板；设备作为生产工具，是不是可用，是不是正常？——设备管理；生产过程中的质量如何保证，如果出现质量问题能不能追溯到哪道工序、谁干的？——过程与追溯管理，等等。

所有这些与生产状态相关的信息，都需要有一个基本的支撑——要完成车间生产过程中的各种信息收集，收集各个工序流转环节的设备数据，正在被加工的产品的数据，甚至是与人相关的数据，比如班次或者操作员身份信息等。从这个角度不难看出，MES 基本的功能可以总结为以下两个：数据采集和工艺流程建模。

而工艺流程背后因为涉及了人员角色（审批和流转也是要落地到人的参与），所以也需要公司的组织架构和岗位角色信息。这样，数据采集、工艺建模、工厂建模就是 MES 三个基础的功能。

MES 工厂建模示意图如图 4-4 所示。

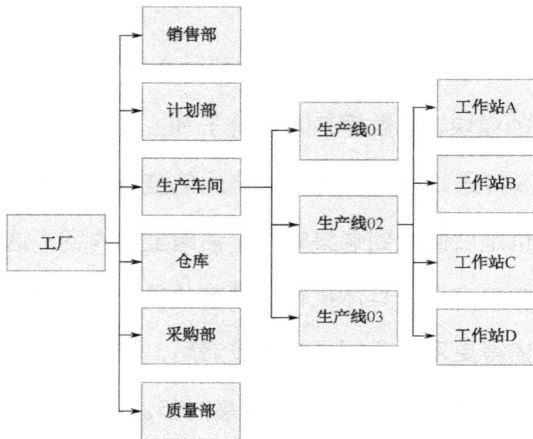

图 4-4　MES 工厂建模示意图

MES 工艺建模示意图如图 4-5 所示。

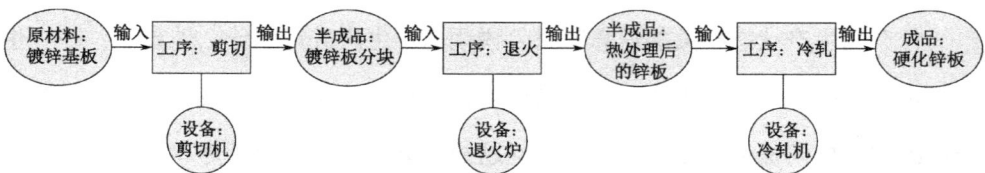

图 4-5　MES 工艺建模示意图

MES 的数据采集功能模块其实是一个包含多种工业协议接口的协议解析器，能够把具有不同协议类型的设备数据对接到 MES 的数据库中。解析数据不仅要能够解析工业协议，还需要知道解析后的数据每个数据点位代表什么意思。这样，不同厂家开发的 MES 就有了区别，有的 MES 厂商是从专注于电子行业起家的，那他的 MES 就可能很容易对接松下的贴片机，因为都已经做成标准通信模板了；有的 MES 厂商是从做机械行业开始延伸的，那他的 MES 就可能很容易对接西门子、哈斯等的数控机床。

有的企业管理层人员问我：您看我们工厂大部分环节需要手工生产，用到的自动化设备不多，需不需要上 MES？来我们这的 MES 厂家好几家了，选哪家好？我一般会明确告诉他如果自动化程度低，那么 MES 的数据采集会是问题，用了 MES 很可能起不到效果。如果一定要用 MES 的话，很可能需要大量手工输入的工作，这又会改变工人的操作习惯，即使工人随便输入一下数据也不用对输入结果负责（毕竟大多数工厂发工资是计件制，又不把往 MES 里输入数据作为 KPI），最终 MES 的作用不大。

当然，不是说这种情况的企业一定不能上 MES。如果通过简单、小成本的自动化，甚至是简易自动化的改造，比如条码系统、安灯系统等，就可以做到设备与 MES 数据的贯通，让 MES 能够采集重要环节的数据，这个话题我们会在其他小节深入说明。我之所以这样告诉他，是因为他产生了一种错误观念——用一套软件就解决了企业的问题。其实光有软件是不够的，不想在制造基础上进行硬件、自动化，哪怕是少量自动化的投资，缺乏基础软件就发挥不了作用，正所谓孤掌难鸣。

4.3　APS

APS，又叫高级计划与排程，通常简称为高级排产。

APS 诞生的其中一个原因是为了弥补 MRP 算料的缺陷。MRP 作为 ERP 中的一个重要环节，因为 ERP 得到的生产制造信息是粗颗粒度的、滞后的，生产制造过程中的数据是需要 MES 同步的。所以，MRP 算料时只能按照生产过程均匀进行、物料均匀消耗的假设来做；而现实生产情况往往不是这样的。比如一个用户订单要求生产 1 000 个产品 A，10 天后交货，MRP 中计算物料的消耗是每天消耗 100 个产品 A 相关的物料；但实际情况往往是生产的第一天因换产导致只生产了 51 个，而非 100 个，第二天为了赶进度生产了 180 个，而不是 100 个，第三天生产设备故障导致，只生产了 42 个……所以，很多软件厂家将 APS 作为 MES 中的一个重要模块，依托于 MES 对生产信息掌握的及时性和完整性，发挥 APS 排产准确、能与实际情况匹配的优势。

很多情况下，APS 被 MES 软件厂家作为 MES 中的一个模块，而有的 ERP 软件厂家将 APS 作为 ERP 中的拓展模块，还有的厂家专注于做 APS，而使其成为一个独立软件。

当人们真正坐在制造企业的计划员身边，体验他们的工作时，才会觉得他们对 APS 有一种强烈的需求。多数制造企业，哪怕是已经有了 MES 系统的制造企业，目前排产大多数靠人工手动，最常用的工具是 Excel，图 4-6 所示为某企业手动排产所用 Excel 表格示例。

三天作业计划-9月17日　　拟制：XXX

板型	订单量	订单号	工单号	节拍-秒	拼板数	UPH	整机时间-回板以此提前2天	差异	客户料号	累计	已完成	9/17/2018 一 白	9/17/2018 一 夜	9/18/2018 二 白	9/18/2018 二 夜	9/19/2018 三 白	9/19/2018 三 夜
550K3F-LB82-2-5\JK\ROH\SSC	14500	PL18042605-27#A108D3BB29	10005800063#A108D3BB29	50	14	1008	10/5/2018	0	1180961	14500	8890	5610					
550K3F-LB82-2-5\JK\ROH\SSC	960	PL18042605-26#A108D3BB29	10005792144#A108D3BB29	50	14	1008	10/5/2018	0	1180961	960	0	960					
550K3F-LB82-2-5\JK\ROH\SSC	2950	PL18042605-26#A111D3BB29	10005792154#A111D3BB29	50	14	1008	10/5/2018	0	1180961	2950	0	2950					
550K3F-LB82-2-5\JK\ROH\SSC	5500	PL18042605-26#A105D3BB29	10005792164#A105D3BB29	50	14	1008	10/5/2018	0	1180961	5500	0	1000	4500				
BB315S1H81-TO/JK/ROH/JK	21958	PL18081401-6#KR6R7W	1000579879#KR6R7W	48	16	1200	9/7/2018	0	1198796	21958	0		6100	11000	4858		
BB315S1H81-TO/JK/ROH/JK	7800	PL18081401-7#JR5R7W	1000581710#JR5R7W	48	16	1200	9/7/2018	0	1198796	7800	0				7800		
BB315S1H81-TO/JK/ROH/JK	11400	PL18081401-7#KR5R7W	1000581711#KR5R7W	48	16	1200	9/7/2018	0	1198796	11400	0				100	11300	
BB315S1H81-TO/JK/ROH/JK	3834	PL18081401-7#JR4R7W	1000581712#JR4R7W	48	16	1200	9/7/2018	0	1198796	3834	0					1800	2034
BB315S1H81-TO/JK/ROH/JK	3714	PL18081401-7#KR4R7W	1000581713#KR4R7W	48	16	1200	9/7/2018	0	1198796	3714	0						3714
班次计划工时								#REF!		#REF!	#REF!	10.436508	9.547619	9.1666667	10.631667	10.916667	4.79
转产工时								-17		17	12.3	0.6	1.5	2	0.4	0.2	
合计排产工时								#REF!		#REF!	#REF!	11.036508	11.047619	11.166667	11.031667	11.116667	4.79

图 4-6　某企业手动排产所用 Excel 表格示例

图 4-6 中所示里面收集了各种数据和限制条件，比如节拍秒数（图中 Excel 的第 T 列）、产能（图 4-6 中 Excel 的第 V 列）、要求的最晚日期限制（图 4-6 中 Excel 的第 W 列），等等。人工需要在图 4-6 所示的 Excel 中的排产计划数量区域（从第 9 行第 BH 列，到第 17 行第 BM 列）输入计划生产的每种板型（需要生产的成品或半成品）的数量，因为本例中的工厂是两班倒，一班的作业时间是 12 小时，所以算出来的合计排产工时不能超过 12 小时，但可以尽量接近 12 小时以便于充分利用设备和劳力（人工需要可以参见如图 4-6 所示的 Excel，从第 20 行第 BH 列，到第 20 行第 BM 列）。

这样进行手工排产，主要面临以下几方面的问题。

- 对熟练工的依赖很高。很多制造企业的排产人员工作年限比较长，新手一般没有能力胜任这项工作。
- 排产勉强能够满足各种限制条件，根本没有时间和精力进行优化。
- 人与人之间的沟通很烦琐。其实在排生产计划时，先要与物控人员确认物料是否齐全，而物控人员又需要与仓库确认；排产的周计划或三天计划是需要每天更新的，排产计划员要每天沟通以了解生产车间执行进度，便于不断地调整这个表格。
- 排产的工作量很大。如图 4-6 所示是三天计划（有的公司第 3 级排产是周计划），这个级别的排产工作量已经很大了，除了需要人来安排表格里的数据、跟各种人沟通之外，某种产品型号的订单量、订单号还要打开 ERP 等系统查找。除此以外，上面还有 2 个级别的计划——第一级的季度计划及第二级的月度计划。理论上，三个级别的计划是需要不断同步的——从季度计划和月度计划来看，制造企业的产能是否满足（是否需要提前沟通外协）、是否需要招工、是否需要提前采购，并且需要为第三级的周计划或三天计划提供框架性指导；而第三级的计划数据要汇总分析后用于调整、纠正第一级季度计划和第二级月计划对公司产能的实际估测值。但往往因为工作量大，所以这三个级别的计划之间相互关联不足，第三级的周计划与第一级和第二级计划之间断层。

了解了这些，APS 的作用就体现了出来。事实上，目前制造企业智能化水平比较差的，基本上用不起 APS，这里的"用不起"是说"没有效果"，而不是"付不起费用"。对比其他软件，比如 ERP 和 MES 的实施，APS 本身并不是一个特别复杂的软件，也不是一个费用很高的软件。之所以使用效果不好，是因为 APS 对底层信息基础的依赖特别多。比如，如果要获取各种限制条件，比如物料是否齐套、仓库里是否有这种物料、产线的设备是否可用（是否处于维护状态）、工装夹具是否具备条件、报工信息是否可以及时上传等情况，这需要 MES、WMS 等信息系统把数据透传出来，而 MES、WMS 等是否能及时拿到这些信息又取决于这几个信息系统与自动化设备的连通是否已经做好了。

所以，信息系统层能够做到集成、数据连通，这是能够用好 APS 的基础。进一步讲，要梳理清哪些信息可以作为智能排产的限制条件，并从相应的信息系统中获取信息，这也是能够用好 APS 的实施条件。APS 需要打通的信息系统和信息链路如图 4-7 所示。

从图 4-7 可以看出，需要的数据集成工作还是很多的，这里涉及信息系统的横向集成，而信息系统需要拿到很多设备数据，又需要设备与信息系统之间的纵向集成。越是高级的东西，所需要的基础越多。我们会在本章的总结中再次详述这一理念。

PLM	ERP	APS	MES	SRM	WMS

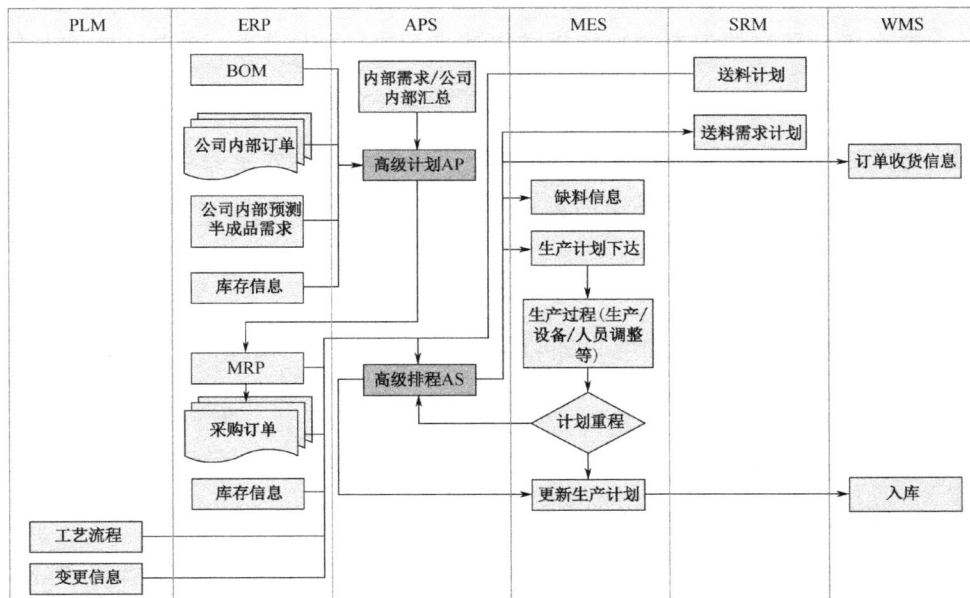

图 4-7　APS 需要打通的信息系统和信息链路

4.4 PLM

PLM，又叫产品生命周期管理，它能解决一个产品从需求到研发、生产过程、售后服务的整个环节的版本管理、项目管理、流程协作等问题。随着产品研发能力在中国崛起，一个复杂的产品研发涉及很多复杂的问题，比如产品的需求是怎么与研发技术需求映射的？工艺图纸或者产品设计图纸频繁变更，到底哪个才是可用版本？售后的产品质量数据与产品设计的经验库、生产过程中的工艺库之间应该是有联系的，联系在哪？

这么多问题需要复杂的功能需求描述来解决。业内描述一个先进的 PLM 软件产品应具备需求管理、项目管理、配置管理、文档管理、编码管理、变更管理、生产过程和售后服务技术管理、系统工具管理等八大主要功能。而这些顶层的描述可以拆解为几个常用并且在制造企业的产品管理中重要的功能，相应地总结如下。

- 数据仓库、文档、内容（软件源码、硬件图纸等）管理，尤其是对源码、图纸、文档的版本管理。
- 基于用户角色的工作流和任务管理，比如可以制定文档版本变更的审批流程，用户可以登录系统，方便查看分配给自己的任务。
- 易集成机械 CAD、电气 CAD 等信息创建和分析工具，这样才能使 PLM 与设计软件形成生态，而不是作为分离的系统。
- 用户配置管理、用户个人任务界面等便捷功能。
- 灵活支持二次开发、企业应用集成等功能，拓展性良好。

当然，任何软件，包括 PLM 在内，还需要符合行业特性，有良好的行业应用案例和口碑。基于以上主要因素和功能，这里给出选型 PLM 的评测维度表格以供参考，参见表 4-1。

表 4-1　选型 PLM 的评测维度表格

大　维　度	子维度/功能	具体要求（对应需求）
功能性	用户与权限管理	用户角色设置 角色的固定权限、临时权限、流动权限的设置
	实时消息系统	控制技术平台中便捷的技术交流
	BOM 管理	BOM 结构配置、差异比较管理，以减少管理维护的复杂度 支持外部数据文件导入
	数据安全管理	数据管理具备详细的日志表文件 远程传输，支持 SSL 加密，使用 VPN 机制

续表

大　维　度	子维度/功能	具体要求（对应需求）
功能性	知识管理	知识与技术资源的管理
	合作伙伴管理	文件级数据共享性，确保系统跨平台、跨地域的数据交换和应用集成
	任务管理	能制定项目计划、配置资源、时间、组织人员、分配任务 可以对项目监控，安排角色，项目时间表等
	个人看板	个人工作分界面显示
	管理看板	工作全局管理看板
	技术和工艺管理统一平台	在同一平台解决技术和工艺管理
易用性	整理原始的数据效率高	整理原始数据方便，系统操作方便
	系统操作方便	鼠标和键盘使用方便，支持快捷键使用
	升级方便	无缝升级
	平台集成性	与其他软件的集成度好
可拓展性及开放性	跨平台	支持跨平台，Windows/Lunix/UNIX 等
	架构	C/S 架构
	业务修改的影响程度	只要重新定义业务模型和变化流程 只要部分进行二次开发
	交互标准	采用 XML 作为低层交换标准 采用标准定义文件作为低层交换标准
成熟度和售后服务	供应商规模	供应商的产品有广泛的应用
	行业匹配性	供应商的产品在本行业有广泛应用
	售后服务	供应商有良好的售后服务链路和及时响应的良好口碑
价格	一次性价格	
	后续维护和升级的价格	后续维护和升级的价格不应忽视，反而是应该重点考虑的部分

以上给出的 PLM 评测维度矩阵表格，不仅可以用于 PLM 的选型，其他软件选型也可以参考。

之所以在这里特别对 PLM 的选型列出表格，是因为 PLM 比较偏制造企业的研发和产品管理应用，与制造过程联系较弱，因此，导致很多制造企业的管理者对

该软件不了解，但大多数制造业管理者对 ERP、MES、WMS、CRM 等软件都有一定
程度的了解。另一方面，ERP、MES、WMS、CRM 等软件主要在制造过程中发挥作
用，能在生产制造环节帮助企业获得降本增效的竞争优势；而 PLM 主要在产品设
计过程中发挥作用，是在生产制造的上游帮助企业获得产品差异化的竞争优势。
现在的制造企业升级转型，PLM 会发挥越来越重要的作用。

4.5 CRM

CRM，又叫客户关系管理。很多 ERP 软件把 CRM 作为其中的一个模块，但同
样很多 ERP 中并不包含 CRM，而做 CRM 的公司可以把客户管理功能做得更深入、
更专业。

小微公司一般是用不到 CRM 的，因为小微公司的客户量不大，销售队伍也不
大，负责销售的员工就那么几个人，不存在争客户的现象，客户量没有成千上万
的数据，用一张 Excel 表格就管理好了。

但大公司不一样，运营了那么多年之后，客户资料很庞杂。如果管理不善很
有可能导致客户资料断档。一个销售人员去拜访某家企业时也会犯嘀咕：到底我
们公司之前有没有人来过？谁来过？谈过什么项目？如果公司之前有人来过见
过谁？公司规模大了，必须用一个系统来记录、维护客户信息，这就是 CRM 可以
解决的基本问题。若从解决问题的环节来看，CRM 解决的是营销、销售、服务环
节的问题，CRM 要解决的客户问题环节和主要功能如图 4-8 所示。

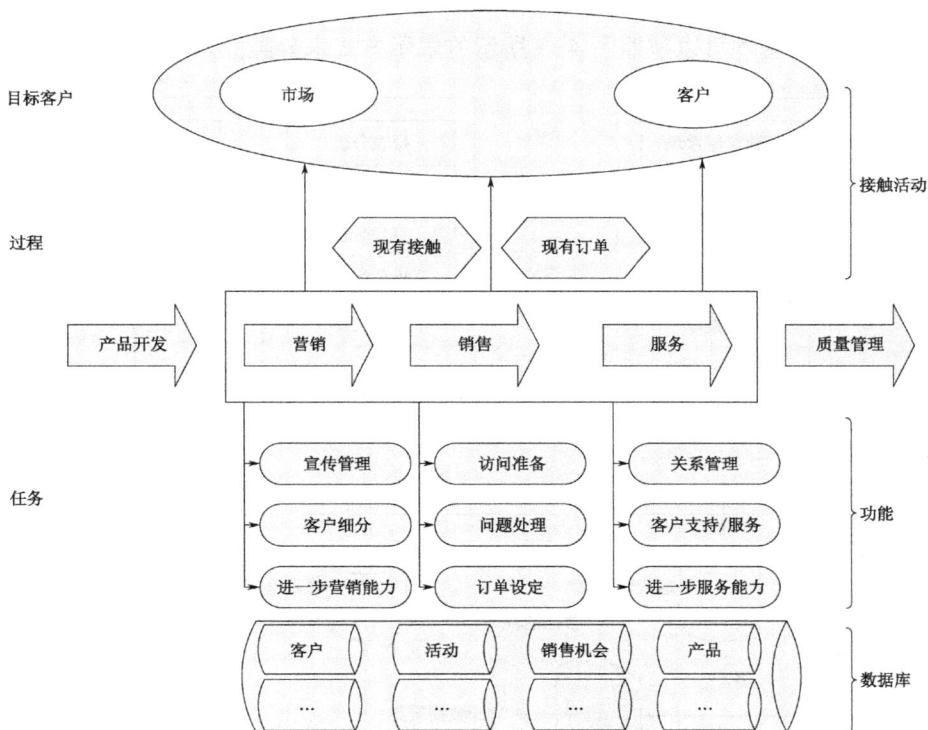

图 4-8　CRM 要解决的客户问题环节和主要功能

　　随着数据分析功能的逐渐成熟及数据挖掘技术的应用孵化，CRM 系统也已经由原先以记录和检索客户资料为主，逐渐转向了以客户数据分析和客户关怀为主，帮助企业从以服务为中心模式向以客户为中心模式转型。记录和检索客户资料属于 CRM 的运营功能，但依然是 CRM 最原始、最根本的功能。企业可以应用 CRM 系统计划、管理、控制、总结和简单统计整个业务流程及结果数据。通过 CRM 中获得的各种数据，为企业的经营决策提供可靠的、量化依据。客户数据分析等功能属于 CRM 的分析功能，CRM 系统采用数据仓库、在线/实时事务分析和数据挖掘等方法分析企业业务积累和当前应用所产生的相关数据，从而分析客户群体的行为、满意度、需求和购买趋势。如果把 CRM 的运营功能和现在强调的分析功能放在一张图上，基本可以按照图 4-9 所示的表示方式来分类。

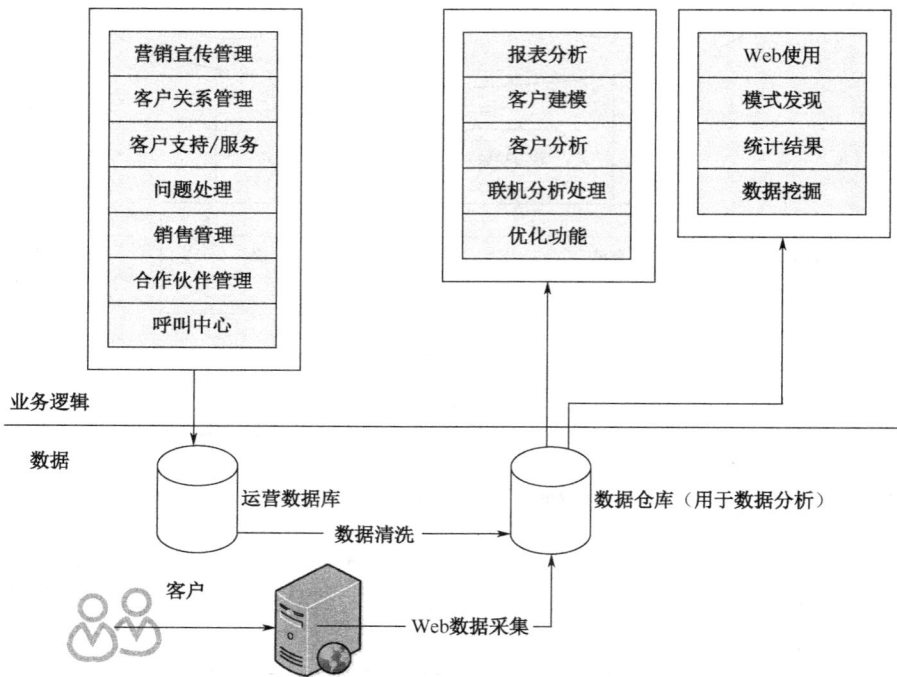

图 4-9　CRM 的运营功能和分析功能汇总

营销宣传管理、客户关系管理、客户支持/服务等属于 CRM 运营功能；报表分析、客户建模、客户分析、数据挖掘等属于 CRM 分析功能。分析功能也是那些将 CRM 单独作为软件、脱离 ERP 系统的软件厂家主打的功能。

现在很多企业在提倡精准营销。精准营销的基础是收集更多的客户数据、进行更细化的客户分类。通过对数据的分析、分类、客户建模、数据挖掘，能够更有效地找到用户，能够利用更多有效渠道投放影响用户的信息。在这个过程中，数据是根本，对数据的挖掘和利用是重点，迭代的调整闭环是不断优化的手段，而 CRM 可以作为这一过程中的工具。

4.6 数字孪生

数字孪生也叫数字化双胞胎（Digital Twin），是用虚拟世界的物理模型和针对模型的仿真，完成对现实世界的物理实体的映射的，用虚拟世界的模型反映现实世界物理实体的全生命周期，实现所见即所得的效果。

现在有很多概念鱼龙混杂，比如虚实联动等概念，我们在这里可以进行深入的探讨，明确到底数字孪生强调的是什么，而试图混淆的概念又是什么，混淆的概念是否属于数字孪生的一部分。

虚实联动，大部分人以为这就是数字孪生，虽然这可以属于数字孪生的一部分，但肯定不是全部。虚实联动大部分的理解是：给实体建模后，采集实体数据，实体是怎么动作的，在模型的 3D 展示上怎么动作，这样实体发生了什么事情在 3D 展示上也就看到了，实体与模型之间是映射关系，也就是所见即所得。

我曾在一个专业做制造业数字化的公司工作，这个公司也是数字孪生概念的先驱者，从专业解读的视角来看，其实这是把数字孪生的概念片面化、缩小了。数字孪生的基础在于把实体模型化，但这个模型化并不是给实体的形状和动作机构画 3D 模型，模型长得像实体仅仅是一个方面。把实体模型化包括对实体的尺寸形状、材料特性、力学性能等各方面的建模，而不仅是对尺寸和形状的建模。当然，在一次应用中并不一定用到所有维度的模型，对一个实体在所有方面进行建模的工作量也是巨大的，因此，需要根据实际情况来对实体进行建模，并使用所建模型。

实体其实是很复杂的，实体本身也包括众多维度的模型数据。举一个很简单的例子，对一个水杯，如果我从盛水的角度来验证它，需要知道它的容积和形状数据；而如果我看它落到地上会不会摔碎，需要知道它的材料性能数据、形状数据和初始状态数据（下落高度、初始速度和姿态）等；如果我想模拟它握在手里的感觉，需要知道它的形状数据、重力数据、光滑度等。这样看来实体也是很复杂的，它拥有的数据在不同的需要场景下发挥的作用不同，需要知晓的颗粒度也不同。为什么建模？就是因为实体本身很复杂，建模其实只是关心要关心的部分，忽略无关因素，是一个简化的过程。

所以，针对建模这个数字孪生的基础问题而言，建模并不是仅仅对实体形状尺寸进行建模，这是虚实联动概念所误读的方面。从模型的使用阶段来说，模型也并不一定要随着实体一起出现或一起应用。实体所建立的模型并不一定要反映实体的实时状态，比如实体现在正在运动，那么模型一定要随着它对应地运动、调整位置姿态吗？如果这样是数字孪生的话，岂不是跟演动画电影一样？模仿动画电影里那只大猩猩的演员怎么活动，动画片里的那只大猩猩对应地在活动。所以，虚实联动并不是数字孪生概念想表达的内容，如果有了实体模型，可以单独利用模型，比如拿去做测试等。

举个数字孪生的例子：将一个键盘能用多久作为一个问题。为了得到这个问题的相关数据，可以派人去做测试，比如用手指去打字，并记下按键的次数，然后看键盘什么时候坏掉，这个过程很可能过去了半年才能得到一个结果。而利用数字孪生的方法怎么做呢？可以将这个键盘的参数，比如塑料按钮的特性、触点开关的特性、触点下面电路板的特性等，作为键盘的数字模型中的数据，再加上一些数据统计结果，例如哪些按钮按得次数多、一般人每天使用键盘多少个小时等，这样就得到了使用键盘的数据。用键盘的数字模型和使用键盘的数据在计算机里做虚拟测试——对虚拟的数字建模的键盘不停地进行虚拟敲击，会得到一些类似这样的结果——"L"键大约使用 15 万次就会发生按下去无反应的故障情况，"回车"键使用较多，一般使用 6 个月后就会发生按键不灵的故障情况，最后推导出的结论是键盘在较多人使用下寿命大约为 5.5 个月。这个虚拟的测试过程可能在计算机里面只需要花 10 秒钟就能结束运算，不需要让实体键盘真正地被敲击半年才能得到结论，在虚拟模型里的"所见"，也就是虚拟键盘的寿命大约为 5.5 个月，也就是实体世界里的"所得"，实体键盘测试半年后会发现其寿命大约为 5.5 个月。

　　所以，虚实联动其实不仅不能完整地反映数字孪生想表达的意思，甚至也不是所见即所得要表达的意思。所见即所得并不局限于当前状况，在现实世界中的实体是怎么动的、数据是多少，那么虚拟 3D 界面上的各个设备和部件也一样。所见即所得也好，数字孪生也好，模型与实体并不是同步被使用，也并不是同时都存在的。通常情况下，先有实体，再有虚拟模型，因为模型的数据要从实体中得到。但在某些情况下，却是先有模型再有实体，这种情况在数字化工厂的设计中经常被使用。

　　企业要建造一个实体工厂之前，需要先根据工艺流程选定所需要的设备，根据设备的尺寸在软件里进行虚拟布局，然后调整布局进行物流的优化，通过仿真验证是否有生产设备、人、运载 AGV 之间的相互干涉以便于对布局和物流进行再优化，整个过程进行迭代几轮后，反向对基建等提出要求。通过这个过程设计出来的数字化工厂，实施完后基本是按图索骥地建造出来的。在仿真软件里的"所见"，最终成为实体工厂建成后的"所得"。图 4-10 给出了一个在模型里设计某一段工序的产线，然后在产线实体建造完成后的效果示例。

图 4-10　一段工序的仿真模型和建成后的实体对应

　　数字化仿真是实现数字孪生的重要手段，数字孪生的概念比数字化仿真的概念要大。因为除了数字化仿真，实体建模、数字化设计过程也属于数字孪生的范畴，但数字化仿真无疑是数字孪生中非常关键的一个方面，甚至是重要的一个环节，因为具备了数字化仿真的条件也意味着实体建模的基础已经完成，而且数字化仿真可以应用在制造业、制造产品的全生命周期的各个环节。

　　由于被应用的环节不同，数字化仿真也可以在不同的领域解决对应的问题。就制造业而言，常用的仿真领域有以下三个方面，其示例如图 4-11 所示。

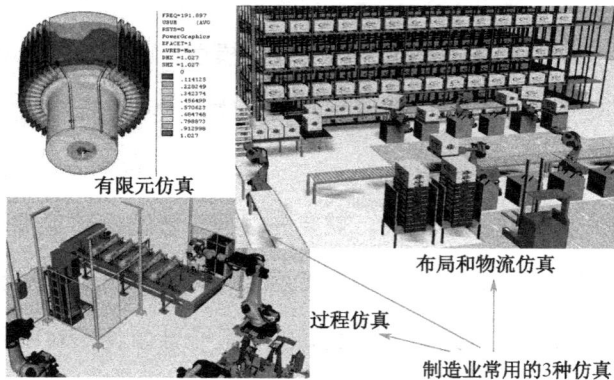

图 4-11　制造业常用的 3 种仿真

- 有限元仿真：采用有限元分析方法来模拟自研加工设备的力学性能，可以发现设计缺陷、减轻重量、增加强度、优化零部件尺寸、优化性能、选择恰当材料、检查安全要素，提高产品的最大承载能力和产品的疲劳寿命。

- 过程仿真：利用生产工艺过程的仿真与验证，可以对工序、人员作业及设备交互进行仿真，以便在生产启动前，优化装配流程、查看装配等过程是否产生干涉。
- 布局与物流仿真：利用布局、物流与物料流仿真，可以通过离散事件仿真分析生产量和绩效，并进行虚拟化处理。制造企业可以借此快速查找瓶颈、验证已运送的物料，并了解多个流程替代方案的长期资源利用率。

这里，我们需要避免读者的思维进入一个误区：仿真结果就是这种图形化呈现。很多仿真结果真正关注的是数据结果通过数据的比对来发现布局或物流调整后，整个运转效率是否有提高，或通过设备之间碰撞概率的数据来指导设备的安放等。再次强调，"所见即所得"也好，"数字孪生"也好，强调的不是动画。

4.7 数据平台、大数据分析和人工智能 AI

这里把数据平台、大数据分析和人工智能 AI 放在一起作为一个话题来说，之所以这样结合，因为这 3 个因素之间的关系非常紧密，而且还特别"纠结"。

几年前，大数据的概念刚兴起的时候，大数据这个概念就尝试着与海量数据的概念进行区分，因为海量数据只是突出了数据之多，主要侧重数据采集和存储层；而大数据不仅仅是数据的存储，主要面向数据的挖掘，以及如何利用数据的价值。

但近几年人工智能成为热词之后，为了突出它与大数据的不同，把大数据又划分到与海量数据雷同的层次，说大数据主要关注数据采集、数据存储和数据访问，而人工智能更关注 AI 算法、自然语言处理 NLP、机器视觉、语音识别、知识图谱，最终完成数据挖掘和决策分析。其实，人工智能这个词出现得比大数据早，而且多次活跃在公众视野中，20 世纪 50～70 年代、20 世纪 80 年代，甚至 2000 年，人工智能火了好几次，2001 年甚至有部电影名字就叫《人工智能》上映，如图 4-12 所示。

图 4-12　2001 年电影《人工智能》上映

由于计算机硬件性能不足，以及应用场景不成熟等诸多原因，人工智能之前在多次活跃后又归于平淡。如今，随着计算机硬件性能大大提高，以及数据量的丰富，人工智能再一次成为技术领域的焦点和应用场景中的热词。海量数据这个词包括这种技术早在大数据概念诞生前就一直被应用，这一技术在电力领域中已经应用了几十年，因为电不能被大规模存储，所以必须保证发电量等于用电量才不会导致电网电压波动、频率变化等电能质量下降的事发生，而对发电量的估算是基于大量历史数据的统计来计算下一时刻需要发多少电量才能满足用电需求。

所以，实际情况其实是人工智能、海量数据等概念早已出现，大数据概念后出现。大数据在 2015 年左右成为技术热词，而人工智能在最近 2 年又重新成为热词。在标称自己做大数据研究和应用的人眼里，人工智能只有智能没有数据是站不住脚的；而在标称自己做人工智能研究和应用的人眼里，大数据跟海量数据是一个概念，只是"人工智能"的垫脚石。

这里为了不过多纠缠概念上的孰是孰非，避免在海量数据和大数据等概念上纠葛，这里用了大数据分析，而非大数据。数据平台、大数据分析和人工智能 AI 这三者之间的关系可以这样总结：数据平台是大数据分析和人工智能 AI 的基础框架和支撑条件，大数据分析是人工智能 AI 的最主要手段，而人工智能 AI 是这几个技术的终极目标。当然，所有应用的终极目标是利用人工智能解决实际问题。

我们现在经常说智能制造，那"智能"指什么？当然是人工智能（其实是机器智能，或者说用机器模拟人的思维来实现的智能），所以人工智能是制造业未来的发展助推工具和变革手段。之所以用了很大的篇幅着墨于概念的解释和澄清，目的是说清楚制造业领域实现人工智能这个目标的重要手段是利用大数据分析技术。或者说，如果不刻意区分什么是人工智能，什么是大数据分析，那么可以认为这两者是一个事物。实现智能制造，就是要在制造业领域深入挖掘大数据的价值、分析需求偏好，实现改善生产工艺、提升企业内部管理水平的应用目标。

看到这里，很多人会产生新的疑问："深入挖掘大数据的价值，分析需求偏好"，就可以"实现改善生产工艺，提升企业内部的管理水平"了吗？就这么简单吗？它们衔接的桥梁在哪？

当然没那么简单，这里我们可以展开论述：首先说说工业领域的大数据或者工业领域的人工智能有它的"难处"；其次说说深入挖掘大数据的价值一般采用什么工具；然后说说数据挖掘后的结果如何帮助制造领域，它的衔接方法是什么；

最后举例说明一些这方面可参考的案例。

（一）工业大数据之特别

总体来说，工业大数据有以下特点：制造企业的生产线高速运转，由制造设备产生、被采集和处理的数据量远大于企业中计算机和人工产生的数据；从数据类型看也多是非结构化数据，生产线的高速运转对数据的实时性要求也更高。因此，工业大数据应用所面临的问题和挑战并不比互联网行业的大数据应用少，某些情况下甚至更复杂。

制造业领域的数据跟生活中比如消费领域数据有很大不同。在与制造业的用户交流时，我经常打一个比方：一次网上的购买活动，需要主要记录的数据大概也就几十条，主要有我访问过哪些网店、我在页面上停留了多长时间把货物加入了购物车、我的聊天记录、我什么时候下的单、我的收货地址信息等、货物发出的时间、货物在各个物流节点到达时间、货物的签收状态等。但在制造业领域，尤其是设备层，数据随时都在产生，比如各种控制信号、各种数据采集信号等，这些都是秒级甚至毫秒级地在发生。

制造业领域除了数据多、需要的数据容量大，还有一个突出的特点——数据是时序性的，也就是每个数据都需要有数据的时间标签，对时序性要求强。如果两条数据的先后顺序发生了变化，所代表的逻辑可能完全不同。比如，如果一个控制信号先发出，然后是某个开关跳闸信号，那这可能是一次正常的控制过程。如果是先有一个开关跳闸信号，控制它的信号再发出，那这可能是重合闸过程或者一次异常事件。除了数据的时序性，由于通信协议不同等原因，不同设备的数据具有非常大的非结构化特点，就是不能用固定字段来存储，也不能用结构化数据库来存储。

制造业领域的数据有非常明显的"分层"。每一个层次上的数据都有不同的特点，关注的方向也不一样，这也是制造业领域的数据明显有别于消费领域数据的一个特点。比如，制造业数据粗略地分就有产生自底层设备的设备数据；产生自生产过程中的生产数据，比如 MES 中的数据；生产经营数据，比如 ERP、CRM、SCM 等软件系统里的数据；外部环境数据，比如市场、法律等方面的数据。这种数据"分层"根本原因是由于制造业领域情况复杂，所以将整个系统进行了分层处理，但这种"分层"又增加了数据分析的复杂程度。

（二）数据挖掘工具——机器学习

对制造业领域的数据而言，因为之前"无知"导致现在面临的"未知"很多。在与制造业用户交流时，我经常打一个比方：在消费领域中，假设我之前在路边摆地摊，现在换到网上开网店了，其实我卖东西的客户群体（比如是男是女、是老是少）、客户的大概消费档次都基本不变，网店帮助我扩大了客户的地域范围，之前我只能把地摊货卖给走过路过的人，现在我可以把货卖给全国各地的人。但制造业领域的数据之前可能根本没被采集过，根本"没数"，现在有了数据采集，如何应用这些数据，采用什么工具去分析这些数据成了重新要思考的问题。

机器学习是目前工业大数据分析中使用的主要工具。机器学习是一种自动化分析模型的数据分析方法，利用算法在数据中迭代的学习，允许计算机在不显式编程的情况下找到隐藏在数据中的模式。机器学习其实也是一个大类，可以细分为主动学习、增强学习等子类。

机器学习的过程离不开对数据进行模型训练，需要综合考虑决策边界、特征提取、交叉验证等内容。我不是大数据算法的专家，而且本书也不是讲大数据算法，所以这里不进行展开。因为对于绝大多数读者来说，知道机器学习是制造业进行数据挖掘的工具就足够了。

（三）数据挖掘后衔接应用的桥梁——描述、诊断、预测、预防

利用机器学习等工具进行制造业的数据分析、数据挖掘之后，怎么应用到具体场景中呢？应用到具体的场景有什么商业价值呢？

同样是数据分析，分析到不同的程度会有不同的商业价值。拿产品制造的良品率举例。

如果我能得到"现在的良品率是多少"的数据，这算是有用的。我们把能够知道现在的良品率的数据分析叫做描述性数据分析。

进一步来说，如果我能得到"为什么昨天的良品率下降了"的原因，这就更有用，这是知其然，还知其所以然。我们把能够知道昨天的良品率下降原因的这种数据分析叫做诊断性数据分析。

再进一步讲，如果我能够知道"下个月的良品率会是多少"的数据这种有用就更能凸显价值，能够洞见未来。我们把能够预知下个月良品率的这种数据分析叫做预测性数据分析。

更进一步讲，如果我能够知道"我要良品率达到 99.9%，应该怎样改善"的数据，因为这我们不仅解放了双手，也解放了大脑，不用人动脑子就可以给出答案。我们把这种能够给出建议的数据分析叫做预防性数据分析。

所以，数据分析、挖掘之后，我们应该思考怎么应用数据？如果将这些数据结果放在车间大屏幕上展示，那么可以用这个数据警示大家，并通过横向对比明确地知道是否最近有提高；如果分析出了导致不良品率的原因，可以供大家参考如何去降低不良品率；如果预测了下个月的良品率，可以提前安排产品的车间返修人员，比如需要多少人加班，或者需要多生产几个产品作为备件；如果对于如

何提高产品良品率给出了决策建议，那么实现了"机器换人淘汰蓝领，人工智能淘汰白领"。

（四）参考案例

利用制造业大数据分析目前的应用热点，发现应用主要集中在生产质量与控制、生产计划与排程、供应链优化、产品的需求预测、设备故障预测等几个方面。

产品的需求预测应用案例：在与青岛一家做汽车充电桩企业进行交流时，发现这样一个有意思的案例。汽车充电桩可以通过无线网络把充电桩的位置、充电电量、使用频次等数据传到一个云端的大数据平台。基于这些数据，对于该公司决定在何处建立新的充电桩及如何防止电网的超负荷运转等都提供了数据分析的基础。

产品故障诊断与预测应用案例：在燃气轮机领域，GE 和西门子是这个领域的两大巨头。在体积庞大的"工业皇冠"（燃气轮机被称为工业皇冠）上，安装了很多传感器，通过传感器传回的数据，通过大数据分析、建模与仿真技术等进行分析，使得预测燃气轮机的动态性成为现实。通过分析来自燃气轮机系统内的传感器振动和温度信号等数据流，这些分析结果可以为燃气轮机故障诊断和预警提供技术支撑，由此提高了燃气轮机的电力输出水平，并可以延长燃气轮机的服务寿命。

事实上，能够深入制造本身的，不在于产品的需求预测、供应链的分析与优化等方面，而在于生产线中的大数据应用。比如将工艺流程中违反生产规定或偏离工艺参数的事件与生产出来的产品故障进行关联分析，但由于目前生产制造过程中生产线的自动化程度低，信息化程度更低，所以制造业生产线本身的大数据应用还没有真正发挥效能，而这也正是以后具有很大潜力的领域。但无论是哪个环节的数据应用，大数据分析的实施过程都是一样的。有一个 1999 年由欧盟机构联合起草、被业界广泛认可的数据分析流程可以参考（从这里也可以看出，数据分析的概念早就存在，只不过应用条件不成熟导致理论往往领先应用好多年），如图 4-13 所示。

业务理解	数据理解	数据准备	建立模型	模型评估	应用
理解业务背景： 数据分析的本质是服务于业务需求，如果没有业务理解，缺乏业务指导，会导致分析无法落地。 **评估分析需求：** 判断分析需求是否可以转换为数据分析项目，某些数据分析需求是不能转换成数据分析项目的，比如不符合商业逻辑、数据不足、数据质量极差等。	**数据收集：** 抽取的数据必须能够反映业务需求，否则分析结果将造成误导。 **数据清洗：** 原始数据中存在数据缺失和坏数据，如果不处理会导致模型失败，因此对数据通过过滤、去噪声，提取出有效数据。	**数据探索：** 运用统计方法对数据进行探索，发现数据内部规律。 **数据转换：** 为了达到数据的输入要求，需要对数据进行转换，包括生成衍生变量、一致化、标准化。	**选择方法、工具，建立模型：** 综合考虑业务需求精度、数据情况、花费成本等因素，选择最合适的模型。在实践中对于一个分析目的，往往选择多个模型，然后通过后续的模型评估进行优化、调整，以寻求最合适的模型。	**建模过程评估：** 对模型的精度、准确性、效率和通用性进行评估。 **建模结果评估：** 评估是否有遗漏的业务，模型结果是否回答了当初的业务问题，需要结合业务专家进行评估。	**分析结果应用：** 将模型应用于业务实践，才能实现数据分析的真正价值：产生商业价值和解决业务问题。 **分析模型改进：** 对模型应用结果的及时跟踪和反馈，以便后期的模型调整和优化。

图 4-13　1999 年欧盟机构联合起草的数据分析流程

有读者看到这里，可能会想起一个词——CPS，也可能有这样的疑问："为什么不提一下 Cyber-Physical System（信息物理系统）？"这个话题真的太大了，CPS 甚至已经超出了智能制造话题本身，这个概念试图在网络虚拟空间与物理实体空间之间构建一套基于数据自动流动的状态感知、实时分析、科学决策、精准执行的闭环赋能体系，解决生产制造、应用服务等诸多过程中的复杂性和不确定性问题，提高资源配置效率，实现资源优化。状态感知是通过各种各样的传感器感知物质世界的运行状态；实时分析是通过工业软件实现数据、信息、知识的转化；科学决策是通过大数据平台实现异构系统数据的流动与知识的分享；精准执行是通过控制器、执行器等机械硬件实现对决策的反馈响应。这一闭环体系概括为"一硬"（感知和自动控制）、"一软"（工业软件）、"一网"（工业网络）、"一平台"（工业云和智能服务平台）。

CPS 这个概念大到囊括了数字化、大数据分析、仿真等概念。不仅有数据平台，还有软件，并且包括硬件，甚至自动化也属于它的范畴。这个概念所阐述的想法，多年之后依然适用，但每个阶段能实现的只是它的某个片段。同样，概念越大，包罗万象，却不具象——不能提供具体的工具方法指导和操作层的案例。所以，这个概念从提出来到目前也有十几年时间，虽然可以作为指导思想，但很难制定落地标准，也找不出如何对接的详细操作指南。

大的概念难回答，小的概念比较容易说明白。这里可以顺便提一下智能与智慧这个小概念。这是有一次去参加山东商务厅组织的名企路演，商务厅长问的一个问题，他说"现在总是提到人工智能，智能和智慧到底有什么区别？"当时的回答大概是这么说的：对机器而言，一般用智能这个词；但对于人而言，一般用智慧这个词。智慧比智能更高级，包含理解、觉悟的意思，机器目前虽然在数据处理速度、计算能力等方面超过了人，但目前还达不到智慧这个级别，机器有学习和分析能力，但不具备感悟和创造能力。

4.8 智能制造下的精益

精益也是一个历史悠久的概念，相比于大规模流水线式的批量生产，它强调 JIT 的准时制生产方式或者称为无库存生产方式（当然无库存只是理想目标），可以有效应对多品种、小批量的生产要求。后来，精益作为一种生产方式，除了应用在生产制造过程，也被应用在产品开发、协作配套、网络营销及经营管理等各个方面，成为一种各行、各业、各领域普遍的生产组织体系和方式。

但从我的角度来看，一个放之四海而皆准的东西，往往也容易被生硬地使用，以至于无法应用而遭到质疑。其实不是理念本身不好，是理念没有被正确地使用。非要泛化"精益"这个词，如果不能抓住消除无效劳动与浪费、不能有效利用资源、不能降低成本、达不到改善质量的目的，那么往往是用精益之名，而没有行精益之实，不是真的精益。

对比泛化精益的概念，我觉得可以用另外一种方式来看待精益。我们不妨缩小精益的范畴，尤其是如今方法遇上技术——精益遇上大数据或数字化仿真，到底算作精益的应用范畴，还是大数据或数字化仿真的应用范畴？应该将精益工作为主线技术工具来看待？还是以技术目标作为主线精益方法作为工具来看待？

这里，我推荐的方法是把要解决的问题或者问题指向的方面作为主线，以精益方法论作为主要指导原则，以大数据或数字化仿真等作为工具或手段，这样说明问题逻辑上会更清楚一些。其实最主要的就是关注问题，因为解决了问题才能产生价值。

用这种方法来谈智能制造下的精益这个话题，也不要把精益泛泛而谈，看起来好像什么问题都能解决，但事实上说得太泛也就等于什么问题都没解决。所以，这里把精益分成几个小名词——精益生产组织方式、精益生产布局和精益物料流动，来分别说说精益能够解决的问题，以及精益与智能制造赋能工具结合可能使制造业有哪些改善。

（一）精益生产组织方式

一提到精益生产方式，基本上第一时刻会指向推动式生产。若要说推动式生产的缺点，最大的一个缺点就是工序之间的中间库存高。按照 MRP 算料的计算逻辑，各个部门都是按照公司规定的生产计划进行生产的，上工序无须为下工序负责，生产出产品后按照计划把产品送达后工序即可，这种方式称为推动式生产。推动生产方式的信息流和物流特点如图 4-14 所示。

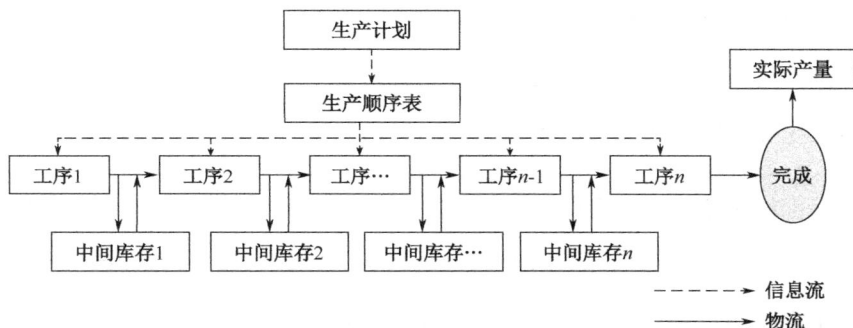

图 4-14　推动生产方式的信息流和物流特点

　　库存就是资金，所以推动式生产备受诟病。从去库存的角度来说，推动式生产造成了库存浪费。另外还有一些弊病，如图 4-15 所示的情况：工人总是各干各的，所以当某个工位操作者因某种原因不能正常生产时，其他工序的工人依然生产，导致出现货品积压等问题。

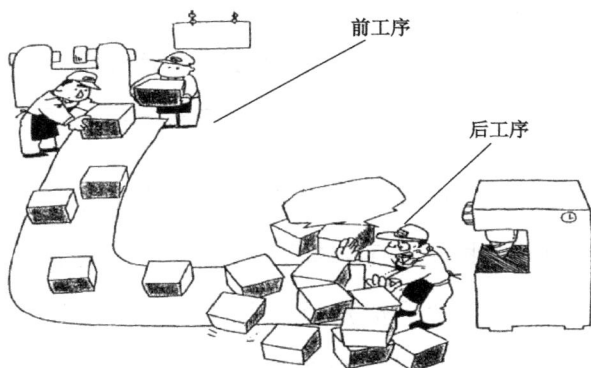

图 4-15　推动式生产可能导致工序间货品积压

但是，这种情况真的会发生吗？我觉得倒是未必。如果发生了如图 4-15 所示的情况，那样是因为工序之间不沟通才导致出现了货品积压的情况，其次是车间里的生产计划员没及时与生产现场人员沟通的管理问题导致的；不能把所有的原因都归到推动生产方式上。反过来想，既然推动生产方式那么不好，为什么国内很多企业还依然用这种方式呢？

其实通过走访过大多数企业的实际情况来看，推动式生产方式之所以还在大量应用，主要有以下 3 个方面的原因：

- 管理相对简单。仔细想想后会发现，推动式生产与 ERP 不冲突，甚至 ERP 有点偏向于基于推动式生产来研发的。MRP 算料的结果本来可以支撑每个工序环节准备各自的物料，这一功能似乎在鼓励使用推动生产方式。配合车间里的管理员的沟通工作和生产过程中的工序流转卡等低信息化水平的管理，生产基本能正常进行。
- 对信息化要求程度低。这刚刚已经提到过。除了需要 ERP 中的 MRP 模块来算料，甚至需要用 Excel 表格的方式来算料，基本不需要什么信息系统就能够使用推动式生产方式。驱动整个生产过程更多的是依靠车间里的生产计划员和纸质的工序流转卡。
- 如果不用推动式生产方式，改用拉动式生产方式的话，学习的成本和生产组织的成本往往也比较高。拉动式生产方式将在下面介绍。

拉动式生产方式大致可以分为 2 种：超市拉动和顺序拉动。大多数市面上说的拉动式生产是指按超市拉动。但我的观点是：随着自动化水平的提高，越来越多的拉动式生产方式会更近似于顺序拉动；而随着信息化和自动化水平的共同提高，推动、按超市拉动和顺序拉动之间的界限会越来越模糊。这个观点先提出来，具体内容在本小节的后面再总结一次。

按超市拉动式生产方式的生产指令下达在最后一道工序。最后一道工序是定拍点，工序之间靠看板来传递信息，如图 4-16 所示。

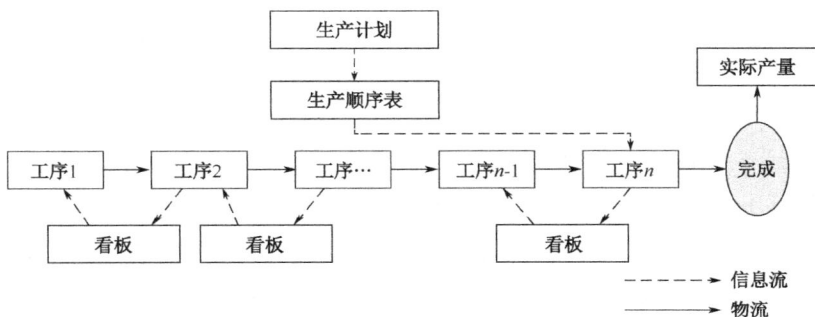

图 4-16　按超市拉动式生产方式的信息流和物流特点

当工序之间设定的少量中间库存低于某个限值时，因为看板卡与库存中的物料箱子数量是对应的，所以中间库存上的看板数量对应地少于某个数量，这时就触发了中间库存衔接的上游工序开始生产；反之，如果工序之间的少量中间库存高于某个限值时，触发中间库存衔接的上游工序会停止生产。

看起来这是挺简单的一个流程，但实际操作起来会比较复杂。"看板"其实是"双看板"，分为工序内的生产加工看板和工序间的货物领取看板。图 4-17 所示为"双看板"按超市拉动生产方式的操作过程示意图。

这种生产方式之所以在国内没有被大量使用，并不是因为国内的企业主不愿意改变。从图 4-17 所示过程来看，整个过程有点复杂，而且生产工人和负责运货、流转物料的"水蜘蛛"还需要具备一些生产管理思维。这与国内目前状况下职业学校、技校里的授课模式和主要教学内容偏手艺、技工活，不能满足现代生产制造要求一专多能型生产工人有关。另一方面，如果是多品种、小批量的生产方式，所需看板的数量、看板的管理复杂程度都会上升，这样对看板管理技能要求会进一步提高，从现有的推动式生产方式转型到过去的过程中，会花费比较大的摸索成本，并会遭受转型中的阻力，最终结果往往推行不下去。

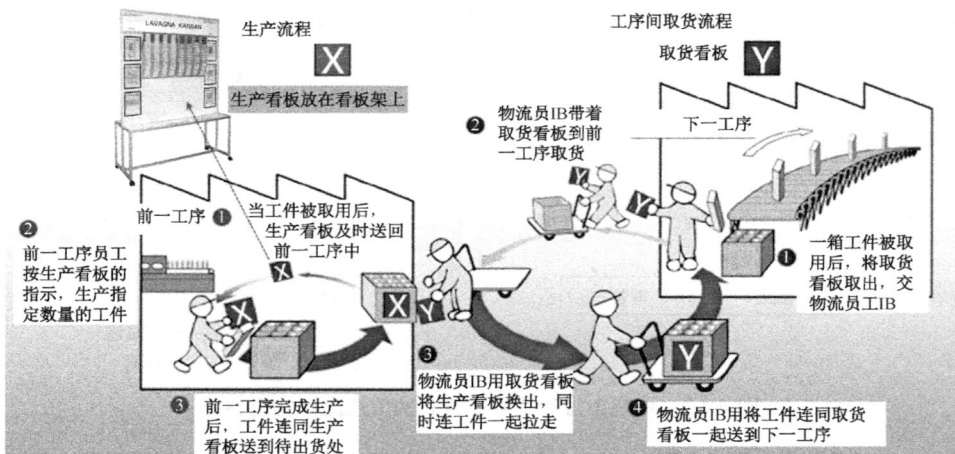

图 4-17　"双看板"按超市拉动生产方式的操作过程示意图

对比推动式生产方式，按超市拉动的拉动式生产仍然有中间库存。因为中间库存的限制量会触发前道工序生产还是停产，所以中间库存数量被限制在一定范围之内。能控制库存量是按超市拉动与推动式生产相比具备的最大优点。但它的缺点我们刚刚也提到了，对于多品种、小批量的生产，按超市拉动的生产方式的看板管理复杂度、中间库存的管理复杂度都会升高。为了应对新问题，顺序拉动的生产方式被提出来。

顺序拉动式生产方式的生产指令下达在第一道工序，第一道工序是"定拍点"，通过传递产品需要的下一步定制化加工信息来指导下一道工序的生产加工，如图 4-18 所示。

顺序拉动的生产方式看起来很理想，因为它的中间库存可以无限趋向于 0。但这种生产方式对工序之间的节拍匹配要求高。假如工序 2 的节拍比工序 1 的节拍慢，那么工序 2 会经常待工；如果工序 2 的节拍比工序 1 的节拍快，那么工序 2 加工不过来，只能让工序 1 经常待工。而且，这种生产方式很"脆弱"：某一个环节出现问题，比如出现质量返修、设备故障、操作熟练度等问题，就很容易导致整个生产线都停下来。所以，在使用顺序拉动生产时，为了保证顺序拉动正常进行，需要安排更多的人员进行管理、控制。出现问题时，做到及时反应，不使问题影响到整个生产线。顺序拉动的生产方式经常在汽车等大型设备装配过程中使用，通过采用链条线、滚筒线、链板线等方式，一直缓慢地向前拉动或者间隔一段时间（比如 15 分钟）向前拉动一个工序的方式来进行。如图 4-19 所示是一个变压器组装线的顺序拉动生产，这里凸显的就是利用链条线这样的工具来驱动顺序拉动生产方式。

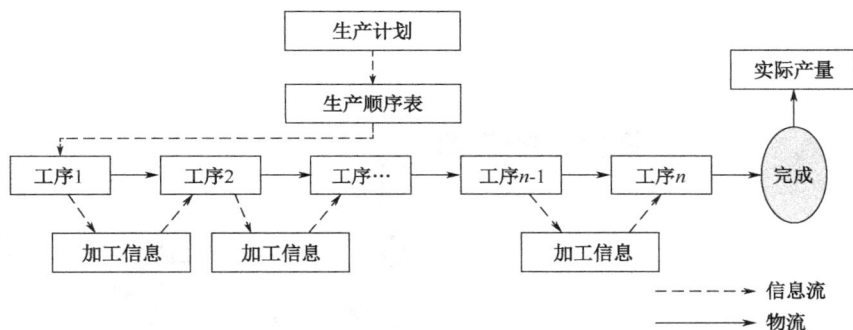

图 4-18　顺序拉动式生产方式的信息流和物流特点

图 4-19　一个利用链条线进行变压器组装线的顺序拉动生产场景

就生产组织方式而言，智能制造下的精益就是通过技术的手段使推动式生产、按超市拉动式生产和顺序拉动式生产的界限逐渐模糊化。在生产节拍匹配方面，通过在自动化方面的改进提升，以及标准自动化设备和非标准自动化设备的稳定性增强，尽量做到工序之间的节拍匹配。如果不同的工序之间生产节拍不匹配，也可以通过平行移载机等设备进行简单的接驳和匹配。在生产指令下达方面，利用 MES 系统在每个工作工位展示的电子作业指导书可以指导生产工人明确每一个拿到手的产品下一步应该做什么生产动作，工人只要扫一下产品上的二维码，屏幕上就能弹出该对这个产品做什么加工，此时把生产指令下达每一个工位的工作量并不大——因为 MES 替车间的生产管理人员完成了，如图 4-20 所示。

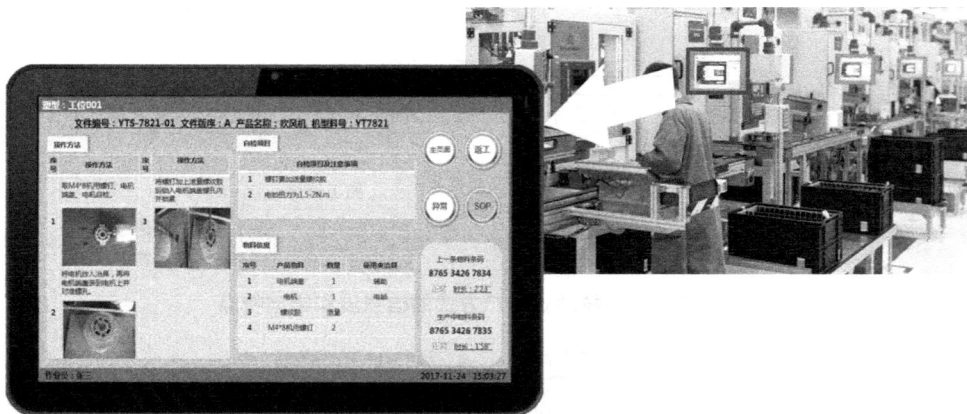

图 4-20　利用 MES 系统在每个工位展示电子作业指导书

使用智能制造的赋能工具，尽管不能完全把推动式生产、按超市拉动式生产和顺序拉动式生产等同起来，但彼此之间的差别可以尽量减小，而且每种生产组织方式本身也会发生一些变化。比如，按超市拉动式生产可以摒弃纸质的取货看板和看板架，取而代之的是电子叫料系统和电子看板；也不需要专门负责运货的"水蜘蛛"，取而代之的是 AGV 运载小车。另外，智能制造的赋能工具也带来了其他改变，比如可以把不同的生产组织方式糅合起来——常规的备库生产或稳定数量的订单可以使用推动式生产或者按超市拉动式生产，由于智能制造赋能工具的改造，这二者的区分边界变得比较模糊了；小订单、不太常出现的定制化订单可采用顺序拉动式生产方式来应对。而这种糅合并不需要另外建立生产线，而是通过结合生产计划排产、生产优先级的排布，指导车间里到底如何应对订单的生产即可。

（二）精益生产布局

生产布局是生产制造车间为实现生产目标和效益，对工作区域、设备设施、工艺过程进行规划，并确定位置。在精益生产归纳的 7 种浪费中，搬运的浪费与生产布局的不合理相关关系非常大，等待的浪费也与生产布局的不合理有一定关系。布局之所以重要，因为布局圈定了生产设备和生产物料的位置，而生产制造过程用到了设备和物料，所以生产布局影响了生产过程中人的走动路线、物料流动路线等。图 4-21 所示是一个冲压件生产线的示例，左边是整体布局，右边是按照布局放置了设备和物料后的情况，并显示了大致的物流线。通过图 4-21 可以看出，生产布局对物流线的影响很大，而且在日复一日的生产中，产生的累积效应较大。

传统的精益布局方式根据关联工序集中放置的流畅原则、尽量减少搬运的最短距离原则、工站之间的资源配置平衡原则等，规定了精益生产线布局的一些指导方法，比如逆时针排布、花瓣形布局、U 型布局等。

智能制造下，精益布局的这些原则和指导方法依然适用，并没有因为导入数字化仿真等智能制造的赋能工具而改变。不同的是，由于导入了数字化仿真这些智能制造的赋能工具，可以量化精益布局改变的优化空间，对优化的效果做出估测，从而让变化提前可见，并可以用较小的成本获得较优方案。毕竟，在软件里拖动一下布局或更改一下参数，这个花费的时间成本很小，对比让工人搬来搬去，只知道改变后有好处，但不知道到底有多少好处的做法，还是用数字化仿真等赋能工具更划算。

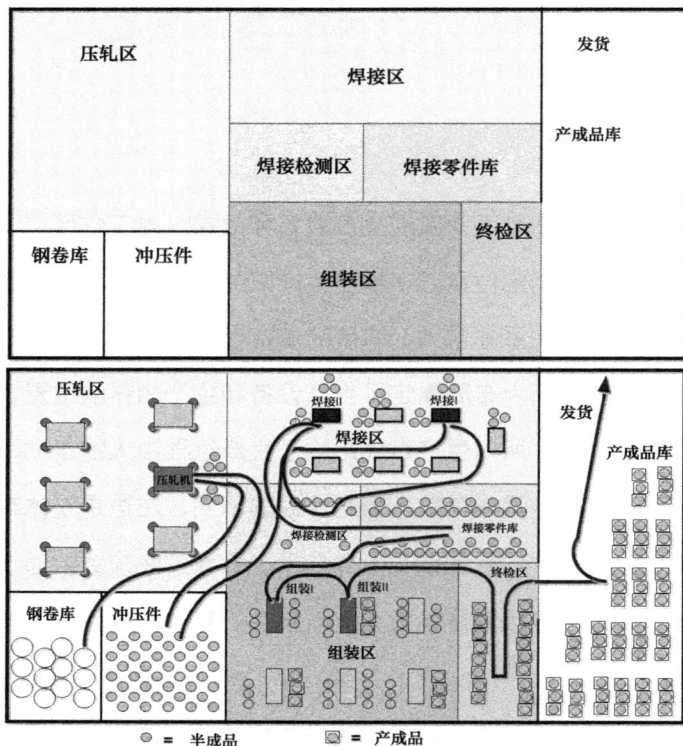

图 4-21　一个冲压件生产线的生产布局与物流线示意图

依我个人跟制造业打交道的经验，很多制造业的管理层在这里会提出一个问题："是不是有了类似数字化仿真这样的工具来设计生产布局，就不需要精益布局的知识了？是不是精益布局的知识已经过时了？答案当然不是，即使用仿真工具来做精益布局设计，精益知识仍然是必不可少的。甚至可以说，精益布局的原则、知识依然是主要的，如果没有那些原则做指导，对于在仿真工具里如何摆放机器设备、工序之间如何组织，人们都没有了"主意"。

说到这里，很多制造业的管理者会有另一个问题："那既然工具仅仅是工具，取代不了知识，那么这个工具貌似也没什么大作用，只是一个辅助而已，用不用都差别不大吧？"事实好像不是这样的。之所以有各种工具和模型，是因为人的能力有限，难以应付复杂事务。即使仅从生产过程截出一个小片段，其复杂程度就已经超过了人凭记忆能处理的范畴。如图 4-22 所示是某个生产现场布局仿真的一个片段截图，里面有 AGV 叉车、行吊、几台加工设备、生产巡检人员等几个因素。如果只调整其中的 2 个因素，比如成品的暂存区位置和 AGV 叉车的台数，对各个环节的影响是什么，会出现什么样的新的生产状况，对于人来说已经非常复杂，即使推演运算多时，还未必保证结果正确，而仿真工具可以迅速计算新的结果。

图 4-22　某个生产现场布局仿真示意图

所以，唯工具论和贬工具论都是智能制造实施落地的过程中不应该持有的偏见，这里用精益布局这个例子验证了这种观点。工具不能取代知识，要想做好精益布局，就必须了解布局的指导原则和知识，否则仅仅利用工具做出来的东西可能在现实生产中无法使用；同样，工具是智能制造赋能的帮手，仅凭人的经验并不能周全地考虑因素变动中所有的限制条件，但利用工具能明确得出多因素同时变化的结果，并用量化的数字来说明合理性。某个生产现场布局仿真示意图如图 4-22 所示。

（三）精益物料流动

既然生产布局影响物料流动，而且前面一小节已经解释了因布局导致的物料流动出现问题的原因，并推荐了解决工具，为什么再次提及物料流动？这里首先插一个小话题，这个意思在本书中的前序章节也表达过，因为制造业很复杂，而这里插的小话题正好用另外的例子说明了制造业的复杂。

很多概念可大可小，没有详细的、明确的定义，这种情况不仅仅是制造业才有。说到物流，其实厂内生产过程中的物料流动可以算作物流，厂外的原材料运输环节、成品运输环节也可以算作物流。提到物流这个词时，有时包含了厂内和厂外的物流，这都是正确的。有时为了更清晰地突出二者之间的区别，会说厂内物流和厂外物流，这也是正确的。有时会把包括了厂外物流的整体物流叫做"大物流"，同样也是正确的。精益可以只关注厂内的生产制造过程。作为一个"小精益"，当然也可以把所有价值环节包含制造区域之外的部分囊括进来，当作一个"大精益"。在本节中，我们因为更关注制造业框架内的东西，所以我们把范围缩小了。

由于很多解决方案之间互相重叠，有时多种技术领域都可以提供方案来解决一个场景下的问题，有时一个场景问题的解决要综合多种技术领域来提供方案，这也是当前智能制造难做、难集成的主要原因之一。比如，对于识别一个产品身份的问题，可以通过给产品喷二维码，结合工业视觉来解决；也可以通过给产品加装 RFID，结合射频技术来解决；还可以通过给产品的芯片程序里烧制产品的 ID，结合 M2M Talk（机器对话）的技术把产品"身份"读取出来。当然在不同的场景下，这些不同的方案可能存在最优方案，但同时在某些场景下必须结合不同的方案才能确定一个整体方案。比如，在某些半成品的生产过程中，为了识别半成品的身份以便于后续进行质量追溯等，需要把二维码视觉识别和 RFID 射频识别结合起来用，因为二维码识别成本低，但在该半成品经过高温检测环节就需要改成 RFID 识别——进入高温检测环节之前，带有 RFID 的托盘与半成品二维码绑定。出高温检测环节之后，托盘信息与半成品解绑以便循环利用。之所以不能全程使用二维码视觉识别技术来追踪整个过程，是因为在高温检测环节的温度下，拍摄二维码的摄像头经受不住那么高的温度，因而无法在这个过程中使用。

说完了制造业很复杂这个小话题，我们回到本节所想表达的主旨继续探讨。其实，物料流动不仅仅是物流线的优化设计和验证，还包括物料的补给方式、物料的运输配送方式、工序物料的存放方式等。

所以，精益物料流动这个话题比精益布局这个话题更大，这也意味着精益物料流动所牵扯的赋能工具更多，情况和环节更加复杂。除此之外，精益物料流动所涉及的场景点更多，不同的场景所需要的赋能工具也不同。

在我们之前提供的赋能工具映射矩阵里，已经提到了一些不同场景下跟物料流动相关的解决工具，比如物料的配送（搬料）有 AGV，缺料补给有叫料系统，物料存放保证先进先出（物料过期/维护提醒）可以用 WMS 等。在这些使用的赋能工具里，有软件系统如 WMS，硬件如 AGV，软硬件综合在一起的称为叫料系统。其实细究起来，每一个赋能工具基本上都是软硬件结合在一起的。

通过本节的描述可以看出：同一领域下的子话题需要的赋能工具不同，赋能工具所需要的解决方案又综合了软硬件在一起，因此，即使同一种赋能工具（如AGV）在不同行业场景下又不一样。比如，导航方式有色带导航、磁导航、激光导航等，而根据所需要负载的吨位不同又分为潜伏式、落地叉式、背驼式等。这也充分印证了我们前面章节所说制造业复杂、智能制造难的观点，也承接了我们后续章节要反复强调的智能制造分步走、敏捷执行和回归价值的观点。在这里，我们不需要对所有物料流动的问题都给予回答，一方面是因为问题的行业不同、背景不同，没有标准答案；另一方面因为解决这些问题最好的方式在于制造业管理层能够了解基本的智能制造观点、路线、赋能工具，对接靠谱供应商。智能制造是制造业和服务商合作的目标，要从两侧视角来看待智能制造，而非哪一家的事，这是本书的观点，也是前述章节和后续章节会不断提及的原则。

4.9 智能制造下的自动化

大家对"自动化"不陌生，从 1969 年第一台可编程逻辑控制器（PLC）被发明出来，就意味着人类叩响了自动化的大门。到现在，已经过去了半个世纪，以至于现在人人能谈自动化，人人皆以为自己懂自动化，甚至认为自动化已是明日黄花。可从我的经验来看，似乎很多人对自动化的理解有些偏颇。

很多人认为，能比人干得更快、更好，能极大地提高生产力的工业生产线就是自动化，比如冲压线、数控机床；或者能把人从繁重、危险的工作中解放出来的工业产品就是自动化，比如掘井设备、擦玻璃机器人。

但事实上，随着应用场景越来越复杂，研制自动机器替代人类劳动的自动化概念已经过时，或者我们应该把它叫做基础自动化。当前自动化领域研究的是如何运用各种技术工具延伸人的信息感知、分析处理、决策控制和执行优化的功能，从而促进能源、材料和环境资源、人力资源等的有效利用，我们也可以把它叫做前沿自动化。

这里之所以给自动化正名，是因为 2 个原因。一个原因是自动化在智能制造中所起的作用是很关键的，如果被认为是过时的技术，而只追求软件系统的升级，无疑会导致智能制造的方向走偏。另一个原因是我遇到很多制造业业主问"智能制造与两化融合到底什么关系"的问题，通过分开 2 个层次的自动化，可以更好地回答这个问题。

我用如图 4-23 所示内容来说明问题。"两化"指的是工业化和信息化，两化融合就是这二者之间的融合，达到工业信息化，或者说信息化工业的目标。我们所说的智能制造其实有一点是比两化融合的阶段更后一点，目标是让信息化工业再引入智能，迈入知识化的门槛。在这些大目标指导下，基础自动化的核心是控制，是工业化是否完成的标志；前沿自动化的核心是信息感知、决策控制、系统执行和管理优化，是信息化是否完成的标志，也是知识化的基础。

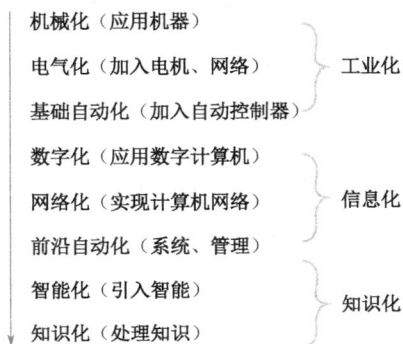

机械化（应用机器）
电气化（加入电机、网络）　　　　　工业化
基础自动化（加入自动控制器）

数字化（应用数字计算机）
网络化（实现计算机网络）　　　　　信息化
前沿自动化（系统、管理）

智能化（引入智能）　　　　　　　　知识化
知识化（处理知识）

图 4-23　自动化与两化融合及智能的关系

前沿自动化能提供给智能制造的不是一个赋能工具，是一个包含了以智能设

备为主的系统支撑。这个话题很大，我们可以拆解开来分析。但也正如我们上一小节所言，因为问题的行业不同、背景不同，无法对所有这个领域的相关问题进行回答，也没有普适的标准答案。这里我们写出几个子话题，对智能制造中一些跟自动化相关的赋能工具进行介绍，算是使读者对智能制造在自动化领域的结合点有一个全局观。

自动化既可以被当作一种技术，也可以被当作一种过程。但无论以哪种面孔出现，它的载体主要是机器设备、系统，以及生产和管理过程。其中，机器设备是自动化比较显著的载体。这里说的机器设备当然不仅仅是硬件，是包含了软件的硬件——软件所做的事情包含信息处理、自动检测、分析判断、操纵控制等，硬件包含机械部件、控制硬件、物理量采集部件等。

（一）标准自动化和非标自动化

在制造领域，为了应对大批量定型产品的生产，人们设计了生产流水线，辅以标准化的工装夹具和刀具，并制定了严格的生产工艺 SOP（标准作业指导书）、BOM 表（零部件和物料清单）和品质管控模式 SIP（产品检验标准作业指导书），用这种方式生产固定产品。这些用于完成大批量的、具体的和固定产品生产的设备被称为标准自动化设备。典型的标准自动化设备有折弯机、剪板机、数控冲床，等等。

按企业用户工艺要求量身设计、定制的自动化机械设备，其操作方便、灵活、不单一，功能可按用户的要求添加，可更改余地大，这种自动化设备称为非标自动化设备。典型的非标自动化设备有自动包装机、自动测试设备，等等。这些设备因为在每个领域、每个工厂所需要的产品尺寸大小或者工艺流程不一样，因此很难统一，需要定制。

其实标准自动化设备和非标准自动化设备之间的界限没那么清晰，标准自动化设备曾经也作为非标准自动化设备而出现，只不过被大量应用了之后，变得机型固定，并且可以大批量供应出产，之后才成了标准自动化设备。

无论是标准自动化设备，还是非标准自动化设备，设备不仅仅是能够帮助人们完成生产、节省人力的机器，而且能够向"智能设备"的方向发展。所谓设备的智能，指的是设备具有计算处理能力、自我检测能力和设备间的协作能力，如图 4-24 所示。

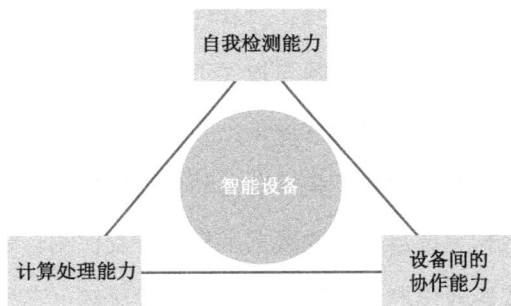

图 4-24　智能设备应该拥有的 3 种能力

智能设备可以捕获信息，并分析数据之间的关系，执行动作并感知反馈信息，通过在不同行业中的具体应用，可以发挥作用的领域主要为智能交通、智能医疗、智能电网和智能物流等领域。

不得不说，目前国内设备制造厂商对于设备的智能化所需要下的功夫还有很多。很多制造企业在智能制造实施过程中，进行数据采集是首当其冲面临的难题。工厂里使用的很多设备，甚至没有 PLC 控制器，想要采集其数据，比如采集设备自身的振动数据或者设备加工速率数据等，只能通过加装传感器或者工业视觉的方法来进行，这导致数据采集占据了比较高的成本，并且仅有较低的可靠性。有的设备制造厂商的设备，如 PLC 控制器，可以上传一部分数据，但所能够提供的数据有限，不足以满足 MES 系统里的数据采集需求，最终要么不采集，要么采用加装的方式来采集，再或者是依靠手工输入数据的方式，给智能制造的第一步就设置了障碍。

其实国内的装备制造商完全可以走另一条路，即把提供的生产装备或设备变得智能化。因为生产设备除了能够完成加工需要之外，设备本身就是一个小小的数据源，可以提供各种数据供采集和分析，还可以支持外部的控制接口实现控制联动。商业模式上，这个数据接口的功能可以单独收费。之前由于装备或设备提供商的工程师大多数是机械专业出身，对软件不太懂，而现在大学里所授课程更丰富，通过项目管理加强机械工程师与软件工程师的协同开发，中国的装备或设备提供商完全可以开发出更好的智能设备。

当然，把设备变得智能化并不是标准自动化和非标准自动化追求的，即使设备变智能了，可以轻松完成自动化的数据采集、自我检测、闭环控制等工作，但设备故障率高，频繁导致停产以至于只能废弃，这显然也不是自动化领域所希望的。所以，智能设备是标准自动化和非标准自动化追求的前沿，依然不能脱离对自动化要求的基本原则，即

- 重视机械和自动化原理的可靠性；
- 注重质量和运维成本；
- 生产柔性的考虑；
- 硬件层面模块化，软件和功能层面高度集成化。

（二）简易自动化

简易自动化又叫低成本自动化，指的是运用自动化技术并结合精益生产的理念，结合机械、气动、电气、电子和光电等技术手段，开发具有高信赖性、高生

产性、高柔软性、低投资成本特点的生产线、设备及工装夹具。严格来讲，从自动化程度而言，简易自动化一般只能算得上半自动化，属于比较低端的自动化。但任何工具或手段，如果不能很好地支撑性价比、不能物有所值、不能围绕价值自圆其说，尤其是在制造业，那其实就失去了其存在的根本价值。所以，从这个角度而言，简易自动化所倡导的注重人机结合、充分发挥作业员的智慧和创造力、门槛低、投资小适用于中小企业的理念，反而是当下中国制造业非常珍贵而适用的转型升级途径之一。

图 4-25 所示给出了一个简易自动化物料箱示例图。大量使用精益棒、流利条等低成本、高柔软性的器具来组成省力、省时、省搬运距离的方案，是简易自动化的特点。

图 4-25　一个简易自动化物料箱示意图

因为简易自动化只能算得上半自动化，生产过程中就置于人手能够得着的地方，生产过程中也与人的交互非常多，所以有其自身具有不同于高度自动化设备的特点。

- 高信赖性。在研发简易自动化的过程中，需要考虑品质防错、易维护等因素。

- 高柔软性。注重人机结合，产量变化或人员变化也可以正常生产。设备简单小巧，功能专用，更换方便（换型时间短）。

- 与精益高度结合。追求适合的速度，追求整条产线的效率提升，注重瓶颈消除，简化作业。

- 低成本。研发周期短，硬件投资成本低，更新换代成本低，技术门槛低，便于全员可参与改善。

自动化集成

要真正使自动化设备形成系统解决方案，就需要进行集成。集成本身就是一种创新和升级，通过综合运用控制理论、电子设备、仪器仪表、计算机软硬件技术及其他技术，对自动化过程实现检测、控制、优化、调度、管理和决策，达到最终的应用目的。也可以说，没有自动化集成，就没有从基础自动化到前沿自动化的进阶。

从自动化集成的步骤来说，至少涉及以下几个方面：系统设计方案、硬件选型（控制器、数据采集设备、检测设备、执行设备等）、软件设计、系统调试与实施。从涉及的技术而言，至少包括人机界面、信息化技术（管理信息化、调度自动化等）、无线技术（WIFI、4G、RFID、ZigBee 等）、工业通信协议与总线技术。图 4-26 和图 4-27 分别示意了自动化集成要串接的制造领域里面的软硬件模块，以及自动化集成要串接的模块在制造工厂里的大致应用情形。

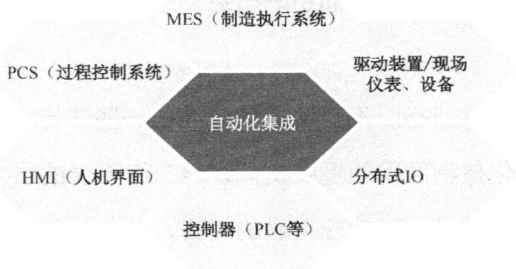

图 4-26　自动化集成要串接的制造领域里面的软硬件模块

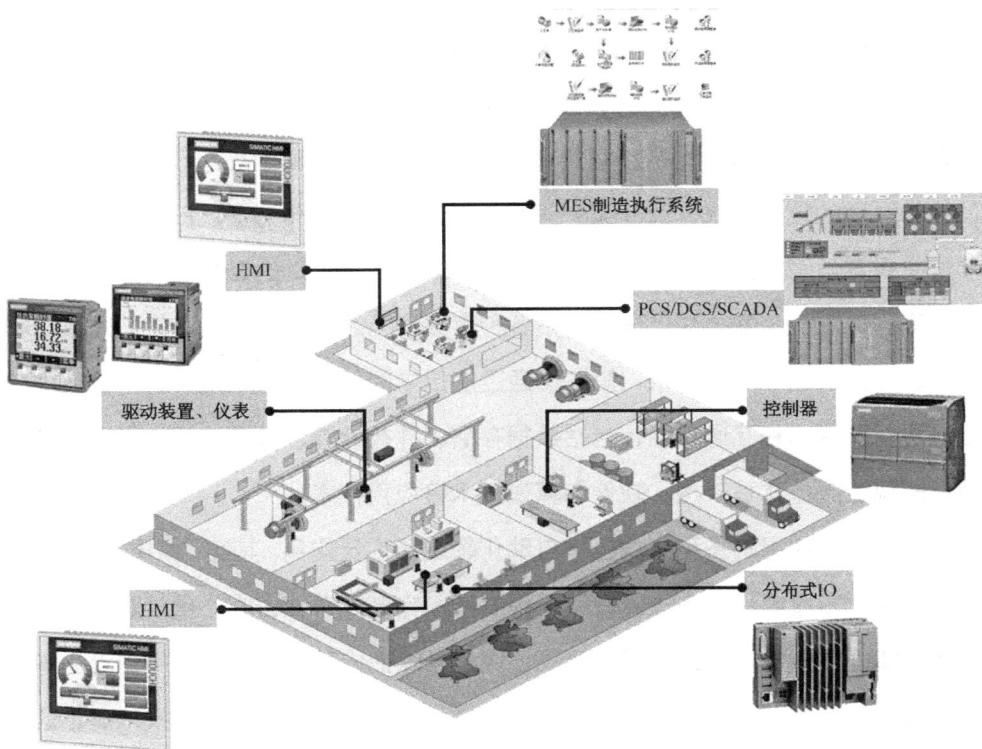

图 4-27　自动化集成要串接的模块在制造工厂里的大致应用情形

（三）自动化与物联网

说了这么多自动化的事情，可能有的读者会非常疑惑：物联网也强调联网、集成，而且好像物联网也涉及自动化的内容，那么到底自动化与物联网有什么区别和联系呢？

这个问题真的不好回答。不过这里可以给出一些非标准解释，供读者参考。可以这样说，自动化是物联网的重要支撑，但二者强调的层面有所区别；很多技术是两个领域共用的技术，而就应用目的而言，自动化领域偏控制和决策，物联网偏数据共享（连通性）和信息应用。

物联网是以计算机科学为基础的，集网络、电子、射频、感应、无线、人工智能、条码、云计算、自动化等技术为一体的综合性技术及应用，它要让孤立的物品（如冰箱、汽车、设备、家居等）接入网络世界，让它们之间能相互交流。所以，物联网的基本功能是数据共享，而自动化则提供基础级的数据源。

物联网的技术可以分为 3 类：第一类通过使用多种传感器、RFID、二维码、定位、视觉识别等数据采集的感知技术；第二类通过广泛的互联功能，实现感知信息高可靠性、高安全性传送，包括各种有线和无线传输技术、交换技术、组网技术、网关技术等网络技术；第三类通过应用中间件提供跨应用、跨系统之间的信息协同及共享和互通功能，包括数据存储、并行计算、数据挖掘、平台服务、信息呈现、服务体系架构、软件和算法技术等应用技术。

而物联网应用的各种技术也被自动化领域所广泛应用。其实，如果把自动化、物联网作为领域看待，这些领域所用到的技术完全没有独占性，也就是说每一种技术就如同放在盒子里的彩球，每个领域都可以把代表各个技术的彩球自由地放到自己的领域里，成为解决方案的一部分。所以，提到某一种细分技术时，这种技术可以被任何领域所用。同理，如果把自动化、物联网作为一种技术来看待，这绝对属于一个大技术范畴，也可以自由地包含各种细分技术，同样不存在对某一个细分技术的独占性。在应用为王的时代，谁能够把技术组合好，更好地应用在实际场景中解决用户问题，谁就占有了用户市场，甚至可以摒弃门户之见——

把它包装成不同的名词，不管是自动化，还是物联网，或者更新的热词。

（四）自动化与智能制造

通过本节对自动化的阐述可以看出，自动化提供给智能制造的不是一个赋能工具，而是一个赋能领域。尽管自动化这个名词诞生已有半个世纪，依然是当今智能制造话题的重要组成部分。而且这两个名词之间有非常强的内在关联性——闭环是自动化领域非常重要的概念，这与智能制造不谋而合。数据收集了什么应用？数据与执行动作有什么关系？执行之后是否有效果？经验数据在下一步的优化循环过程中是否能够被重复利用？我这里画了一个图，这个图是针对前沿自动化领域的，你会发现，其实这同样也是智能制造领域的价值观，如图 4-28 所示。

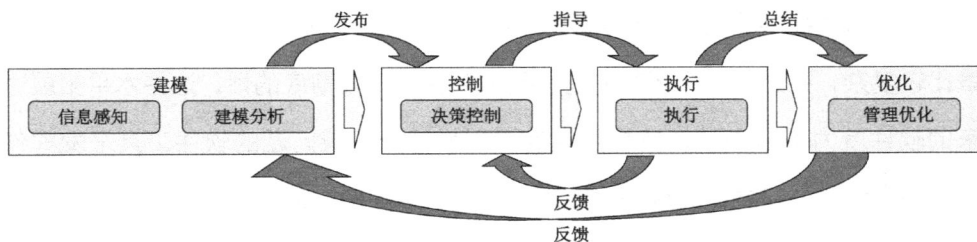

图 4-28　前沿自动化要求的各个环节的"闭环"

4.10 / 其他

智能制造的赋能工具还有很多，不同环节的问题都有专门的工具去解决——

一方面垂直深入，深耕这个环节的场景和用户体验；另一方面水平拓展，尝试扩大其应用范围。这也是我们前面提到过的问题之一——为什么很多赋能工具在解决某一个问题时都号称有这个功能，很多情况下，我们会发现一个问题的解决可能会在多种软件系统工具中能找到类似的模块，就是因为水平拓展导致的。而真正深耕某个环节的用户需求和应用场景，却不是原本并非做这个场景但后来水平拓展过来的软件所能够提供完整、细化的解决方案的。

所以，针对供应链和客服这些环节的问题处理，就有专门的供应链 SRM 系统和客服系统。有的制造企业可能产生疑惑：我也有供应链，但现有问题凭 ERP 和 CRM 就解决了，效果还挺好。有的企业甚至都没有 CRM，也没觉得不方便。

其实，这个问题的解答我们在本节开头的时候已经有所涉及：一些软件进行水平拓展，尝试解决另一个环节的问题之后，也提供了针对这个环节的一些基本功能，而这些提供的功能能够满足大部分企业的需要。但如果你所需要的应用场景比较复杂，并且对这个环节的问题要求解决得比较彻底的话，这些水平拓展过来的软件就力不从心了，还是需要专门深耕这个领域问题的软件工具来发挥作用。举个例子，如果你的客户比较固定，数量也不多，你的销售队伍也只有几个人，每个人都有固定分工，那么 ERP 里的功能模块就足够了，甚至你可以用 Excel 表格来记录客户信息，完全没必要用 CRM；只有当你的客户多，而且销售队伍也庞大的时候，才用得着 CRM。SRM 也一样，如果是仅仅处理少量的、比较固定的供应商采购问题，ERP 完全够用，只有供应商或采购问题复杂到一定程度时，才用得上 SRM。

我不提倡系统越多越好，用软件系统或工具的原则也是够用就好，多了其实也是浪费，这增加了很多维护成本和使用的学习成本，在制造业里就显得"不实在"。所以，本章前面的各个小节列举了 ERP、MES、PLM、数字孪生等赋能工具，因为那些都是制造业比较普适、常用到的工具。在这里，我们一起看一下供应链 SRM 和客服系统，因为一般体量的制造企业用不到这些，我们就把它们合并在本节中讲述。

（一）供应链关系管理系统

SRM 全称是供应链关系管理系统，正如 CRM 是用来管理和改善客户关系一样，SRM 是用来管理和改善供应链上下游关系的，它是一种致力于实现与供应商建立和维持长久、紧密伙伴关系的软件解决方案。围绕企业采购业务的相关领域，通过对双方资源和竞争优势进行整合来共同开拓市场，降低产品前期成本。

把概念剖析开来，其实跟供应链或采购相关的事情无非是一个核心问题——如何用较低的价格从靠谱的供应商那里买到符合预期的产品？要解决这个核心问题，可以细化为以下几个子问题。

- 从历史数据（供应商所提供的产品与服务、与基准价的偏差）看，谁能提供合适价格的产品？即供应商信息管理功能。
- 从历史数据（供应商历史合同信息、退货率、服务水平、货物延迟记录）来看，谁算是靠谱供应商？即供应商绩效管理功能。
- 采购成本不仅包括货物的价格，也包括采购的时间成本。所以，电子招投标流程在 SRM 里是否能够支撑电子采购流程？（例如，电子流程审批、采购合同检索、供应商检索）。
- 采购成本不仅包括货物的价格，也包括采购过程中的通信联络代价。所以，SRM 是否提供了外部接口，或者能够容易地与供应商的软件工具对接，从而形成一个共享信息平台？也就是 SRM 的可拓展性和多渠道使用柔性。

- 整个供应链成本不仅包括采购环节，如果产品买回来成了积压库存，那也是一种成本。所以，SRM 是否支持与库存 WMS 等系统的集成？即 SRM 的集成弹性。
- 在整个供应链成本中，如果把腐败算作一种隐形成本的话，SRM 能否帮助公司轻易发现单项采购价偏差最大的申请人或采购人员，以及从年初至今累计偏差最大的人员？即 SRM 的基准价统计功能。

这其实是从产品应用场景角度来看待产品，也是产品经理常用的产品规划方法论。从这个角度来看 SRM 的功能，或者将 SRM 的选购作为评分表的维度，会比较容易理解 SRM，也比较容易选择适用自己情况的 SRM。

（二）客服系统

跟 SRM 一样不普适，一般体量的制造企业不经常用到的还有客服系统。之所以说一般体量的制造企业用不到，因为大多数制造企业的核心竞争力在于制造工艺和制造效率，比拼供应链或供应渠道的企业才会比较在乎 SRM，只有比拼产品售后服务的企业才会比较在乎客服系统。

客服系统往往不是一个软件系统，而是一种软件整合生态，目的是为了做到"电话+电脑网页+微信+手机 App+微博+邮件"等全渠道整合。之所以需要整合这么多沟通渠道，是因为不同年龄段、不同层次、不同地域的用户，对产品质量信息、上报习惯可能存在着不同。比如，当前的老年人可能更倾向于用拨打售后服务电话，而上班族很可能觉得写封邮件显得更有理、有据。

狭义上的客服系统是一个平台软件，这个软件通过提供 UI 前端界面供客服接线员查询（如用户的订单信息、产品信息、客服记录等）、安排上门服务派单、客服数据录入等日常操作，并具备数据分析等功能，以便于为后期的服务或产品改善提供数据。当然，这种软件也提供接口操作，便于客服机器人（其实是一个软件程序）的查询、数据录入操作等。但广义上的客服系统包括从媒体接入开始到客服应答、客服数据挖掘分析的整个链路。狭义上的客服系统和广义上的客服系统的区分示意图如图 4-29 所示。

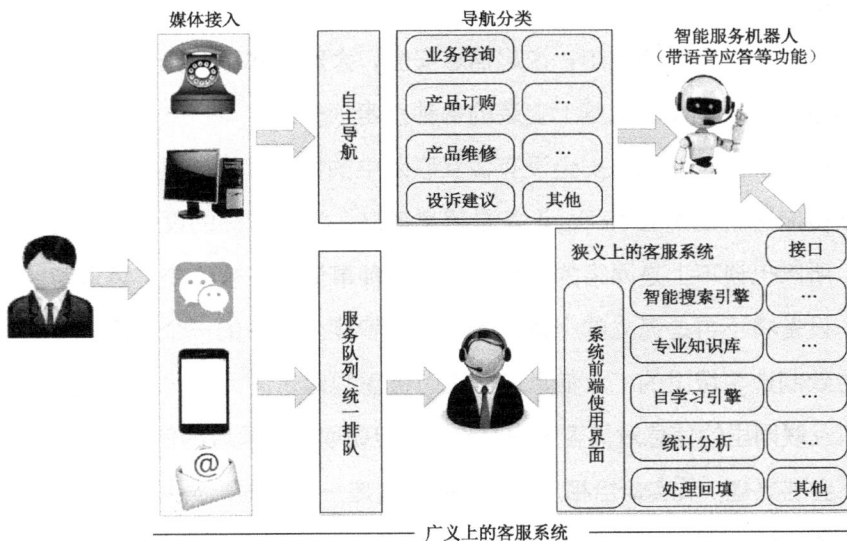

图 4-29　狭义上的客服系统和广义上的客服系统的区分示意图

当前有很多公司从产品制造向服务转型，不是说不再提供或制造产品，而是通过注重产品的服务，把之前单一靠卖产品盈利，变成通过建设品牌和通过服务运营及服务数据挖掘盈利。这是一种立体的盈利方式，而建设完善的客服系统无疑是这一转型的基础。

（三）工业信息安全

还有一个不普适、一般体量的制造企业用不到的，在本节最后需要跟大家一起分享的，就是工业信息安全。其实说它是一般体量的制造企业用不到的还没错，说它"不普适"似乎不正确，其实它非常普适，在网络化日益发达及网络威胁日益增多的互联网时代，谁能否认信息安全的重要性？只是因为它给制造业带来的好处不是通过直接盈利或者降本增效的方式，而是通过规避和控制风险的方式；而风险只要没发生，很多人就不会重视，规避和控制风险的努力没有经历过就不知道它有用，更不认为是收益。

其实在互联网的使用中，说起信息安全，大家基本都有概念，或多或少都有一些防范意识，比如在电脑上安装的各种杀毒软件。

制造业里的工业信息安全没有像互联网中的信息那样被重视起来，一方面是因为很多制造企业没有 MES，设备是信息孤岛，制造车间的设备之间还没有组成网络，所以也谈不上是网络的信息安全。这种事情正在被改变，迈入智能制造的门槛，设备将不再是孤立的个体，而是整个智能生产中的一个节点。

导致制造领域里的工业信息安全没有被重视起来的另一方面原因是很多人认为窃取互联网里的信息对黑客来说有价值，但窃取制造领域的信息没什么用，所以黑客不会感兴趣。其实恰恰相反，互联网上搞瘫一台电脑，损失的是电脑上的数据所代表的价值，搞瘫一个工厂的生产线带来的停产损失要大得多，所以很多黑客认为制造业遇到信息安全麻烦时的支付意愿会比较高。比如，2017 年的"永恒之蓝"病毒已经在制造业领域有了先验案例，黑客加密了制造业企业的服务器数据，弹出提示需要往某个账户打入几个比特币后才提供解密密码，针对的就是制造企业。

针对制造业的攻击其实无时无刻不在发生，相比互联网，之所以黑客攻击制造业的成功比率小，是由于制造业的复杂性导致的，比如网络分多层，到了工控层的设备用的往往不是熟悉的 Windows 系统、设备开发的网络端口比较有限、工控通信协议也不是熟悉的 http 等。但随着黑客的细分和工业知识的进一步普及，制造业这种复杂性也不能成为其自身信息安全的保护伞，所以还得靠工业信息安全的解决方案提供信息安全的赋能工具。

工业信息安全采用的基本技术手段与互联网中的网络安全防护基本一致，但不同的是在技术的具体运用上有所差异，这种差异是由于制造业对比互联网的差异性导致的。比如，对于恶意程序的筛查，在互联网中多使用黑名单技术（只能抵御已知的有害程序和发送者），因为电脑上可能安装的软件众多。如果使用白名单，那么可能会导致某些需要安装的软件装不上而影响易用性；而在制造业领域多使用白名单技术（任何不在名单上的事物将被阻止运行），因为工业 PC 上只安装少量工业软件，如果使用黑名单，那么可能会由于黑名单更新不及时而放过零日（0-day）攻击。而实际上，互联网环境下的易用性非常重要，而制造业环境下易用性不那么重要，并且工业 PC 不联网，病毒库更新不及时等情况比比皆是。再比如，互联网环境中，某台电脑可能与任意另一台电脑、任意一个 IP 地址发生通信，不管是由于在聊天软件中新添加了好友、已有的好友带着电脑出差到另一个地方，还是其他原因，在制造业环境中突发的连接很可能是异常行为，因为工业 PC 上的程序都具有固定的连接逻辑关系（如控制逻辑、通信上下层等）。

与互联网环境一样，工业信息安全也遵循事前预防、事中控制、事后审计的防护理念。事前预防怎么防？——评估安全现状和风险点，安全培训与意识培养，搭建实施安全控制措施（比如防火墙端口设置、网络区域划分，等等）。事中控制怎么控？——进行安全事件的实时监控，安全事件的发现与及时响应。事后审计怎么审？——综合利用操作系统日志、防火墙和路由器日志等大量数据进行安全事件的复盘和分析，发现安全事件的原因（比如攻击源、攻击类型、攻击目的、责任归属，等等）。

与互联网环境一样，工业信息安全为了保护制造业中的核心资产（比如控制服务器数据、控制底层生产的 PLC 设备，等等），依据纵深防御的理念进行网络的配置和划分。在外部网络与工控网络的连接之间设置尽可能多层次的保护，使核心数据和核心控制设备处于网络的最内层，从而尽可能多地过滤安全威胁。如

图 4-30 所示是工业信息安全纵深防御体系的框架和实践指导示意图。

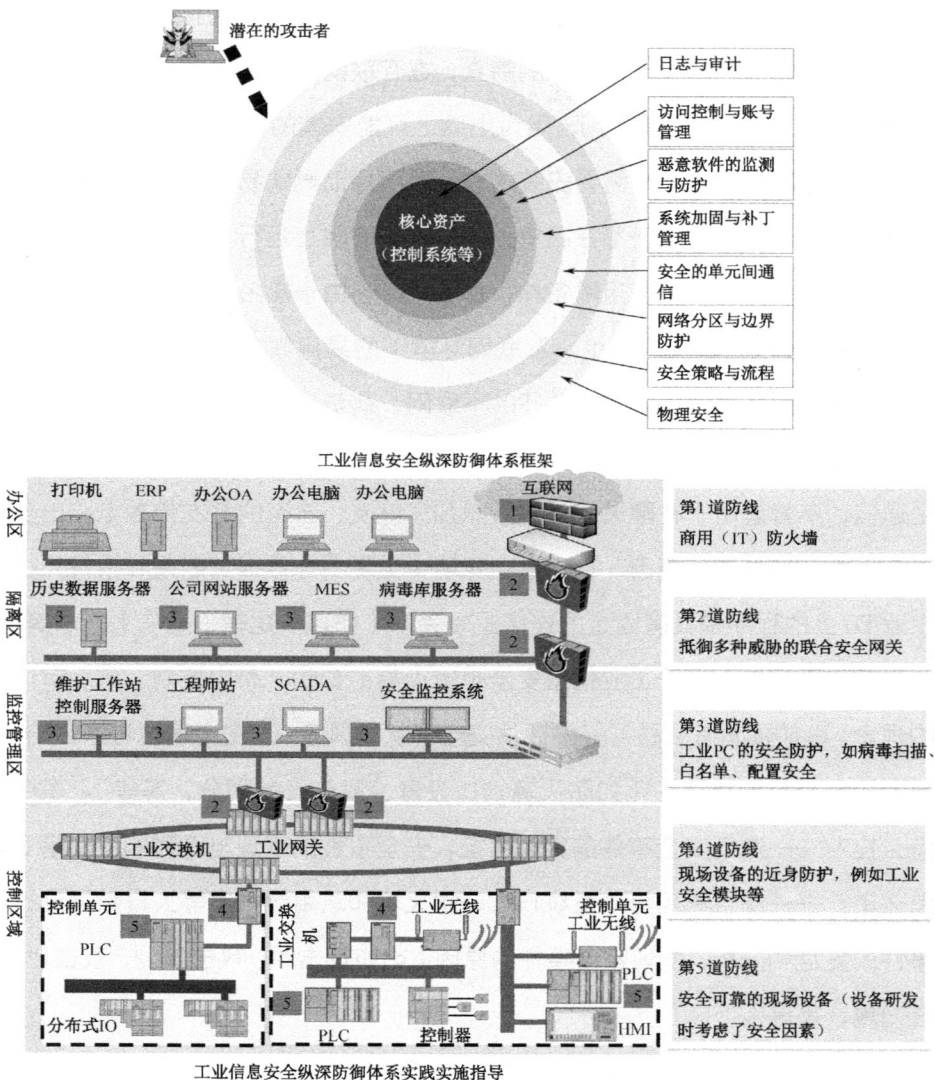

工业信息安全纵深防御体系框架

工业信息安全纵深防御体系实践实施指导

图 4-30　工业信息安全纵深防御体系的框架和实践指导示意图

　　以多层次安全手段为基础的信息安全纵深防御，在制造业中的具体实施可参考
以下实践指导：办公区采用常规的商用防火墙作为第一道防线；MES 服务器、公司

网站服务器等处于由联合安全网关组成的第二道防线中；控制服务器、工程师站、SCADA 系统（如 WinCC）等处于配置了白名单规则、病毒扫描保护的第三道防线中；由工业安全模块（工业领域使用的一种类似于防火墙的小硬件）组成的第四道防线用于保护核心设备和数据，比如 PLC、控制器等；而第五道防线的形成依赖设备自身的安全性，在研发过程中就考虑了安全因素，比如程序升级需要密钥验证、系统密码的健壮性、配置文件加密、经过了模糊测试和渗透测试验证等因素。

纵深防御是一种理论，也是一种指导方法，主要用于信息安全的规划和实施指导，这种规划和实施指导有事前预防的思路在里面，而且设置这么多道安全防护本来就是为了最大限度地规避安全事件的发生；也有事中控制的应对措施，比如考虑安全监控系统等；当然也有事后审计的因素在里面，从各个安全网关和主机中可以获取的日志，本来就是支撑安全事件审计的重要证据。但纵深防御不是孤立的，仍要配合信息安全的风险评估、威胁识别、差距分析等安全咨询手段，以及安全培训与意识培养、安全工作流程制定等日常安全风险防范手段，还有安全事件发现与响应措施等日常运维工作，为制造业提供一个完整的工业信息安全解决方案。工业信息安全不是通过为制造企业降本增效的方式来让企业受益，而是通过为企业的智能制造保驾护航的方式为企业止损。

4.11 总结

（一）回归需求，才能回归价值

相信很多读了本书的制造业管理者，之前对智能制造能做什么并不清楚，此时却知道有这么多智能制造的赋能工具可以用，觉得做事有了动力，可以做点什么来提升企业的制造水平了。但我一直强调的一个观点是：需求！先搞清楚需求，分析问题，弄懂自己到底要对制造企业改善哪些部分。因为只有满足了需求，才意味着解决了问题，才能产生投资的价值。

如何表达需求，其颗粒度是很重要的。如果把需求描述成"我需要智能制造"，这种需求当然颗粒度大了，说了等于没说。如果把需求描述成"我需要从工序 A 到工序 B 的工人走动距离不超过 150 步"；这种需求表达要么没抓住问题的根本（或者说对于问题抓小放大）未必能真正产生整体价值；要么恭喜你已经是智能制造的专家了，你不需要任何实施集成的服务商，自己可以搞定一切了；但如果发现自己搞不定解决方案，那么这种需求表达就只能是前一种类型了。如果把需求描述成"我需要 3 年之内将企业的生产效率提高 50%，生产成本降低 40%"，不得不说，你是一个直击要害的企业管理者，但这些降本增效的数字背后有着大量的工作要做，比如前期投资计划、生产、销售、管理、生产各个环节的细化目标拆解和迭代执行、市场行情前瞻性分析和咨询，等等；而且这些分析绝对需要专家来做，甚至是多个领域的专家分析共同支撑，专家分析之间要有数据链路的闭环，所以企业要有专门的管理小组来对接不同领域的专家及其分析结果。第三种需求表达不是不好，而是因为复杂程度超出了我们本章讨论的智能制造赋能工具，甚至智能制造话题的范围，有市场行情等各种因素在里面，而且企业能不能花这么大的气力（不仅仅是财力）和决心也是未知的，所以我们不展开讨论。但是这种用数字说话、用指标来谈价值的风格是我们所提倡的，将在本书的后续章节继续展开。

这里所说的需求的颗粒度，可以给出一些示例来建议什么是合适的颗粒度。例如：我需要：

- 实现对物料的追踪与追溯；

- 实现生产过程的可视化，生产数据对于生管人员实时可见；

- 实现生产控制的闭环管理，计划与生产和物料现状挂钩；

- 提高产品质量，良率从现有的 95% 提高到 99%；

- 生产效率提高 20%；

- 缩短交货周期，从目前的 7 天缩短为 3 天或 4 天；

- 降低库存 15%；

- 减少车间生产人员，从目前的 100 人减少为 70 人。

上述是一些我推荐的合适的需求颗粒度的表达方式，这样企业自身的目标明确，对接的服务商也知道该做什么。当然，企业也可以不清楚自己的需求，通过与服务商一起梳理需求，描述成上述参考案例的样子。这也是经常发生的。由于智能制造的其中一个关键难点就是制造企业需求不明确，所以由制造企业与服务商一起澄清需求的过程也是常发生的。但是，如果通过服务商参与梳理之后，制造企业的需求都没表达成类似这种程度的话，制造企业可以考虑是否找错了服务商，或者需要另换一家服务商了。

（二）重软件、轻基础之误区

赋能工具中占大比例的是软件，那是不是说只要用了软件就解决了问题，从此能快速步入智能制造了？当然不是，本书一直表达的意思是——软件是工具。一方面，工具很重要，够提高生产效率。试想汽车作为一种交通工具，与人力相比，省了多少时间和多了非常多的可能性；另一方面，工具只是一种途径，仅仅起助力作用，不能代替人的管理和思考。即使是智能制造中有了智能元素，软件或机器还是不能替代人的工作，至少目前不能。

　　道理很简单，但把这个道理放在制造业场景中，发现很多制造企业就存在这样的误区。我遇到不止一个制造企业把企业的升级改造依赖在诸如 MES 这样的软件上。"我现在想降库存、做到产品生产过程追溯、生产计划能够适应市场需求，也能与生产匹配，是不是购买了 MES 软件后就能做到？"后来仔细一问，这些公司已经上了 ERP 系统，但大都反映 ERP 没有效果，深入问询发现之所以 ERP 没有效果是因为企业里的产品 BOM 都没有梳理清楚，问到这个问题时就是"工作量太杂，没有专人负责，有的产品型号是有的，有的就不完整了"，等等。

　　如果我打个比方，问："如果我想整天不动，想吃点减肥药，外加维生素片，就能做到既苗条又健康，你认为行吗？"估计很多人都会说："不行，你这是在开玩笑。"其实不注重基础管理，把所有希望依赖于软件，跟我打的这个比方又有什么区别呢？基础管理需要不断加强和优化，比如梳理清楚了公司流程、岗位职责、机器设备有起码的点检和纸质的维护记录、生产过程是由计划进行指导来执行的，等等；再加上智能制造赋能工具，那么真是如虎添翼。如果基础管理又乱又差，即使给个翅膀也很难挥动起来。

　　重软件，轻基础。管理基础是一种类型的基础，还有另一种类型的基础是自动化和信息化基础。如果自动化和信息化水平不行的话，硬上一些对自动化和信息化要求高的软件，比如 APS，就好比让跑车跑在乡间小道上。当然不是说自动化和信息化的水平差，所以所有智能制造的赋能工具都不能上，谈赋能工具没有用，而是说有选择性地使用赋能工具，做到量体裁衣，这样不至于花冤枉钱，也更能紧扣"价值"这个核心主题。

　　如果制造企业的自动化和信息化水平差，没有足够的资金，当然也不能够揠苗助长。可以适当地采用一些赋能工具帮助企业。比如，自动化和信息化水平差的制造企业，如果想做质量追溯，可以用条码追溯系统——通过增加一道给产品自动打码或手工贴码的工序，在关键生产和检测工序上增加条码读写器（人工扫码或者传送带固定位置自动扫码），以及一个简单的搜索程序和界面，用这种方式做追溯，成本也就几十万（价格跟供应商有关系），并不需要全线变成自动化设备才能实现信息追溯。

同样，在上述这个自动化和信息化水平差的例子中，企业除了能够实现质量追溯等功能，也可以利用数据做数据挖掘和分析。即使没有问题，甚至虽然不能把 APS 用起来，照样可以排产优化——通过仿真软件或程序计算，结合提供的排产数据（产品类型、历史生产数据等），计算一个推荐的排产组合，按这种排产组合的推荐方法来进行日后的排产工作；虽然少了实时的动态性、产品类型新增了之后，还需要重新仿真计算，但对于应付目前固定产品类型的排产工作已经有足够的指导意义。

但另一方面，对比自动化和信息化水平高的企业，其智能制造的广度和深度肯定要弱一些，这也是必然的，并且是合理的——自动化和信息化水平高的企业，能采集的数据多，数据类型也多，形成管理闭环的时效性高，其基础条件能够支撑 APS 等比较挑剔条件的软件的使用，配套了软件等赋能工具后，能够形成的智能制造合力也会越大。

（三）不要过于纠结系统之间的边界划分

我们在本章中说过，由于处于上层的软件（比如 ERP）向下拓展，处于下层的软件（比如 MES）向上延伸的原因，很多功能模块的名字在不同的软件系统中都存在，但出于对时效性的不同要求，以及应用角色的考虑，这些不同软件中重名或者功能类似的软件模块，是有其存在的合理性的。其实，即使是不同软件系统中的软件，它们的模块功能一模一样也无所谓，这虽然对制造业用户，甚至智能制造的服务商都是一种困惑，但其实不必纠结，真正应该关注和瞄准的是——业务流程的优化和整合。只要把握了这个主要矛盾，功能模块具体落地在哪个软件系统中的问题自然迎刃而解了。

我们以 MES 与 ERP 的整合为例，来详细说明这个问题。信息系统都是为业务服务的，MES 和 ERP 各自解决一部分业务问题，分别反映一部分业务流程，流程是 MES 与 ERP 整合的黏合剂，通过流程的整体优化划分出哪些流程在 MES 中处理、哪些流程在 ERP 中处理。实现 MES 与 ERP 的整合，关键在于业务流程的优化和整合，以及对所涉及 MES 和 ERP 系统的具体分析以充分发挥各系统的长项。这需要服务商根据企业的实际业务需要，分析所用 ERP 系统和 MES 系统的功能特点，对于在两个系统中都可以实现的功能，比较在 ERP 中实现、在 MES 中实现、一部分在 ERP 中实现、另一部分在 MES 中实现，这几种方案分别有哪些优点和缺点，然后取舍。需要注意的是，不管 MES，还是 ERP，都有自己的实现逻辑，在决定某功能的再进行归属时，要保证该功能在所选系统中能够实现逻辑的完整性。

（四）选型的核心要素

说了这么多智能制造的赋能工具，实施前必须选型，该怎么选？其实本章给出的两个工具都可以用。一个是评测维度表格，这个是我们在本章介绍 PLM 时给出的工具，选用其他软件工具时可以参考，或者在此基础上，根据软件的需求修改，然后直接使用；另一个是用产品应用场景或者产品规划方法论的产品经理视角来思考需求的。把后者总结出来的需求放到前面的表格中作为对软件的具体要求，会得到更能对应企业自身需要的需求梳理，也更能指导选型工作进行。

那有没有比较粗略的、普适的、较为顶层的选型指导原则呢？如果真需要列出几项，这里给出以下建议。

- 明确需求；需求总是第一位的，无需求，不谈选型。
- 基于需求梳理的功能性。
- 行业匹配度。
- 成熟度和售后，选择一个能够提供稳定支撑、有市场口碑的售后。
- 服务商/顾问的实施经验。
- 软件平台的开放性，现在制造业用的软件必然要与其他软件集成，哪怕当前不需要。
- 与自动化系统的集成便捷性。
- 价格，不仅仅是一次性价格，综合考虑维护、升级等后续费用。

（五）自己开发可行吗？

如果制造企业问"我不想纠结于选型，我想自己开发，怎么样"，其实没问题，当然我不是直接说"能行"，或者"不行"，是否可行取决于制造企业自身。

首先说可行性。如果该制造企业规模庞大，有自己的开发团队或者搞研发的子公司，所需要的功能非常复杂，以至于市面上没有合适的供应商，该制造企业对自己的生产流程等想法有一定的保密性，甚至该企业是行业龙头，或者标杆，以至于想自己孵化针对该行业的某个软件解决方案，那么这种企业是可以自己搞开发的，毕竟自己开发虽然没有对某个软件系统的累积开发经验，但优势是懂这个行业的流程，而且内部沟通更顺畅。当然最终能不能成功，要看企业真正的研发实力、组织力度和体现在执行层面上的决心。

再说可能不行的方面。研发是一个无底洞，研发经常打水漂，研发项目真正意义上的成功（时间、花费、质量都达到当初的目标）不超过四分之一，这样的话，从研发部门的管理者、产品经理、研发项目经理的口中会听到很多，而这样的论断也是经历了无数的案例总结出来的经验教训。开发一个比较复杂的系统，除了技术风险，还有管理风险，比如良好的项目组织方法、稳定的核心项目成员、发生开发延期等是否能继续获得更高管理层的支持，等等；在最初阶段，开展项目的可行性分析中的经济效益可行性是否考虑了没有其他用户（仅企业自用）、风险和项目延期的各种因素后，商业价值是否在项目后期继续成立，这都是"不一定"的事。还是那句话，谋事在人，成事在天，外加一点运气。最终能不能成功，要看企业真正的研发实力、组织力度和体现在执行层面上的决心。除此之外，还需要一点运气——如果推进得很顺利，但研发项目进行到一半就换了分管领导，导致项目直接被毙掉呢？

（六）未来可能的变化

这么多智能制造的赋能工具，都是分离的，各自负责一块，所以，在本章中也需要分开介绍。赋能工具独立的原因，我们在本章的前面已经讲了——人的精力有限，意味着人开发一个特别庞大、复杂的系统从资源组织、项目协调、沟通协调等各个方面都异常复杂。而且，开发一个庞大的软件系统，导致现场配置和实施的复杂度也很大；用户购买时，成本太高也会倾向于放弃，因为很多用户倾向于只购买这个大软件的一小部分功能就足够了。

但这种状况也在被改变，越来越多的软件从本地化走向了云端，有利的一点是被供应商宣称降低用户成本，其实未必一定降低了制造企业的用户成本，但一定降低了服务商或者软件提供商的部署、配置和维护成本，本来需要出差到现场去解决的很多问题，在云端更改一下配置就好了。但无论背后的原因到底是什么，越来越多的软件走向云端，这是不争的事实。软件部署在云端，那么理论上软件就可以做得无限大，把功能模块做成一个个插件来使软件的功能越来越丰富，配置和维护成本也因为互联网的便捷性而大大降低，用户购买的不再是整个软件，而是通过流量计费的方式来付费，这也消除了购买成本的忧虑。

这个话题，我们在本书的后续章节会继续涉及，尤其是在《预言智能制造的未来》一节中会继续深入讨论。但万变不离其宗，智能制造的"宗"又是什么？是价值所对应的需求或问题的解决方案。哪怕有一天，这些赋能工具（尤其是软件）都走向了云端，所需要解决的制造业问题大多数还是我们目前讨论的这些，需求会有些调整，但基本跳不出当下的范畴，哪怕一个大的平台系统打包了所有的功能需求，细看的话，还是目前 ERP+MES+数字孪生+大数据分析+精益+自动化+……这些当前使用的离散的赋能工具中所包含的元素。

第 5 章

再谈赋能
——环境条件在哪？

要使智能制造真正落地，赋能工具只是支撑，是途径，需要管理上的组织才能保证实施的推进。如何做管理上的组织工作？这好比在一个生态环境中，作物的生长必须要有阳光，根基能吸收水和养分，以及四季更迭的时间。在制造企业，培育一个智能制造项目的落地实施也是一样的，赋能工具的提供只是外界的水和养分，没有它们就没有生长的支撑，但只有它们显然是不够的，还需要其他条件，这些条件正是我们在比喻中所提到的。

"阳光"是什么？是影响作物生长激素的触发条件，是作物发生光合作用的重要参与因素。在我们的比喻中，是指引、让智能制造项目产生积极结果的原因，也是领导的作用。领导参与方案评审、听取汇报、关注进度，智能制造项目才能更顺利地推进。

"根基"是什么？是作物吸收水和养分的营养器官。在我们的比喻中，是制造企业智能制造方案和知识的消化部分，也有制造企业内部人才的作用。只有企业内部可以消化智能制造的方案，并能够在项目过程中及项目结项后不断为企业的智能制造"造血"，智能制造才算是"源源不断"的。

"四季更迭"是什么？是作物生长必须经历的时间过程。在我们的比喻中，是代价、是团队磨合、是智能制造项目必须经历的项目过程。只有制造企业从预算、时间和心态上都准备好了经历一场智能制造项目过程的历练，智能制造才不会随意被变更，才不会变得那么脆弱。

本章我们就来聊聊这些话题，智能制造的环境条件有很多，面对的不同制造企业的情况也不一样，但所涉及的维度可能主要包含我们说的这些问题，还有一些没有涉及的问题企业可根据自身情况来补充。谈这样一些环境条件，其实也是让制造企业的服务商都能够在同一个认知层次上去交流、去对接、彼此理解智能制造这个话题。

5.1 领导在吗？
——企业是否从组织、汇报线上重视

之所以领导是重要的，是因为他自然地获得了从组织上授予的财权和人事权，而无论财权，还是人事权，这都是一种资源。所以，领导重视某个项目，这个项目自然就能够获得更多的资源。而且，资源有聚集的趋势，一个项目已经流入了大量的资源的话，吸引着员工的注意力也往这个方向聚焦，员工的注意力也是一种资源。

智能制造作为制造企业的落地项目也是一样的，领导往这个项目上多花精力，这个项目就能够获得更多的资源，也就比较容易顺利地执行；而如果领导不太关注这个项目，那么项目获得的资源自然就少，那么大家就都不重视，项目推进的难度和进度便可想而知了。

而且，智能制造项目与很多其他项目对比，更是一把手工程。一方面，因为制造企业主要的日常工作内容是生产制造、销售等，工作岗位划分、职责描述都是按照日常运营要做的工作来的，所以工作起来驾轻就熟。而针对智能制造项目，对绝大多数人都是新生事物，没接触过，做起来没底，针对这个新项目所做的岗位划分、职责描述等可能也不到位，所以大家一起工作磨合起来有些磕磕绊绊，很多人也是怀着"多一事，不如少一事"的心态，推进不顺利也是有这些客观原因存在的。另一方面，智能制造推行成功了，谁是最大的受益者呢？当然是公司的最高领导层。很多人短期来看不会受益，比如部分蓝领工人的岗位机会随着机器换人而缩减，而真正用数据统计出来的设备 OEE 数据可能是 60%，而远非车间主任之前说的 80%，一些白领的工作，比如计划排产本来是一个技术活，但公司对其依赖性太强，随着智能制造工具的导入而变得弱化了。

智能制造让企业受益，短期来讲，对部分企业员工而言，是看不到收益的，这一说法比较谨慎。长期而言，对企业的员工是能够产生价值的，这也是毋庸置疑的。为什么？试想，如果制造企业不推行智能制造项目而使企业落后，短期而言保住了部分蓝领工人的岗位，但长期而言企业要面临倒闭关门，最终也会让蓝领工人失业。既然如此，现在就给部分蓝领工人技能转型的机会，或者重新择业的机会，总比等到他们岁数大了之后再发生这种变故要好。对企业的白领来讲也是一样的，智能制造不是直接顶替白领的工作，而是让白领的一些重复工作变得轻松，以便于有空间让他们进行工作内容的升级和转型。长期而言，是增加了他们的工作竞争力和对制造业的认知；加上智能制造本身带来的变革，如果能内化成他们的管理认知和接受新事物的敏感度，对他们长远的职业发展而言，是有好处的。

所以，智能制造是一把手工程，最高领导、主要领导起关键作用，不管是短期还是长期，也是对他们最有用的，一定要亲自抓智能制造项目。

既然是领导一定要亲自抓智能制造项目，那么如何抓，表现形式是什么？亲自抓当然不代表自己需要融入智能制造项目亲自实施，而是需要采用一些制度去抓。

- 项目立项过程中的会议，最高领导和主要领导一定要参加，对项目组织结构做过考虑，并授权了公司内部对接智能制造项目的成员，规定了他们的工作内容和项目职权，最好采取一定的激励措施。

- 项目立项前或刚立项之后的方案评审会议，最高领导和主要领导一定要参加，并最终拍板，参与了讨论过程，并知道项目的整个周期、需要调度的资源等状况。

- 项目实施过程中，两周一次或一月一次的智能制造项目汇报会议，最高领导和主要领导一定要参加，并且需要确认项目状态，对项目的执行状况做出指示。

- 项目实施过程中，遇到了问题或瓶颈的时候，最高领导和主要领导能够给予实际的资源支持，这种资源支持可以是经费、临时授予的特权、帮助沟通其他部门应该配合的工作，等等。

总之，最高领导和主要领导不参与智能制造项目的评审、不听取项目推进过程中的状态汇报、项目状态没有固定的口径向公司的领导层同步，就代表这个公司不重视智能制造项目。图 5-1 和图 5-2 分别示意了制造企业推进智能制造项目的组织结构和例会检查项，制造企业可以自查是否有类似的措施来保证项目的推进。

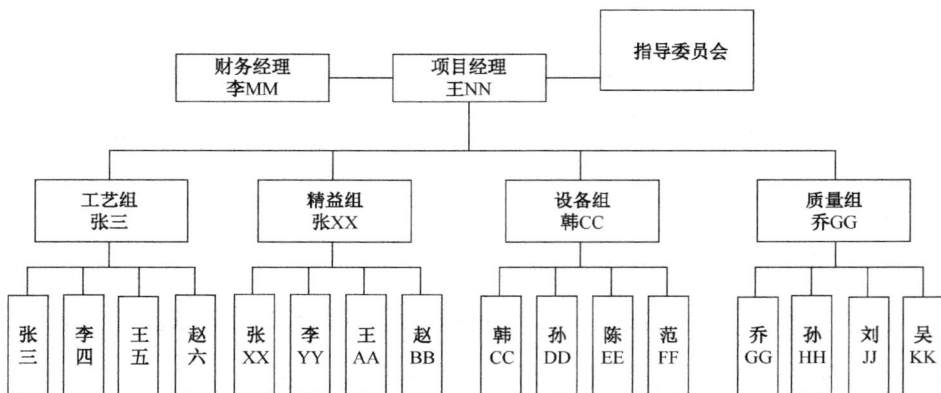

组/角色	职责
项目经理	管理整个项目的实施，协调各方
指导委员会	监督项目是否按照计划执行，当前的状态、进展等，对项目从宏观方面给予指导和监督
财务经理	监督项目过程中的财务支出情况，并协调项目付款等事宜。
工艺组	配合进行工艺流程梳理和数据提供
精益组	提供目前生产过程中的节拍等数据，提出新的目标精益需求，统计项目实施后的改善结果。
设备组	负责协助乙方提供设备数据，提出设备改善要求，并在项目实施后出具具体的设备改善方案或采购需求单
质量组	反映目前的质量问题、提供质量数据，采集项目实施后的质量数据并作对比，项目结项后形成不少于5项质量提升措施并在公司推广

图 5-1　制造企业推进智能制造项目的组织结构示意图

阶段性工作总结

上阶段遗留/未关闭的问题要继续出现在报告中追踪状态

按计划完成　落后于计划但可控　严重延期或进度受阻，需要干预

序号	任务	来自于	状态	责任人	状态	备注
1	项目计划书	上阶段遗留		王NN	完成	
2	统计目前产品各个主要环节的质量数据	上阶段遗留		孙HH	未完成	
3	提供设备信息表格	本阶段新计划		孙DD	完成	
4	工艺需求描述	本阶段新计划		张三	完成	
5	设备网络布局图	本阶段新计划		陈EE	完成	完成，但可能随着项目的进行需要再次分析
6	与乙方一起，做治具回收环节的简易自动化设计	本阶段新计划		王AA	进行中	
7						
8						
9						

图 5-2　制造企业推进智能制造项目的例会检查项示意图

当然，我们还要纠正一个观念：很多企业认为所谓从组织上、汇报线上重视就是指领导要做出指示，而做出指示之前需要负责智能制造的项目团队写各种汇报材料。

不得不说，必须的汇报材料是要有的，但如果形式上过于负责会拖累项目，它仅仅满足了领导的大权在握的感觉而已。制造企业高层必须将智能制造战略视为工作的重点，摒弃保守主义姿态，加快项目的审批流程，从而让智能制造项目团队加快推进转型进程。同时，还需要设计简练的汇报渠道，确保智能制造的项目团队侧重于各类增值活动，而不是疲于应付各类行政要求。

5.2 “胃”，你好吗？
——企业里有能消化、造血的人才吗？

智能制造帮助制造企业将生产运营流程一体化，由此对技术人才提出了更高

的要求，过去单一领域的专才将不再适用，取而代之的将是横跨多领域、学习能力更强、懂得数字化交付的复合型人才。仅针对实现智能制造所需要的赋能工具而言，这些工具是偏 IT 领域的，而目前市面上的 IT 领域人才主要集中在互联网，他们重开发和用户界面交互，但不接触制造企业，更不懂得制造场景；而理解制造企业和场景的人又不懂 IT 技术。而且，制造业所需要的 IT 技术不仅仅是工具使用、编程这么简单，它综合了自动化、信息化等多种因素在一起，而且制造企业不同层次（管理层、生产层、设备层）所侧重的功能和关注点不一样，对人员的综合能力要求高。

举例来说，ERP 中的工作流以业务流程为主线，应先进行业务流程重组（BRP）是做好 ERP 的基础。MES 中的工作流以工艺流程为主线，应先梳理工艺流程是做好 MES 的基础。业务流或工艺流背后首先是对制造企业或制造车间建模（比如部门结构、人员岗位、用户角色等），所以，不仅仅是利用软件进行配置和编程，还需要懂流程和制造企业组织生产的方式等内容，以及这背后可能存在的问题和解决方法，这涉及行业知识和经验。

智能制造最终还是制造企业的智能制造，制造企业是最终的获益者和承载体，尤其在智能制造项目结项之后，制造企业更应该把接力棒拿好，一方面继续消化智能制造项目中的内容项，继续调整新的生产方式或者优化后的生产布局，或者调整使用 MES 下的工作习惯；另一方面，也应该继续培养把智能制造的知识能够内化在企业中的人才，尤其是在智能制造中对接小组中的成员，这一点在比较大的企业中更应该重点关注。

对于智能制造项目，"消化"是第一步，"造血"是第二步。中小企业应主要关注第一步，大型企业可以两步都关注。

把智能制造项目中传递出来的知识和经验在企业内部消化，做到后续的生产活动与智能制造项目中形成的成果能够呼应起来、适配起来,就需要有这么一小部分人既有能力,又有意愿,能坚定不移地参与整个智能制造项目,他们是制造企业内部的"胃"——起到智能制造"消化"作用,让智能制造的成果为企业所用。

把智能制造项目中总结的经验进一步迭代优化地在企业内部实施,做到不用专家指导或者只需要少量专家指导就能够在企业内部"复制"小的智能制造话题,从而使智能制造在企业内部发扬光大,这就是所谓的"造血"功能。同样,这还是需要那么一小部分既有能力又有意愿的人,坚定不移地推进智能制造在企业内部循环、壮大。咨询项目是针对一个生产线的,制造企业消化了这里面的方案和思路之后,可以把这种经验用到另一条生产线的实施中,整个过程以制造企业内部的人员为主力,这就是"造血"后的状况。

企业里没有能够对接的人才,不仅是制造企业亟待解决的问题,也是服务商头疼的问题。因为在智能制造项目中,企业经常提供不了相应的支撑,比如收集一些数据时发现找不到对应的人,好不容易把收集一类数据的方法教给了制造企业中的人,发现他依然不会,照着葫芦也画不出瓢,只好由服务商自己来做;但服务商在约定合同的时候以为是制造企业提供这些数据的,自己来做相当于增加了工作量,所以要么忍气吞声、亲力亲为,要么走合同变更,增加报价,其实不管哪种方式总有一些摩擦在里面,开展项目往往闹得并不愉快。

制造企业里能对接智能制造的人才既然这么关键,那剩下一个问题就在于——企业怎么培养这些人才?这当然是制造企业应该解决的问题,有点超出了本书讨论的范围,但我们可以在这里简单谈一点。

留住人也好,培养人也好,很关键的一个问题是待遇和机制有保障。很多大型的制造企业留不住 IT 人才,深究其原因发现,在这种企业里,招聘一个较好的

IT 人才的费用，会打破目前的薪资体制，所以最终讨论结果是不招或者只能招不那么符合要求的。当然，也有一些大型企业，甚至国企，给技术人员较高的岗位工资，虽然管理线上没有提升管理岗位级别，但给予了较高的行政工资，这也是给人才倾斜政策的方式。

一些制造企业自己通过借助外部力量（智能制造项目邀请外部供应商和专家来咨询、实施），实施了一个或几个外部项目之后，就另起炉灶，自己搞智能制造，聚焦于自身的领域往同行业中延伸智能制造项目，做方案并实施。这种方法是否值得推荐，我觉得要看从哪个角度讲。从企业经营多样化角度来看，搞企业转型未必不是一条好的尝试的路子，但如果对待人才的待遇和机制方面没有做好的话，其实这只是在为其他公司培养人才而已，这些经历过智能制造项目的人才，很快就会流失到竞争对手公司里去。所以，对于这一类问题，我建议制造企业在践行了一些智能制造项目之后，如果要拓展在该行业中的智能制造案例，可以先尝试较为底层一点的技术和方案，不要先去抢占所谓的"制高点"。一方面容易交付，并逐渐用实例来说话，盘活这块业务，另一方面，避免给人才的待遇和机制匹配不上，导致人才流失到竞争对手那里后不得不放弃这块业务，而由于将精力铺在高点上导致基础层面可以做好的事情反而没做好。

5.3 心态好吗？——不要也不能一步登天，没有最好，只有最合适的方案

当问到制造企业对于智能制造的需求时，一部分企业会这样表达："打造十

年不落后的智能工厂。"在对"十年不落后"进行多维度拆解后，估算出来的投资需求呈现给制造企业看了之后，他们往往会表示"我能够做本省该行业的标杆企业更符合期望"。

很多制造企业对智能制造理解不深入，加上市面上各种 PPT 的概念宣传，认为只要做一点智能制造的内容，套上了智能制造这个帽子，就能马上让企业跨越式发展，从此进入了万事无忧的生产制造快轨道。我接触过的企业中，有的为智能制造项目准备了百万级的预算，然后跟我说："我们做智能制造项目，你得帮我做到至少十个行业第一。"百万级预算，十个行业第一，也就是用几十万就要做到行业第一；如果在很细微的领域里做到行业第一并不难，比如某一个工艺环节或者某一个小工序里的自动化程度等，但问题是这样的第一有什么用？企业需要追求整体的智能制造效果，解决环节中的瓶颈，而不是解决不是瓶颈的环节，对整体没有太多帮助，仅仅是为了第一而第一？

做智能制造项目，是为了让智能制造的元素消除公司的生产瓶颈、提高企业竞争力、达到公司设定的投资回报率，还是为了听起来好听、便于到处讲故事？品牌形象是来自于自己说自己达到了什么程度，还是来自于终端用户的口碑和认知度？有限的投资就打造了十年不落后的智能工厂、打造了十个行业第一，那么同行业中投资比你多一点的企业，是不是就能打造十五年不落后的智能工厂、打造多于十个的行业第一，你的"十年不落后"、"十个行业第一"是不是马上就被下去了呢？

怀揣着一种良好的心态，要看智能制造的投资带来的回报是否被认可。也就是瞄准投资的价值来说话，要看是否能解决企业里的瓶颈、提高生产制造的竞争力。所以，方案不是越好听越好，而是要看方案是否合适。

在哪些方面合适呢？方案抓住问题的点是否是企业迫切需要的；方案所需要

的投资和解决这些问题带来的收益是否合适；考虑制造企业自身的对接能力、接纳能力，项目周期的规划是否合适；考虑制造企业自身的投资预算和对于回报周期的期望，项目的范围是否合适。

5.4 整体价值观有吗？
——认识顶层规划的重要性

什么是整体价值观？举个例子来讲，某公司的售前人员小杨经常出差，回来后需要将差旅信息填入公司的办公系统，包括为哪个项目出差、差旅费花了多少、住宿费花了多少，等等。他觉得很麻烦，对比自己之前把发票一贴好就扔给财务人员的处理方式，自己要多花时间处理信息填写的时间。而该公司的老板却是这样来看待这个问题的——之前企业里的办公系统没上这个项目数字统计模块，每年下来不知道哪个项目亏了、哪个项目赚了，年终奖的方法很主观，搞得很多公司里业绩做得好的人员离职了。现在采用了这个项目数字统计模块，每个项目的账目很清晰，虽然出差的人对比之前要多花一点时间来输入信息，但公司也为此节省了 40%的财务人员，之前财务主要工作是看发票、算数字，现在财务人员可以有精力来帮公司分析项目盈亏数据，分析的数据有很重要的指导作用。

上述例子中，小杨只看到了片面，而老板是从更高层次、从整体价值观上看待问题的。不把视野局限于某个点上的改进，而是着眼于全局和长远，这种全局观、整体价值观的概念用在智能制造上也是一样的道理。

我曾去过很多制造企业，自己设有装备开发部等着眼于做自动化提升的部门，部门每年对企业的自动化水平进行提升，比如去年做了自动检测线，今年主要实施自动化立体仓库，明年的任务瞄准在整厂推广 AGV 设备……这种提升有没有效果？当然有，一般制造企业里在投资硬件设备时也会看投资回报率，然后再决定是否采用这些设备，所以只要是最后拍板往哪些硬件上投资，说明这些硬件是有其合理性的。

但如果问"上这些硬件装备，是否是最需要的环节"，或者说"用这部分钱投资其他环节的改善是不是更有成效"，这就不一定了。因为装备开发部的视野只能是——听到生产制造部门反映的问题后→开始研究方案→找到方案后，估算采购和开发成本→比较投资回报率后申请立项→开始研发和调试→结项→开始新的项目话题。

"下愚莫揣上智"，倒不是认为基层的分管领导或员工一定不如上面的领导聪明，而是他们的眼界受限，信息不对称，视野不能在更大的平台上拓展。要让制造企业在智能制造的投资上更有针对性和获得更大的效益，需要企业有这种整体价值观，而整体价值观的形成不能靠下面的分管部门来制定，而是需要从企业顶层进行规划，不管这种规划是企业自身来做，还是请外部的专家来指导。

顶层规划是基于对整体数据的收集和分析来做的。有了顶层规划，可能会发现——现有的物料运输路径长的问题是由于生产布局不合理导致的。通过调整生产布局，计划上的 15 台 AGV 小车可以缩减到 4 台，而整体物料流动效率提高 20%。

顶层规划避免了制造企业对于问题头痛医头、脚痛医脚的传统方式，真正深入到问题的根源进行价值挖掘。

智能制造的路线图也是顶层规划重要的一部分，指导智能制造项目应该做哪块，短期计划和长远计划应该怎么规划才能为整体智能制造服务，从而为制造企业的智能制造提供整体指引。不仅知道自己的现状在哪里，也要知道每一年应该怎么去做提升才能达到智能制造的目的。

5.5 / 主责意识有吗？

——制造企业是主人，还是客人？

在智能制造项目的合同中，制造企业是甲方，是评价和验收方。很多制造企业意识中就存在着一种优越心态——智能制造项目的实施是乙方（智能制造服务提供商）的事，我让他们干什么就干什么，干不好就是他们的责任。

制造企业的确是智能制造项目中的甲方，但别忘了甲方也是项目的落地承载体，也就是最终交付的项目成果是甲方来使用的；项目如果做不好，实施过程中受折磨的是乙方，但项目结束后受折磨的就是甲方了。制造企业是项目的主人，主人对项目过程不上心显然是没有主人翁精神。

怎么才叫有主人翁精神？除了配合智能制造服务提供商在项目过程中的实施，遇到问题想办法，甚至比服务商想得更广，能综合考虑企业的需求和长远发展的受益，能充分调动制造企业内部的各种资源，对智能制造项目提供正面支持，这才是主人应该有的主责意识。下面是从一个 MES 实施项目中，制造企业内部的甲方项目经理的一个工作回顾中摘取出来的内容，可以看到他的工作还真体现了主责意识。

> MES 立项到现在已经快 2 个月了，我们在项目可行性分析、用户调研、关键用户培训、寻找供应商、了解产品等方面，做了大量的工作。可是不管怎么

样，我每天总结回顾的时候，总是发现局面没有打开，工作总是收不到预期的效果，所以工作进度就一直停留在 MES 产品选型这里，却找不出问题的关键。为此我很迷茫，不断地问自己到底我在哪里还没有做到位？

事情一直到前几天，跟一个朋友在聊天的时候，无意间谈到这个问题。朋友给了我一个很好的建议：MES 项目不是一个人的事情，是一个集体项目，只有群策群力，集合大家的智慧和配合才能保证项目的成功。不妨用心去跟大家聊聊，看看大家的想法，特别是小组成员的想法。

刚开始的时候，听了他的话我确实不怎么在意，可是过了几天，实在是没有好的办法的情况下，我开始了一个简单的内部需求调研，方式是面对面访谈，对象是小组成员。当我访谈了几位成员之后，我惊讶地发现：原来我已经走了很多冤枉路，也浪费了很多时间。在我总结我的访谈记录的时候，我猛然发现我犯了一个自以为是的错误。其实我们小组在成立之初，各成员都没有做过 MES 项目，都是门外汉。开始的时候，有人甚至对什么叫 MES 都不清楚，而我的工作安排却一直以假设项目组中都是有 MES 经验的人来安排的，所以造成我每次安排的任务都没有收到良好的效果。可能是大家都碍于面子，都没有直接反馈到我这里，每次在开会或交流的时候，他们也都没有对我的安排提出疑问；由于双方缺少沟通和互动，随着项目的推进，自然就产生了我目前的困局。

发现了问题的症结后，我立即调整工作，并放缓原来的工作进度，马上成立 MES 学习小组，制定学习计划，找来学习教材，开始了我们的 MES 学习之路。期间我们还安排了许多座谈会，以及聘请外部老师来授课。随着培训工作的展开，我们收到了良好的效果，大家的积极性提高了，相互之间的交流和配合也比以前更多了。这样做过一段时间的项目后，项目进度不但没有慢下来，反而比以前更顺利了。现在想想真是"磨刀不误砍柴工啊"。

制造企业要摒弃"我花钱了，所以你要对结果负责"的心态，而是要怀着"我花钱了，所以我更在乎"的心态去推进智能制造项目，配合服务商的工作，甚至某些时候对服务商的工作予以指导，加强沟通，这样才能有比较好的项目收获。

5.6 / 做事有代价

——预算有多少？时间定多长？

做事有代价，这个道理人人都懂。所有制造企业都知道智能制造项目不管是咨询，还是实施，都是要有成本花费的。但我这里说的不仅仅是成本代价，还有时间代价、风险代价，以及过渡期间暂时的负效应代价。

（一）成本代价

成本代价主要指项目预算或者说项目花费。确定预算一般遵循以下步骤。

- 打算启动智能制造项目后，有一个初步预算，这时候的预算很粗略，可能只有一个数量级；
- 经过可行性调研，以及参考别的企业的智能制造项目内容，就基本有了一个项目范围；
- 根据项目范围，列出新的预算，这个预算往往是超出最早的初步预算的；
- 针对项目里的每个子项进行投资收益分析后，结合企业想重点发展的方向，列出智能制造项目内容的优先级，项目进行跨年度、多批次的投入，形成智能制造项目路线图的主体；

- 利用最早的初步预算和路线图中第一年要实现的部分，进行预算的再次调整，形成正式预算。

（一）时间代价

时间代价是指项目执行过程中需要制造企业和服务商花费的时间，这些时间对应着项目周期。从制造企业和服务商两个角度来看，对智能制造的项目周期有着不同的期望。一般而言，制造企业是希望项目执行尽量快、项目周期尽量短，这样自己可以早日看到智能制造项目的效果；而服务商由于手头的项目多、每个项目能够投入的数量是有限的，所以希望智能制造的项目周期能长一点。在某些特定情况下，情况也可能相反。比如，制造企业的项目预算由于各种原因迟迟未到位、原有的生产计划可能发生延误，所以项目显得不急于执行，等等，都会导致制造企业期望的项目周期能长一些；而服务商如果是由于服务淡季或者从其他项目的变动中抽调出了更多的人手，可能会期望项目周期更短一些。

不管是对于制造企业来说，还是对于服务商而言，有些时间限制条件是不容忽视的。这些限制条件多数是由于因素之间的依赖关系造成的，适用于大多数智能制造项目。

- 项目调研阶段一般不少于 2 周，因为要深入生产工艺流程、了解现状、问题梳理，等等，不是靠多派几个人就能够快速完成的。即使多派了人手，分头调研不同的环节，这些人之间还需要沟通的时间，因为调研是一个掌握全局情况的工作。

- 如果涉及标准自动化设备的采购，要考虑这个工作大概会花费 2 ~ 3 个月的时间，需要在设备使用前至少预留这个时间裕度。

- 如果涉及非标自动化设备的采购，要考虑这个工作大概会花费 4 ~ 6 个月的时间，需要在设备使用前至少预留这个时间裕度。

- 如果要实施 MES 系统，需要被连接的设备及设备的软件接口提前具备条件。

- 如果要做软件系统之间的打通，建议先调试好各个软件（ERP、MES、WMS 等）各自的功能，否则一边联调软件系统之间的接口，一边改动各个软件本身的功能，会导致项目的风险增大很多。

- 小批量试制到大批量生产之间，一般至少需要 3 ~ 4 个月，甚至半年以上。

以上是智能制造项目要考虑的时间代价中的一部分因素，属于比较通用的考虑因素。根据不同类型的智能制造项目的具体需求，时间因素会考虑得更多一些。

在智能制造项目周期这个事情上，制造企业和服务商之间因为从不同的角度出发，难免存在时间上的分歧。但两边总要达成一致才能把项目进行下去，所以可以把两方各自考虑的因素列出来，作为限制条件，然后根据这些限制条件总结出比较合理的项目时间周期。制造企业需要考虑的主要限制条件有投产或小批量试制时间要求、采购周期、资金到位时间；服务商考虑的主要限制条件有工作量与人手之间的平衡、每项工作需要的最短时间（因为有的工作不是靠人多就可以的）、项目实施和集成的复杂度。

（三）风险性代价

任何开拓性的工作都不可能有百分之百的把握，智能制造项目也有项目达不到预期成果的可能。智能制造项目的风险项有很多，如项目组织的风险、项目时间超期的风险、项目因需求澄清不足导致不能验收的风险、项目资金方面的风险、项目得不到后续维护和支持的风险，等等。

任何项目都有风险，这是常识。不做项目公司还会有落伍被淘汰的风险，所以不作为还是有风险的。没有无风险的项目，只有更好地把控风险的手段，这些手段包括合同约定、合理的分期付款、组织形式上的项目结构、以定期会议为主的各种沟通形式、签字确认的需求澄清记录，等等。风险也不止针对项目的甲方（制造企业），乙方（服务商）同样有风险，甲方和乙方的立场不同，他们各自列表上的风险项也是不一样的；只有两方都能够较好地控制风险，并在风险发生后较好地处理风险，才能做出一个成果满意的智能制造项目。

（四）负效应代价

做任何事情都要产生一定的效应，符合我们目的的叫正效应；不符合目的的叫负效应。比如，某个人做了一件好事，获得了称赞，这是正效应；但同时也有可能得到一些非议，这就是负效应。

只要衡量正效应和负效应哪个更主要，就可以判断这事到底做，还是不做，做得好，还是不好。但问题是，在短暂的过渡期内，智能制造项目可能有比较多的负效应，这个时间也是制造企业和服务商之间冲突最集中的阶段。

如果是咨询性质的智能制造项目，这个短暂的过渡期发生在项目正式开始的一段时间内，时间周期可能为 1 个月左右。原因主要是两边的团队没有渡过磨合期，对于各自做事的方式和方法等都缺乏认识，为了形成一个大团队必须互相磨合，互相理解。

如果是实施性质的智能制造项目，这个短暂的过渡期发生在实施成果开始投入使用的一段时间内，时间周期可能为 3~6 个月左右。原因主要是新实施的软件或系统改变了原有的操作习惯，但还存在一些不足，让制造企业的人用起来感觉"有问题"。因为其实很少有人真正愿意改变，当一个软件或系统改变了日常的流程或操作习惯后，人们都会觉得"别扭"，其实就是不熟悉造成习惯被改变的痛苦，如果此时这个软件或系统再被发现缺少某个功能，或者某个功能用起来还不如以前的操作方式，就会成为被攻击的口实，好像这个项目的成果做得都比较失败。

对于改善效果，图 5-3 所示的 J 型曲线会比较好地解释这个过程。每一个改善或者磨合的发生，由于团队磨合初期的问题、对于新方法的抵触等原因，一开始都有一段效果下降的过程，给人的感觉就是还不如以前；但随着团队磨合越来越顺利、对于新方法使用得越来越熟练等原因，效果开始正面显现；每一个这样的小"J"型就是每一次新的改变的发展过程，把这些小"J"型改善过程的结果连接在一起，就是一个整体上升的总体效果。

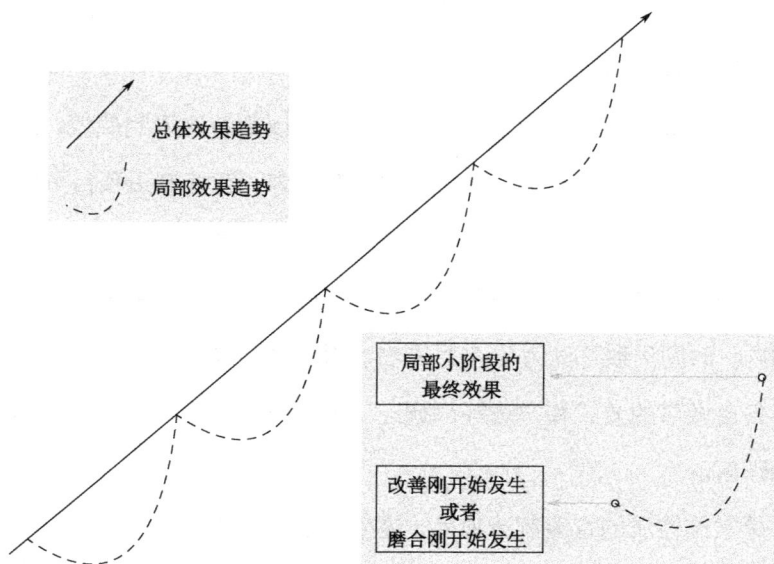

图 5-3 改善的"J 型曲线"示意图

第 **6** 章
制造企业如何推进智能制造——五步走，积跬步以至千里

智能制造作为整体目标，也是最终的目的。很多事只有大目标而没有分期的步骤，其实人们是不知道怎么才能达成目标的。正如同夜里行车，除了知道目的地之外，还需要照亮眼前的三五十米，向前行驶了三五十米之后，下一个三五十米又映入眼帘，这样不断的重复迭代，最终到达目的地。

智能制造的推进也是如此，需要有个步骤指引才能让整个过程清晰、目标显得更可触及。本书中推荐一个五步走的智能制造推进步骤，把这个步骤迭代执行，不断优化智能制造的效果。这个过程中可能包含多个智能制造项目（当然也要看制造企业立项的每个智能制造范围有多大），有的项目需要外部来实施，有的项目以制造企业自身的改进为主，因此这个过程同样不是一蹴而就的。

6.1 优先转型，其次升级，再次买经验，最次坐以待毙

在开始介绍智能制造推进的步骤之前，我们先来看一个怎么认知智能制造效果的问题，也就是智能制造是为了达到什么样的目的？

从我的角度来说，推荐这样的智能制造目标：优先转型，其次升级，再次买经验，最次坐以待毙。最好的是能做到转型，这是产业模式的改变；其次是能升级制造企业里的产能，这至少达到了减员增效、机器换人、两化融合的目标；再次之的是花钱买了经验、锻炼了队伍、形成了如何观察服务提供商的技巧，这为以后再次进行智能制造规划、小步骤实施等敏捷思路提供了可借鉴的经验；最差的就是不听不看，对智能制造置若罔闻，然而处在快速进步的大争时代，这样的公司迟早是要被淘汰的。

（一）优先转型

转型不容易，相当于把优质产业、优质客户、高利润的市场定位、高认可度的品牌附加值、产业链上的优势等方面从别人手里抢夺过来。这里的"别人"从不同的角度而言有不同的指向：对于中国来说，"别人"就是以美国为代表的西方发达国家；对于制造业较为落后的省份来说，"别人"就是广东省和江苏省；对于某个具体的企业来说，"别人"就是你要对标的企业、比你强大的竞争对手。我们在《智能制造的两头难》一章中就说过一个观点：市场需求有限。市场的盘

子就那么大，你多分一杯羹就挤占对手一分，这更多地像是一种零和博弈。而竞争对手不会拱手将市场让出来，除了自身在转型中遇到的阻力，还可能遇到竞争对手各种方式的商业截杀，所以转型自然就不容易。

转型不易又不能不尝试，因为比你弱的竞争对手也在尝试转型，正打算从你这里切走一块蛋糕；而比你强的竞争对手正在试图向下延伸，此外还有高举"跨界"大旗到处打算颠覆别人的搅局者。

所以，转型势在必行，也是推行智能制造的最高目标。如果我们把转型的途径再进行细分的话，可以具体谈谈智能制造如何帮助企业进行转型。因此，可以把转型分为以下 5 种方式。

- 第一种：通过延伸产业链，走向产业链的上游或者下游中更盈利的部分，甚至以新转型的部分作为主营业务。这种转型方式有很多典型案例，诸多公司从卖产品转向了卖服务的新模式。
- 第二种：通过攻克某项关键技术，研制出某个创新研发成果，或者走"购买+自研"的路子，打破国外垄断，极大地降低国内应用这些技术的产品或服务的售价。这种转型方式的一个典型案例是中国高铁，通过购买和自研，取得了高铁技术掌握在自己手里、降低高铁整车价格的成就。
- 第三种：通过整合资源，把原有的企业优势用在新的市场领域，搬迁技术或产品。这种转型方式的一个典型案例是小米，通过整合各种资源，成为能够提供智能手机、智能家居、小家电等诸多产品的综合型科技公司。

- 第四种：通过提高产品质量、打造更好的产品、提高服务水平，提升品牌价值的转型方式。这是中国未来几十年内要着重努力的方向。这个的典型案例是华为，大家评价华为手机是"以前（手头）没钱（才）买华为，现在没（有足够的）钱买（不起）华为"，说明华为手机的功能和质量都有了巨大飞跃。
- 第五种：通过保持原有生产内容，但改变经营模式的转型方式。这个的典型案例是苏宁，从早期专业零售，到连锁经营，再转型到互联网电商，打造智慧零售。

智能制造在这 5 种转型方式中都能够起作用吗？还是仅仅在某几种里面有作用？可以肯定地说智能制造在以上 5 种转型方式中都能够起作用，但起作用的力度是不一样的。因为一件复杂事情的完成有多种因素，因素中有主要也有次要，所以智能制造是不是以上 5 种转型方式中起主要作用的因素，是需更进一步探讨的问题。

个人认为，以上 5 种转型方式中，在第一种、第二种、第三种方式中，智能制造起助力作用，而不是核心作用；而在第四种和第五种方式中，智能制造起的是核心作用。

第一种把产业链从卖产品延伸到卖服务，起核心作用的是研发，智能产品仅作为纽带。因为转型到卖服务依靠的是数据，而智能产品正是这样一个数据收集器。智能制造的赋能工具能帮助企业的研发过程变得更顺利，更有助于缩短研发周期，但这不属于研发内容的本身，所以说智能制造起助力作用，而不是核心作用。

第二种攻克某项关键技术，起核心作用的也是研发，技术攻关为纽带，也是大多数情况下人们口里所说的创新。在这个过程中，智能制造的赋能工具能帮助缩短技术攻关的周期，比如使用仿真工具可以大大减少技术项目的成本投入等，但技术难点的攻克还是依靠思考和实验等，所以，智能制造是起助力作用，而不是起核心作用。

第三种把技术或产品应用在其他领域或行业，起核心作用的是业务眼光和资源整合能力——对业务的独到理解，以及为新进行业进行的渠道拓展、寻找合作伙伴等资源整合行动。在这个过程中，智能制造的赋能工具能为企业提供供应链平台建设、提高公司之间的沟通效率、数据分析等方面的帮助，但这不是最不可或缺的部分，所以说智能制造起助力作用，而不是起核心作用。

第四种提高产品质量，提高服务水平，从而提升品牌价值，智能制造可以起到核心作用。通过制造过程数据监控、质量追溯、数据挖掘合理的服务因素等方式，智能制造的赋能工具能够直接在产品的制造和服务过程中提供保障，而且在这些过程中，如果缺少了智能制造的赋能工具，仅靠人力难以取得数据可见、可掌握、可优化的结果。所以说，智能制造在这种转型方式中起核心作用。

第五种改变经营模式的转型方式，智能制造可以起到核心作用。在这里可以举另外一个例子，这个例子是生产制造行业的案例。在我做过的智能制造项目中，有一个生产厨房石英石台面的企业，原来的生产销售方式是：位于山东的生产车间（约有 17 个蓝领工人）进行石英石台面的加工，加工后发往全国各地。比如广东、江苏等。后来企业立项做智能产线，产线的自动化和信息化程度要求只需要 1~2 个人便能取代之前 17 个工人的工作。这个企业之所以这样做，并不仅仅是为了"机器换人"，背后的意义是这样的。智能产线建造出来后，可以改变在山东的工厂进行加工制造。然后把加工成品发往全国的旧模式，现在可以把智能产线放到各地的分销商那里就地加工，省下了很多运输成本。之前这样做是不行的，因为分销售专注于销售，而不懂生产，所以无法在每一个分销商那里建一个拥有 17 人的生产车间，而现在只需要 1~2 个人便能完成生产，同时也省去了生产管理的那一套复杂的事情，把生产末端放到分销商那里就变得可行了。而这正是智能制造才能帮助他们完成的转变。

（二）其次升级

升级在这里指的是产能升级和质量升级，也就是人们常说的降本增效。如果放到生产制造的各个环节来看，降本增效会涉及很多方面，比如物料运输环节、加工制造环节、库存环节、质检环节等，但这里我们不妨从一个层次高一点的视角来看待降本增效的制造企业升级工作到底要解决哪些问题。

- 问题一：有用数据没有被采集，或者采集的信息由于未被梳理而掩盖了有用信息的情况，导致管理层无法洞悉生产过程，也就无法对正确决策起到辅助作用。我们可以把这类问题形象地称为"看不见"。

- 问题二：生产的自动化水平低或者生产布局等原因导致生产节拍出现问题，产能跟不上生产需求。我们可以把这类问题形象地称为"走不快"。

- 问题三：生产方式不合理导致中间库存太多、库存没有先进先出和最短出库时间等问题，从而导致积压甚至报废，诸多原因使库存占用不了大量资金。我们可以把这类问题形象地称为"转不动"。

- 问题四：企业无法适应多品种、小批量的生产，从生产计划到生产安排和调整，对于客户订单穷于应付，管理乱、生产乱，生产的柔性不足。我们可以把这类问题形象地称为"来不及"。

- 问题五：质量问题频频发生，很难真正追溯到问题的根本原因，而且问题追溯不及时，导致企业无法及时止损。我们可以把这类问题形象地称为"查不出"。

升级就是要解决以上的问题，让制造企业实现降本增效。每种问题涉及的环节很多，原因也可能很多，智能制造项目就是要深入分析问题的根源，为企业量身定做解决方案，并参与实施，最终达到升级产能和提高质量的目的。

在智能制造为制造企业实现升级这一目标的过程中，解决我们列出的问题是实现途径，但不同的制造企业哪怕遇到了同样的问题，解决的方法和使用的赋能工具可能也不一样，甚至差别很大。这与一个非常著名的《倪寻和李延治病》的历史故事是一样的道理。

华佗是我国东汉名医。一次，府吏倪寻和李延俩人均头痛发热。一同去请华佗诊治，华佗经过仔细的望色、诊脉，开出两副不同的处方。给倪寻开的是泻药，给李延开的是解表发散药。二人不解："我俩患的是同一症状，为何开的药方却不同呢？是不是华佗弄错了？"于是，他们向华佗请教。华佗解释道："倪寻的病是由于饮食过多引起的，病在内，应当服泻药，将积滞泻去，病就好了。李延的病是受凉感冒引起的，病在外，应当吃解表药，风寒之邪随汗而去，头痛也就好了。你们病症相似，但病因相异，所以治之宜殊。"二人拜服，回家后各自将药熬好服下，很快都痊愈了。

制造企业越来越走向"定制化"的产品生产，为制造企业提供智能制造方案也同样是需要"定制化"的。量体裁衣，是智能制造的一个特点，也是智能制造项目需要合格的服务商或者高水平专家的原因。

（三）再次买经验

做项目都想成功，没人想失败。但我们在上一章说过，智能制造项目是有风险的，这些风险包括项目组织的风险、项目时间超期的风险、项目因需求澄清不足导致不能验收的风险，等等；有些项目甚至还可能因为不能通过阶段验收而停止，这也是有可能发生的。我们在这里不深入讨论项目失败到底是因为制造企业的问题，还是服务商的问题导致的，因为多数时候是两边共同造成的，可能其中一方责任更大，但站在自己的立场上都认为是对方的原因，看不见自己本身的问题这个"自然现象"在智能制造项目中同样适用。

这里我们提供的建议是：智能制造项目失败了之后，我们可以从中获取哪些有价值的东西？如果能从不成功的项目中获取经验，为后续新的项目推进和执行提供借鉴，那么就不是真正意义上的失败。

智能制造项目如果达不到预期要求而结项，或者通不过阶段验收而停止，再过多地指责对方、撇清楚自己的责任其实也于事无补，不如坐下来思考，进行经验总结。怎么做经验总结？这里推荐用四大步骤做项目复盘的方式来做经验总结。

1．回顾立项时的目标

回顾目标就是回想做项目最初的目标和目的是什么。目的是定性的描述，而目标是定量的描述。从项目的角度，我们需要回顾以下几个问题。

（1）需求是如何提出和描述的？

需求是由制造企业提出的，还是服务商建议的？如果是服务商建议的，那有没有得到制造企业的确认？

确认后的需求是不是针对制造企业的痛点？

需求的描述清晰吗？是否存在制造企业和服务商理解不一样的情况？

（2）想要实现的目标是什么？

目标是如何描述的？

制造企业和服务商是否对目标达成了共识？

目标的描述是否符合 SMART 原则？（S=Specific 具体的，M=Measurable 可衡量的，A=Attainable 可达到的，R=Relevant 有相关性，T=Time-bound 有时限性）

（3）预期的风险和应对措施是怎样的？

立项时考虑过可能存在哪些风险？

有没有对风险做应对措施的考虑？

2．评估结项时的结果

在回顾完目标后，需要对照目标和结果，发现差距，我们这里也列了几个引导问题。

（1）需求有没有在过程中发生变更？

需求变更是否得到了双方的确认？

需求变更频繁吗？需求变更的原因是什么？

（2）立项时的目标有没有实现？

目标与需求之间能够映射起来吗？

目标的哪几条实现了，哪几条没实现？

（3）预期的风险是否发生？应对措施是否有效？

预期的风险项最终发生了哪几条？

当时计划的应对措施被执行了吗？有没有效果？

3．分析差距的原因

在评估完结果之后，就可以通过结果与立项目标的差距，展开差距的原因分析，这是复盘的核心环节。在第四个步骤中，经验总结得是否到位取决于原因分析是否到位。同样，我们给出分析原因这一环节的引导问题。

（1）逐条分析目标没有实现的原因是什么？

目标没有实现，是进度、成本，还是资源方面的问题？导致出现该问题的深层原因是什么？

（2）风险应对措施效果不好的原因是什么？

如果是应对措施无效，那么是因为应对措施过于笼统、复杂，还是别的原因？为什么会出现这种事情？（是当时制定措施草草了事、流于形式，还是出现了未考虑到的因素）。

如果应对措施是正确的，那么就是没有执行到位，执行不到位的原因是什么？

（3）哪些意料之外的风险发生了，却在当时未被识别为风险？

意料之外的风险实际发生的情况多吗？

为什么发生了这些意料之外的风险，是缺乏项目经验，还是没有人专门负责（组织失误），还是其他原因？

4．总结和改进计划

复盘后的经验需要总结是发生在这一步，所以这一步很关键，失败后不仅需要问出为什么，关键还是要形成经验或者叫做知识库，为后续的项目做指导。

经验可以分为两块，一块是总结，另一块是如果再遇到类似的问题，怎么处理才能达到更好结果的改进计划。而不管是做总结，还是改进计划，都需要做记录并归档，这也属于公司的资产。

这个过程中需要注意的是，所有的问题并不是让项目经理一个人来回答，如果所有问题都针对项目经理，那就成了批斗会了，反而分析不出原因。指责不是目的，沉淀经验，并能为后续服务才是目的。所以，过程中，所有角色都需要进行自我剖析。做过这么多项目之后，我相信很多问题的发生不仅仅是项目管理的问题，需求提出、制度建设、其他部门或成员的配合力度不足，甚至得不到高层的及时支持，都有可能是项目失败的原因。

（四）最次坐以待毙

这里说的坐以待毙指的是企业面对智能制造的大潮来临时，不是去思考如何拥抱时代、做改变自身的弄潮儿，而是要么固步自封，不思进取，要么是看到了失败案例就心怀忐忑，不再尝试，一直在等待的确没有失败风险的项目，而这本身就是最大的失败。时代的车轮裹挟着新技术、新要求、新变化、新局势滚滚而来，终会从一些企业身上碾压过去。

固然，很多智能制造的项目最终没有达到预期目标，但如果像我们上一节提到的一样进行复盘总结，吸取到的经验可以被后续所用，智能制造的项目一定会越推进，越成功。哪一个伟大公司的成长路上没有犯过错误？哪一个伟大公司又是靠偏安一隅、不做升级转型的尝试而做到的？

我见过某个企业在智能制造方向已经投入了 17 年的时间，自动化水平达到80%，各种信息系统已经打通，自建大数据分析平台并有部分的优化成果投入适用，甚至向外在该行业输出自己的智能制造解决方案。问他们的一个高管为什么这么努力做智能制造，他总结说："只有坚定地投、不断地投，我们才能在这个方向比别人更有优势，多年积累下的优势，别人短时间是无法超越的，我们则可以站在更高的层次去做得比别人更好。"冰冻三尺非一日之寒，诚然如此。

6.2 第一步：通过诊断来评估现状

通过诊断来评估现状，包含两层含义：一是诊断打分，知道某个具体的制造企业的智能制造现状是什么样子，在不同的子维度能得多少分；二是发现差距，知道该制造企业与同行业的标杆，以及平均水平之间相差多少，以便于知道应该在哪个维度上进行改进。

诊断打分的推荐工具是我们在《智能制造赋能的抓手》一章中列出的《企业自诊断可用的一个模板》，制造企业甚至可以参考工具提出的问题列表和打分规则，自己进行企业的智能制造诊断。诊断是为了发现差距打下基础，而不是为了宣传企业形象，所以打分需要客观，尽可能反映实际情况。

发现差距的主要途径是通过对标来实现的，通过对标才能发现真正的差距。尽管按照诊断打分的方式已经可以看出制造企业哪些项得分低，但得分低的项未必是真的弱项，至少未必低于这个行业的平均水平。因为有的行业就是在某些方面平均得分都低，比如装配行业的自动化程度偏低，尤其是设备柜体内的线束装配基本靠人工，机械手或者流水线目前难以解决这个问题，如果某个行业的制造企业在自动化程度上不高，并不说明这个企业在这方面是弱势。正因为如此，对标往往需要由外部专家或服务商来进行，所谓"内行看门道"，毕竟外部专家或服务商在类似的行业中接触了太多的用户案例，去过太多用户现场，为制造企业提供过很多设计方案，这些沉淀下来的经验真正能够为制造企业的现状找到提升方向。

6.3 第二步：明确企业智能制造的路线图

"谋定而后动。"有智能制造的路线图指引才能逐步建立智能制造的配套，这个概念大多数人都可以接受的。但问题是即便人们知道需要建立这样的路线图，但不知道如何建立路线图及配合路线图的其他条件有哪些，依然不能形成有效的指引。本小节我们就来谈谈这个问题。

（一）一个合理的智能制造路线图的环境条件

先说配合路线图需要有哪些条件，这算是智能制造路线图的外部因素，也是后续智能制造路线图能够执行下去的上下文环境。读者看到这里可能会有疑惑：在上一章的《再谈赋能——环境条件在哪里？》说的不就是智能制造需要的保障环境吗，为什么在这里又重复？上一章里说的是推进智能制造的环境，这里单独说一下制定一个合理的智能制造路线图的保障环境，智能制造路线图作为智能制造过程中的一个步骤，难免有一些环境条件跟总体的智能制造一致，但还有些项会有所区别（比如删减、补充或细化）。

- 投资计划。天下没有免费的午餐，任何智能制造项目都离不开前期的投入，如果没有投资计划或者投资计划根本支撑不了智能制造的路线图，或者说智能制造的路线图真的只是纸上谈兵。设备更新和升级改造都造价不菲，这个是投资计划要考虑的，是一次性投入，还是分阶段投入，还是租赁，都需要在路线图中考虑，以制定可行的计划。

- 以需求为导向的应用分析。需求要基于实实在在的业务应用情况分析，建立在一系列商业应用场景的基础上，商业当然就考虑了当务之急，也衡量了投资回报情况。

- OT（运营技术）和 IT（信息技术）协同能力。推动 OT 和 IT 融合的制造企业能够更好地利用智能制造技术。但是如果企业的组织架构中，运营、规划和工程本身就被高度割裂，那么即便有新技术助力 IT 系统的整合，流程的整合也存在难度。

- 企业对接人才和工人技能升级的考虑。智能制造催生了对高技能人才的需求，如设备开发、维护和维修等岗位。企业是否有能力新招聘人才是一方面，但如何完成现有工人技术升级，留住人才，仍然是企业快速部署新技术的关键所在。

（二）如何制定智能制造的路线图

　　说完了智能制造路线图制定的外部因素后，我们来看看智能制造路线图话题本身。一个合理的路线图的制定是一项技术含量很高的工作，一般不可能由制造企业本身来完成。因为制造企业的实际情况各异，也很难有统一的模板，在第 3 章的《制造业的未来路线图规划》中，我们给出了一个例子，那只是针对某个企业的适用路线，一般不适用于其他企业，甚至可能不适用于同一行业的其他制造企业。那是不是这部分内容只能服务商提供什么，制造企业就接受什么。根本没有方法甄别服务商的水平，甚至没有与服务商讨论智能制造路线图的发言权呢？当然不是，给不出结果，但这里可以给出制定智能制造路线图的流程或思路参考，制造企业与服务商可以在这个知识层次的基础上展开讨论，共同磋商智能制造路线图的制定。

　　第一步是划分大的阶段节奏，也就是区分数据连接、定制化服务等不同的关注点，然后每个关注点在哪个时间阶段去落地实现。图 6-1 所示是某一个阶段节奏划分的示例，每个企业由于自身的制造现状和目标不同，年度的规划工作主体也会不一样。

　　第二步是列出细项与大的阶段之间的耦合关系表。之所以列这样的表格，因为有的阶段与多个细项有关系，这也就意味着某个细项有可能在智能制造的路线规划图中多次出现或出现的时间很长，但每个阶段可以对应不同的阶段目标，该关系表见表 6-1。

智能制造发展阶段节奏

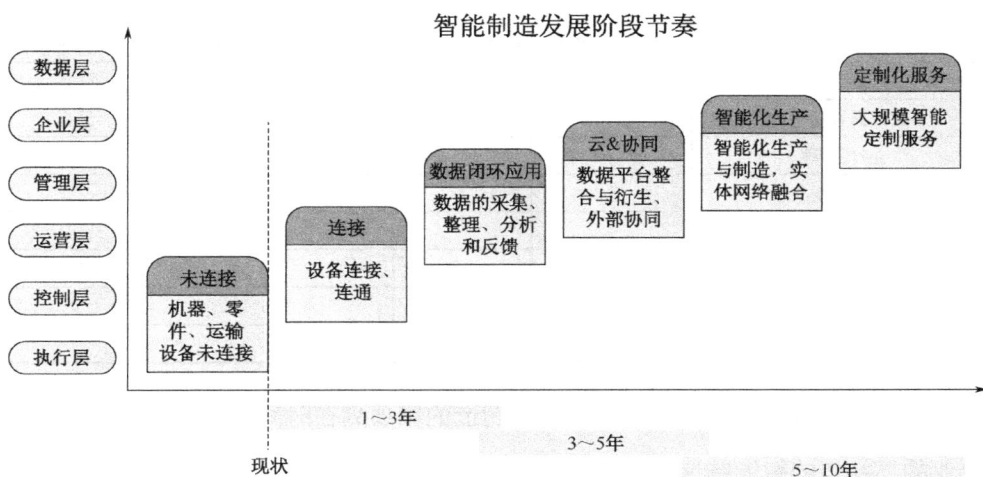

图 6-1　智能制造发展阶段节奏示意图

表 6-1　智能制造细项与发展阶段之间的耦合关系表

细　　项	阶　　段					
	未连接	连接	数据闭环应用	云&协同	智能化生产	定制化服务
设备数据状态采集		√	已有	已有	已有	已有
条码数据采集		√	已有	已有	已有	已有
安灯系统	√	已有	已有	已有	已有	已有
设备 Add on 方案		√	已有	已有	已有	已有
SCADA 系统			√	已有	已有	已有
测试环节自动化	√	已有	已有	已有	已有	已有
装配环节自动化			√	已有	已有	已有
自动化立仓		√	已有	已有	已有	已有
生产制造 MES 系统		√	已有	已有	已有	已有
模具和物资管理系统			√	已有	已有	已有
APS 高级排产			√	已有	已有	已有
WMS 仓库管理系统		√	已有	已有	已有	已有
CRM 客户关系管理			√	已有	已有	已有
PLM 产品生命周期管理			√	已有	已有	已有
ERP 与 MES 系统等纵向打通			√	已有	已有	已有

续表

细　项	阶　段					
	未连接	连接	数据闭环应用	云&协同	智能化生产	定制化服务
数据驾驶舱				√	已有	已有
大数据智能平台				√	已有	已有
能耗管理				√	已有	已有
产业链系统集成					√	已有
数字化工厂				√	已有	已有
数字化企业					√	已有
工业 4.0						√
……						

第三步是以需求为导向，挑选智能制造的细项列在时间轴上，形成针对某个企业的、初步的智能制造路线图。至于要列一个 5 年的中长期计划，还是 2~3 年的短期计划，取决于制造企业自身的需要，该智能制造路线图如图 6-2 所示。

图 6-2　某企业初步的智能制造路线图示意

第四步是考虑投资计划等限制条件，优化第三步中形成的初步智能制造路线图，形成一版较为正式的智能制造路线图。如图 6-3 所示，这也是在第 3 章的制造业的未来路线图规划中给出的例子。

青岛×××智能制造规划（V1.0）		2019年				2020年			
分类	系统	2019/Q1	2019/Q2	2019/Q3	2019/Q4	2020/Q1	2020/Q2	2020/Q3	2020/Q4
企业管理系统	企业资源管理ERP		MRP计算，物料标准化						
	客户管理CRM								
	供应链SCM								
智能工厂系统	仓库管理（WMS）			物料标准化导入，仓库系统化管理					
	生产制造系统（MES）	MES基础框架，手动计划排程，计划执行追溯		MES功能模块持续导入，MES功能模块丰富					
	设备联控平台（EAP）			设备数字化能力导入，柔性化产线管理					
	产品生命周期管理（PLM）								
	高级自动化、设备智能化						智能机器人系统应用		
	能耗管理（FEMS）								
	品质管理系统（QMS）						QMS导入，供应链品质/制造品质协同		
数据平台建设	主基础数据系统（MDM）						关键环节数据因素识别&数据梳理		
	大数据智能平台（Big Data）								

图 6-3　某企业优化后的智能制造路线图

6.4 第三步：甄选智能制造模块，制定智能制造方案

如果要做一个活动，确定了活动主题后，下一步就是确定活动形式和进行渠道选择（比如是考虑选择线上，还是线下等），进行智能制造的推进也是一样的。在制定了路线图之后，在衔接的这一步需要甄选能够解决智能制造问题的模块，制定可落地的智能制造方案。

说到方案，这个名词在不同的人眼里有不同的含义。的确现在有很多打着方案名义的文档，但细看才发现更类似于需求概括，说的都是客户已经知道的事情，没有实际项目指导意义。也有很多打着方案名义的文档，但细看才发现更类似于软件或硬件功能介绍，但介绍之外缺少了这些软件和硬件怎么组织在一起达到项目目标的逻辑部分，同样没有实际项目指导意义。

方案是从目的、要求、方式、方法、进度都具体和周密地考虑，并具有很强的可操作性的指导。所以，解决某个问题用什么总体方式方法、具体每一块组成包含了什么、满足关键功能的部分重点体现，具备这样的内容才是方案，才具有落地可行性。

一个方案中的章节很多，真正有价值的是能指导项目执行下去的部分，针对不同的项目，这里我们给出一个大概的关键章节（没有列出所有的章节框架）参考，当然这也不能适用所有智能制造的项目，但可以适用于大部分项目。

- 总体系统架构
- 系统层次说明
- 网络架构
- 数据设计（大项目可能是数据库设计，小项目可能是数据接口设计）
- 数据采集方式说明
- 数据呈现规划（适用展现数据界面为主的项目）
- 功能模块（功能描述，设想界面等）
- 项目进度计划

6.5 第四步：寻求服务商进行智能制造试点项目的实施

这里的服务商包括软件服务提供商、硬件提供商、集成商等，指的是能够做智能制造项目领域里的一部分，甚至全部的服务提供商或方案实施提供商。

因为现在智能制造的范畴很大，所以很难有能提供所有智能制造环节的服务商，但针对某个具体的制造企业的需求，是有可能通过一个服务商来提供所有项目需要的内容的。

什么样的服务商才是合适的服务商？制造企业可以根据服务商的品牌、服务过的项目案例等维度去甄选。有成功案例是一个很重要的方面，但另外还有两个不得不考虑的维度：一方面是制造企业肯定会根据自身的预算来考虑，这个很正常，毕竟服务对接有不同的层次需求；另一方面是能调度到这个项目上的专家，专家是智能制造项目的灵魂，他们的知识水平和项目组织水平决定了项目是否能顺利推进。

这里我们需要强调"试点"的作用，因为尤其在大公司里，全厂各个环节同时都在搞智能制造，一方面财务上难以突然应对这么多的支出需求，另一方面由于调整了之前的生产，根据我们前面描述的改善效果的 J 型曲线理论，也会在一段时间内因各方面配合不好而导致生产效率提升不上去。所以，选择一个环节或者一条产线小范围试点，学习、摸索了能够降本增效的经验后再推广到全厂的其他环节或其他产线。

6.6 第五步：迭代、修正、消化总结，循环往复

上面的几个步骤是从诊断评估现状直到服务商实施，是一个项目的闭环过程，但智能制造的推进显然是由多个项目组成的，不断地渐进整体目标、不断地

优化项目的成果、不断地总结项目经验、不断地修正过程中的偏差，这样才能离智能制造的建设目的越来越近。

上一步骤说的试点加上在这里说的迭代、修正、消化总结，其实也就是一个敏捷的过程——小步快走、不断迭代。这个理念我们在后续章节中还会展开讨论。

这里面有个容易引起误解的地方，究竟是整个的前面四步都参与迭代，还是只有上一步骤中的寻求服务商进行智能制造试点项目的实施参与迭代？这里我们推荐把上面的四步放到周期长的"大迭代"中，而把第 3 步（制定实施方案）和第 4 步（服务商的实施项目）放到周期短、发生频繁的"小迭代"中，具体如图 6-4 所示。

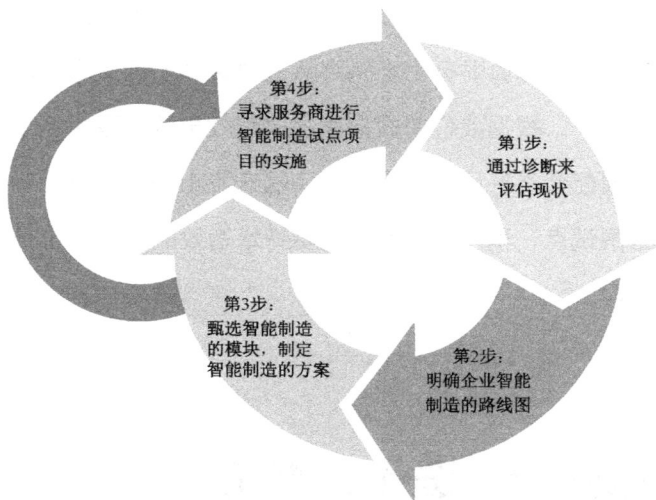

图 6-4　智能制造"四步走"的迭代方式

整个四步的大迭代，迭代周期为 3～5 年，也就是说诊断评估、路线图的重新制定大概 3～5 年发生一次；第 3 步和第 4 步的小迭代，迭代周期为 1～2 年，也就是说具体的方案和实施项为 1～2 年发生一次，因此 1～2 年也是一个小的智能制造环节改进完成所需要的项目周期。

第7章
智能制造服务商的小算盘
——需以价值为核心

以价值为核心的交付，不仅仅是从客户角度满足了项目预期，而且真正达到了智能制造助力客户升级转型的目的；从服务商角度来说，同样也能够尽最大限度避免因客户需求反复变更造成的项目延期、成本支出太大、项目草草收尾，甚至不能收到尾款等情况。一般情况下，如果前期项目需求做得粗略，哪怕合同签署的时候条例规定得比较清楚，但客户发现项目没有达到主要预期目标或整个项目做下来根本对他们的制造企业没有什么帮助的时候，就会既不在乎当初是因为制造企业的原因，还是服务商的原因没有定义清楚需求和目标，也不在乎到底是怎么签署的合同，反正表达愤怒的方式就是后期变更需求和不付尾款，甚至不付项目中期款。

瞄准价值，达到制造企业客户的主要诉求，帮他们实现真正应该提升的部分，这是智能制造服务商应该有的"小算盘"，这个小算盘算的既是客户的收益，也是自己的收益。

当然，以价值为核心，同样需要一些思路或工具，是不是通过这些思路和工具来做智能制造项目是反映价值是否真实的途径，否则人人都说自己做的项目是以价值为核心，谁能分出哪个是在喊口号，哪个是真的把价值当回事呢？

7.1 / 知其"道"才能用其"妙"
——懂行、懂工艺才能实施好

我们常说"内行看门道"，门道是区分内行与外行的一个界线，但门道又是什么？我们也可以用这种方法去理解这个词：如果简单地拆成"门"和"道"两个字，门就指的是行业，道就是道理、场景、局势、需求和原因等。智能制造的服务商如果要把项目做好，那么就需要是内行，就需要懂得这个行业的场景和用户痛点及需求等。

举一个例子，模具管理所需要的管理系统其实与仓储用的 WMS 没有太大区别，都是属于物资管理。模具管理也有很多大公司的确用得挺好，但如果去生产场景简单的小公司推荐模具管理系统，可能要吃闭门羹。是因为模具管理系统不能帮助这些小公司节省寻找模具的时间吗？是因为模具管理系统不能帮助这些小公司解决模具管理混乱的问题吗？其实都不是，模具管理系统同样可以帮这些小公司节省寻找模具的时间，也能过够帮助这些小公司更好地管理模具，但内行的人会知道：在模具借用、使用、归还、管理等几个环节中，真正耗费时间的是使用过程中的更换模具。找一个模具的时间在系统的帮助下能够帮这些小公司节省 10

分钟，但他们真正的痛点是换模的过程，这个过程需要花费半小时以上甚至半天，所以那套系统能够节省出来的 10 分钟对这些小企业来说是杯水车薪，没有抓到主要矛盾。

内行和外行在是否懂行业场景、需求原因等方面是有差别的，正是这些差别导致了他们提供的方案或产品中有的是真有价值，而有的就是伪价值。提供伪价值的服务商往往并不是他们真的想欺骗制造企业客户，而是因为他们拍脑袋想象出来的是伪需求，伪需求导致了伪价值。

有的读者在这里可能有疑惑了：前面的章节说智能制造项目几乎都是定制化的，说"制造企业没有一模一样的。即使工艺完全一样，企业里的人员素质、生产组织方式、自动化和信息化水平、企业的预算等方面可能都不一样"，那是不是说每一个智能制造项目都没有真正的内行？

其实这个问题可以这样理解：如果内行的标准是做过完全一样的项目，那么真的没有 100%的内行，内行是相对而言的。有咨询公司曾统计过，在 MES 软件的实施中，无成功案例可以借鉴的项目大概占 1/4 的比例。如果是整厂的智能制造项目，可想而知，无成功案例可以借鉴的比例会更高。

那么对于无成功案例可以借鉴的项目，谁又算是内行呢？没有整体的一致性，但可以通过拆分成部分来寻找相似性。比如，造纸行业算是一个流程行业和离散行业相结合的行业，纸浆的制程属于流程行业，这个跟医药制程是有相似性的，而纸张的裁切、打包、装箱等属于离散行业，这个跟钣金冲压件的生产也是有相似性的。再比如，饮料等液体食品的生产过程其实跟洗发水等化妆品的生产过程相似。如果没有本行业的可借鉴成功案例，可以寻找做过有相似性行业项目的服务商，也算是内行的服务商。

我们再极端一点，如果这个行业特殊到找不到相似行业，或者制造企业也根本不相信能够做好相似行业的案例，就能做好本行业的项目的观点，那么此时什么样的服务商又算是内行呢？

这里我们给出的建议是：在流程和思路方法上更正规、更有条理的服务商，相对而言肯定更靠谱。什么意思呢？除了合同流程和实施本身，如果服务商是按照"做调研→找出弱项→确认需求→针对弱项提出方案→规划实施后的效果→规划实施过程本身"的思路来做智能制造项目，这样的服务商比较靠谱；如果服务商连这个企业的问题都没找到就急于说能把项目做到什么样，那是没谱的事。这里可以类比一件事，像炮弹这样的东西是没法一个个进行成品测试的，因为测试就是一次性使用，就意味着这个东西被消耗了，那么怎么才能保证它的质量呢？通过抓过程，也就是流程中是否遵照了严格的、能生产出良品的参照标准。

当然，除了流程和思路方法上，服务商提供的方案是否逻辑合理、有总有分互相支撑、方案中的技术是否有参考案例或者是否成熟低价，也是能看出服务商是否"内行"的参考内容。

7.2 优先谈价值，其次谈方案，再次谈痛点，最次谈技术

科学技术是第一生产力。有时候技术本来就是价值的核心指向，因为技术带来的社会进步引领和颠覆作用都是有目共睹的。但在我们谈智能制造这个话题时，尤其是站在制造企业能否受益、多大程度受益这个角度来看，技术不能与价值直接划等号。

如果智能制造瞄准的是制造业的升级转型、助力制造企业降本增效、提高市场竞争力等方面，那么我推荐这样的智能制造项目服务观念——优先谈价值，其次谈方案，再次谈痛点，最次谈技术。最好是能够紧扣价值为制造企业提供好处，这是项目可行性的关键点，很多时候价值难以说清楚，而且事后才便于统计。其次是跟制造企业谈方案，能够为制造企业提供什么样的改进，便于围绕制造企业的整体目标去配套项目的实现；再次之的是整体方案，着眼于散乱的点上做改进，解决用户痛点的同时，肯定也是对用户有意义的；最差的就是只谈技术，虽然项目的最终落脚点一定要用到技术，但技术也有不同的应用场景，在哪种情况下适合用哪种技术需要实际案例的经验累积和成果验证，不谈其余，只谈技术难免是假大空。

所以，说清楚价值很重要，而价值又是什么？如果我们简单一点表达，将价值定义为用户收益减去用户所支付价格的差额应该比较合适，也能够说明智能制造项目的必要性和有多大必要做这个项目。

如果能把价值量化出来，那当然是最理想的。但要把价值量化出来，真没有那么容易。硬件设备的投资比较好量化，因为实质是机器换人的，所以如果能算清楚取代多少人工或者设备的回收周期是多少，那就是量化了价值；软件系统、平台系统的投资很难量化，是因为很多软件或平台系统信息沟通不透明带来的。尽管做到价值的量化不容易，但在本节中，我们还是要尝试来讨论这个话题的。

（一）硬件设备的投资回收周期

我们可以用收益率或者投资回收周期来量化硬件设备投资的价值，投资回收周期用得更多一点，因为它可以直观地反映多长时间投资能回收。回收期越短，反映项目的经济效益越好；资金回收速度越快，在未来期内承担的风险越小。一般而言，大多数制造企业都把硬件设备的投资回收期规定为 2.5～3 年，短于这个周期才会采购，长于这个周期往往会放弃设备采购。投资回收周期可用以下公式表达：

投资回收期（年）=项目总投资/项目年平均收益额

如果只是粗略地算算某个设备的投资回收期是多少，可以主要考虑采购设备的投资支出和设备的生产收入，当然这是针对设备维保工作量不大、维保支出对比设备价格可以忽略的情况下做出的简化。举个例子，以电子行业做 SMT 的一条线为例：

某品牌的贴片机全新设备一台（含 30 个 Feeder）含进口关税、手续费用，约合人民币 100 万元。

在装贴行业中，加工费用以每贴一个点计算，市面一般的收费标准为加工费每个点 0.006～0.009 元之间；贴片机是一个高值的设备，一般工作时间在每天 20 个小时左右，按每点 0.006 元计算，中速贴片机每小时能够贴装 14 000 点，照这样计算，每天的收益是 14 000*0.006*22＝1 848 元/天；每月按工作 28 天计算，收益就是 28*1 848＝51 744 元/月；一年的收益就是 51 744*12＝620 928 元/年。

所以投资一条贴装线约在 1 000 000/620 928=1.6 年内可以全部回收成本。

如果要比较全面地衡量硬件设备的投资回收期，就需要把各个分项列出来计算，这里给出一个如下的表格来作为计算的参考模板，见表 7-1。

表 7-1　衡量硬件设备的投资回收期表格

投资回收期分析			
	项目	金额（元）	备注说明
投资金额 A	设备采购金额（1）		
	设备维保费用（2）		
	资金占用利息（3）		
	能耗费用（4）		
	其他潜在投入（5）		
	总投资金额（1+2+3+4+5）		

续表

投资回收期分析			
	项目	金额（元）	备注说明
回报收益 B	预计设备产量或效率收益（1）		
	2.1 预计节省人数		
	2.2 人工成本基准值（元/月）		
	总工费节省金额（2）		
	材料成本节省金额（3）		
	其他可预期收益金额（4）		
	年收益金额（1+2+3+4）		
投资回收期（年）：A/B			

（二）软件系统的投资回报率（ROI）

我们这里用投资回报率的概念来讨论软件系统的投资收益，虽然 ROI 与投资回收期是倒数的关系，知道了其中一个，另一个的数字就能算得出来，但之所以不像硬件设备那样用投资回收期来计算投资收益，是因为硬件归为固定资产，是有损耗的，几年之后，如果没有回收投资成本，那这些硬件设备只能用来卖废铁了；而软件没有损耗，甚至同一套软件可以用 10 年甚至更久都没问题。因此，投资回报率可用如下公式表示。

投资回报率 ROI=项目税前年利润/项目总投资

=（成本降低+收入增长-投资开支）/总成本

即使用投资回报率 ROI 来描述软件系统的投资收益，也是很难做到量化软件系统的投资价值的，主要原因有以下几点：

- 对于软件系统的投资，只有形成生产能力才能见到收益。而形成生产能力需要项目完成后才可以见到。所以立项时反映 ROI 的财务预测数据仅仅是目标，未必能实现或者有时候实施后的效果大于预测也可能。

- 即使是项目实施后才能观测投资收益的效果，这个过程依然需要一点时间。曾有咨询公司针对 63 家公司的 ERP 实施项目做过一个统计：最少需要 8 个月才能看到软件带来的收益，最多的需要 31 个月。

- 有些收益是能够看到直接量化结果的，比如降低库存、缩短生产周期、降低新产品投放时间等，但有些收益比如提升士气、提高顾客满意度、提升数据质量，听起来很不错，但是在绝大多数情况下都很难用财务术语对其进行量化。根据咨询公司的统计，软件系统的收益大概只有30%能看到直接的量化结果。

- 有的软件系统放在整体软件架构中才能看出效益，单独看这个软件可能一点收益都没有。比如，一个数据采集系统，如果单独把它拎出来是看不到它的价值的，因为在数据采集系统里还没有把数据用起来，只有把数据采集系统的数据结合大数据分析、数据驾驶舱等软件系统，数据才能发挥价值。但谁又能说数据采集系统没有用呢？

- 有的软件系统在同行业的企业中用得很好，但未必在另一家公司中也能发挥等量的作用，所以软件价值的采用率或者说折扣率也是因企业而异的。

基于以上原因，难以量化软件系统的投资回报率，我们其实还是可以通过一定的方法来估量软件系统的投资价值，这里我把估算项目周期的 PERT 方法放在此使用，作为估量的整体框架方法：

软件系统的投资回报率=（最乐观投资回报率+4*最可能投资回报率
+最悲观投资回报率）/6

我们再来看最乐观投资回报率、最可能投资回报率和最悲观投资回报率如何计算。

1．最乐观投资回报率

软件系统的最乐观投资回报率，可以取以下两个数字中较大的那个：

- 可量化的投资回报率（也是最悲观投资回报率，后面会说到）/3*10；这是因为软件系统的收益大概只有 30% 能看到直接的量化结果。
- 软件供应商给出的做过的示范项目中，测量出来的投资回报率；一般给出的示范项目能达到的投资回报率，也基本上属于这个软件能够发挥较好作用的情况了。

2．最可能投资回报率

软件系统的最可能投资回报率，是基于其他已实施项目的平均统计结果之上的。很多情况下，软件供应商也没有对实施过的项目做投资回报率统计，但软件供应商或者一些咨询公司会统计软件对于业绩提升的平均值，比如使用 ERP 系统时平均提高 93% 的业绩，我们可以使用这个数字来计算 ROI：假设软件投资（购买和实施等）花费了 600 万，这个行业中位数的公司业绩一年是 500 万，那么 ROI=500*93%/ 600=77.5%。

3．最悲观投资回报率

最悲观的回报就是忽略软件系统带来的软性的、不可估量的价值，只计算可见的价值。同样地，我们这里给出一个表格作为计算最悲观投资回报率的参考，见表 7-2。

基于这些数字，我们可以估算软件系统的投资回报率，作为软件系统或软件平台的投资指南。当然，这可能与软件系统真正布署后的实际收益有一些差别，制造企业可以将项目开始前的估算和项目实施后运行一段时间观测、体察到的收益进行比对，为的是积累项目经验，便于指导后续的软件系统项目投资。从这个角度来看，图 7-1 所示的软件系统投资的 PDCA 过程就显得更有意义。

表 7-2　最悲观投资回报率表格

最悲观投资回报率分析			
	项目	金额（元）	备注说明
投资金额 A	购买方案的成本（1）		
	购买软件的成本（2）		
	软件安装和实施成本（3）		
	培训成本（4）		
	配套成本，比如硬件、机房、网络等（5）		
	总投资金额（1+2+3+4+5）		
回报收益 B	效率提升收益（1）		
	2.1 节省人数		
	2.2 人工成本基准值（元/月）		
	总工费节省金额（2）		
	由于降低库存带来的收益（3）		
	减少流程不清、沟通不顺畅等风险带来的收益（4）		
	其他可预期收益金额，比如加快资金周转期等（5）		
	年收益金额（1+2+3+4+5）		
投资回报率（年）：B/A			

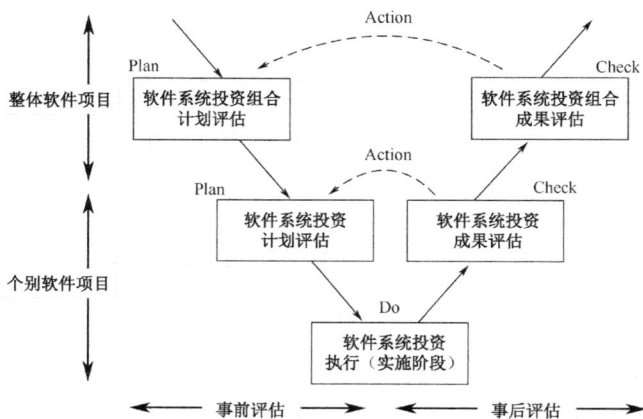

图 7-1　软件系统投资的 PDCA 过程

用以上的方法足以在服务商和制造企业之间搭建计算机硬件设备投资和软件系统投资的可行性共识，双方能够在同一个层次上讨论某个智能制造项目是否有价值。

如果不谈价值，同一个事情的技术实现可能有多种；但脱离了价值这个核心，再多的技术只不过是中看不中用的花瓶。举个例子来讲，刀具是数控机床加工过程中的易耗品。如果刀具上有残损，那么会加工出残次产品，所以如何检测刀具的残损是数控机床使用过程中的需求。但这个需求怎么来实现，可以有很多方案。在数控机床上加装应力传感器来检测刀具断裂的瞬间，这是一种技术解决手段；采集数控机床的电压或电流波动，利用大数据学习来侦测刀具断裂的瞬间，这也是一种技术手段；利用视觉识别，检测到被加工产品上的缺口等信息，则判定刀具有问题，这同样也是一种技术手段。如果仅仅谈技术，貌似这三种技术手段都有一定道理，但如何考虑检测准确且稳定、误报率低、成本便宜等诸多紧扣价值的因素，发现第一种利用应力传感器来检测的技术方案最适用；第二种技术方案造成的误报率很高，甚至没办法准确识别刀具断裂情况；第三种技术方案可能根本没有可行性，因为视觉识别需要装设摄像头等图像原件，而数控机床的加工区域会产生铁屑、磁泥等物质，很快就会覆盖摄像头，导致这种技术在这样的场景下根本无法应用。

7.3 拿来主义不是照搬，是借鉴和改良

我们在第 1 章中就提到了智能制造其实是"工业 4.0"中的一部分，而"工业 4.0"这些概念又来自于欧美国家，所以智能制造中的一些模块其实可以从西

方国家的一些针对制造业的解决方案中拿来使用，这一点都不奇怪。

但是，中国的制造业有自己的特点，有些方面与国外的情况是不一样的，所以拿来主义不是简单地照抄照搬，而是需要结合中国制造企业的情况，进行借鉴和改良。

举个例子来说，丰田汽车公司的零库存理念是一种很理想的情况，的确会节省中间库存从而节省企业的运营成本。很多国内制造企业也纷纷效仿这种模式，甚至将其作为精益生产项目的目标。但问题是，国内企业很多机械照搬的做法激化了产、供、销之间的矛盾，经济效益不仅未提高，反而出现了惨重的损失。一些制药企业近几年来随着物流业的发展，从产品积压严重、资金周转缓慢等问题中逐渐认识到过量库存的危害。而作为药品物流企业的医药公司、终端的医院和药店，纷纷实现零库存化，反而造成供应链整体上的零库存。但是，在流感发生等时期需要大量药品时，却出现了"断货"现象。从 JIT 理念来分析，药品作为一种特殊商品，应尽一切可能减少中间环节，缩短供应链，减轻患者的经济负担。但是，必须有应对突发事件的必要准备，必须对地域性疾病、季节性疾病、流行性传染病的药品需求具有充分的生产组织方式的准备，只有这样才能达到 JIT 对生产供应链的要求。

为什么会出现同样的技术在中国就水土不服的情况？究其原因，中国制造企业很多方面有自身的特色，不同于国外的制造企业。或者换个角度来说，国外制造企业有很多自身的特色，他们的某些方案不适用于中国的制造企业。比如上述零库存这个例子，照搬式的零库存管理模式并不适合目前中国国情。丰田汽车装配线能够做到生产环节的零库存，除了本身具有先进有效的管理手段和方式之外，还要归功于其上百家零配件供应商将配套厂设在其工厂周围，或是将原材料仓库布局在其工厂周边，以保证供货及时准确。零库存是基于零距离基础之上的，也是基于供应商的可靠及信赖基础之上的。它要求企业的管理要十分稳定，不允许因一点小的偏差导致停产；还需要供应商群体相对固定，并认同丰田企业文化的特点，才可以有效地实施零库存战略。而我国现阶段的实际情况是，大多数企业规模较小，供应商稳定性和物流配送性差，供应链上各节点的信息共享不足，加之市场变化大和企业本身基础薄弱，管理水平跟不上。如果贸然选择丰田式小批量、多批次进货模式，可能会由此带来一定的运输费用或生产不协调因素，致使生产因缺料而受阻，从而导致供需矛盾的增加，停工的巨额损失将无法弥补，甚至会导致其损失大于零库存所节省的成本。

我国的制造业要想对国外智能制造的方案拿来使用，仅仅通过认识和学习国外企业的方案是不够的，更要结合企业自身特点和产业链的现实条件来探讨技术或方案的可能性与现实性。因此，在中国的制造企业中推行智能制造的方案时，应该积极地思考、谨慎探索、科学地嫁接，将其改良为适合中国国情的运作方式，不能盲目照搬照抄，要有所取舍、有所创新。

7.4 服务商也要考试

——你的 portfolio 在哪里？

portfolio 中文译为整套作品，对智能制造的服务商而言，是指他们有什么样的智能制造方案组合，方案的各个组成部分能够形成什么样的生态，解决什么类型的问题，解决什么类型客户的问题。这里为了叙述方便，我们接下来就直接使用 portfolio 这个词。

不同体量的服务商应该聚焦的目标企业客户是不同的，所拥有的 portfolio 也是不一样的。大型服务商能够提供的 portfolio 相对比较大而全，但同时应该关注大而全的 portfolio 是否完整从而能够为客户提供一站式解决方案，确认 protfolio 完整的同时还要关注 portfolio 的各个部分是否能够灵活组合，从而让 portfolio 适合大多数行业的制造企业。

中型服务商能够提供的 portfolio 就无法过于大而全，重要的是 portfolio 的各个部分是否能够相互支撑，能针对某一个行业或某几个行业提供较为完整的 portfolio，适度地进行行业聚焦。

小型服务商无法提供大而全的 portfolio，也无法提供针对某一行业的较完整 portfolio，重要的是能够聚焦到解决一类问题或几个业务场景下的问题，对某一个或几个问题、业务场景进行深度聚焦。

无论是大型服务商、中型服务商，还是小型服务商，它们所拥有的 portfolio 都不一样，但 portfolio 的内核理念应该是一样的。那么 portfolio 中的内核理念指的是什么？从我的角度来看有两点：专业知识和流程。专业知识是服务商在某个行业、某个领域、某些场景和问题解决方面的权威程度，这建立在具备一定体量专家队伍的基础上，而专家队伍中的成员必然经历了多个智能制造项目的熏陶。流程是服务商在不同类型的智能制造项目中做事的套路和方法，包含了怎么梳理需求的思路框架、怎么处理风险的应对方法、采用什么样的沟通机制等，通过这些套路最大程度地保证项目顺利交付。

对于专业知识方面我们举几个例子。比如，仿真工具在验证物流或精益布局时，协助验证不同的排列组合，还是要有精益布局的经验才能做得更好的。再比如，做大数据分析，如果漏了主要因素参数，分析的结果就不靠谱，甚至把本来没有关联关系的数据强行建立了关系，数据分析结果也就不准确，不具有可参考性。

对于流程方面我们也举个例子。比如，服务商的 portfolio 中某个具体的产品（比如 MES、WMS 等单个系统）是怎么做出来的，通过这方面的流程可以反映服务商的产品能力；反之，通过服务商 portfolio 中的某个产品易用性、适用性也可以反映服务商的产品开发流程水准。尤其是需要对系统进行二次开发的定制化项目，如果服务商直接把一个另外的用户实施案例直接复制到制造企业中，这样做出来的项目一般都不会太成功。

对于需要定制化开发的项目，好的服务商第一步是观察制造企业目前是怎么来处理他们所遇到的问题的，记录好制造企业整个操作过程中用到的纸质表格等；第二步是把用户口头表达的需求描述拆解成产品需求，通过复盘制造企业目前的操作过程，并结合那些收集的纸质表格进行产品功能的初步设计；第三步是考虑技术导入后可以把制造企业目前的操作过程中的哪些步骤进行省略或压缩；第四步需要考虑与其他软硬件系统的连接性。

而流程不健全的服务商，要么像我们刚说过的一样，直接把另外的用户的实施案例直接复制到制造企业中；要么只能做到上述步骤的第一步和第二步。只有流程健全、拥有专业知识的服务商，才会考虑到上述的第三步和第四步，也就是考虑技术对于操作方式的改变或颠覆，并能够考虑到系统之间的关系，为后续的端到端集成和智能制造项目的继续拓展留下了良好的对接性。

7.5 客户需求变更那些事

任何项目中，客户需求变更都是需要尽量避免但几乎又无法完全避免的事。

项目乙方想尽量避免需求变更，因为需求变更就意味着项目周期延长和成本增加；而这几乎不可避免是因为实际项目中真的是计划不如变化快。

那么用何种态度应对客户需求变更呢？尽最大可能同意需求变更还是尽最大可能抵制需求变更？这里我们推荐中庸的态度。原因很简单：一方面，对客户的需求变更一概同意，项目进度会一再延期，实施团队士气低下，成本支出太大使公司利益受损；另一方面，对客户的需求变更不予理睬，会导致验收通不过，收不回尾款而使公司利益受损。

当然，我们还是有一些针对客户需求变更的原则和技巧，便于我们正确看待需求变更以及能够预防和避免一些不合理的变更发生。

先说针对客户需求变更的原则，我们这里有以下 3 点建议：

1．做好心理准备，一定会发生需求变更。没有不发生需求变更的项目，只有较多地发生变更，还是较少地发生变更的项目。

2．要用中庸之道对待客户的需求变更。这个我们上面说过，如果一味接受变更，会导致出现影响实施团队的士气、项目延期、项目成本支出太大等问题；而拒不接受变更会影响客户关系管理，导致出现验收不通过、尾款不能回收等问题。所以，较好的处理方式是避免两个极端，既不要一味答应，也不要不予理睬；接纳合理的变更，抵制频繁的变更。

3．尽量规避"犯错"导致的需求变更。

既然需求变更一定会发生，只能让合理的需求变更发生，避免因犯错而导致的需求变更，这个是我们接下来马上要说到的话题。

而对于如何避免因犯错而导致的需求变更这个话题，也是有技巧的，这里我们给出以下几点建议。

1．要用合适的颗粒度来描述需求。如果需求描述的颗粒度太粗，则在后期项目实施过程中制造企业与服务商之间很大概率会发生争执，双方各执一词，对粗略的描述有不同的期望。但项目立项时又很难清楚地描述需求，过于清晰反而导致需求变更的可能性变大，所以这里说要用合适的颗粒度来描述需求。在前面的章节中我们也给出过一些需求描述的例子，比如实现对物料的追踪与追溯、生产数据对于生管人员实时可见、从现有的 95% 的产品良率提高到 99%、生产效率提高 20%、交货周期从目前的 7 天缩短为 3~4 天、降低库存 15%，等等。

2．客户说不清楚需求，就给他常规的参考例子。前期做用户需求澄清时，如果用户说不清楚需求，那么需求分析人员可以引导客户，先阐述常规的需求，再由客户否定不需要的，最终确定客户真正的需求。

3．合同中约定需求变更的程度。合同签订不能马虎，合同里一定要说清楚做什么和不做什么，应该为需求变更做时间和可接受度约束，最好约定需求变更流程。

4．需求变更要走流程。作为合同的补充，建立需求变更审批流程。有流程在，随意的需求变更就因为"过程太麻烦"而被过滤掉大部分。

5．构建原型来协助需求澄清。澄清变更需求时，要请客户方的相关代表验证。如果问题很复杂，双方都不太明白，就有必要请开发人员快速构造软件的原型，双方再次论证需求说明书是否正确。

6．批量处理需求变更，而不是遇到变更就频繁地处理。实施变更时，对于零星变更集中研究批量处理（比如定为每月一次），并且告诉用户需求变更的代价（如出现进度延期、费用增加、效率下降等情况）。

第 **8** 章
落地生根结什么果
——智能制造

前面的章节中，我们从制造业的困惑、痛点，一直谈到了智能制造的赋能抓手、赋能工具，然后再围绕着智能制造所需要的外部环境条件进行了讨论，提出了五步走的智能制造推进步骤，然后再紧扣价值主题，强调了智能制造项目中服务商的工作重心。这些话题是智能制造能够在制造企业中落地的内部和外部因素。

谈完了智能制造的内部和外部因素，我们在本章中主要谈谈智能制造作为一个制造企业和服务商共同追求的目标和最终实现，在智能制造落地后到底能做成什么样子？或者说，处于不同阶段的智能制造能做到什么？

本章我们还要谈谈智能制造中的名词误区，让读者能够理解智能制造中一些名词的真正核心是什么，不为一些热词的外表所迷惑而偏离了智能制造的真正诉求。同样，这也是为了能够让智能制造紧扣价值。

8.1 智能制造第一层——端到端集成

端就是端头，端到端集成就是把所有应该连接的端头都集成互联起来。不得不说，各界对于端到端集成有不同的理解，如果我们只关注企业的生产制造部分，端到端集成就意味着把制造过程中用到的 WMS、设备端、ERP、MES 等部分都集成起来。

怎么做端到端集成？每一个需要连接的端点都与另一个端点进行连接，形成网状结构是一种方式，但这显然不具备"架构"的思想，所以通过横向集成和纵向集成的方式来做到端到端集成是一种较好的办法。横向集成就是把同一个层次的东西进行集成、打通，纵向集成是在不同层次的系统之间进行集成、打通。图 8-1 所示说明了网状方式做端到端集成和利用横向和纵向集成的方式来做端到端集成之间的区别。

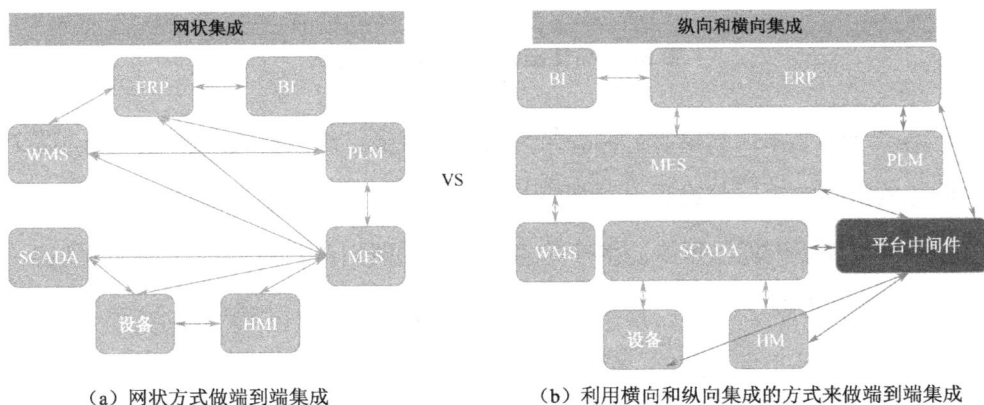

（a）网状方式做端到端集成　　　（b）利用横向和纵向集成的方式来做端到端集成

图 8-1　两种方式的区别

我们刚才提到各界对于端到端集成有不同的理解，如果我们只关注企业的生产制造部分，端到端集成就意味着把制造过程中用到的 WMS、设备端、ERP、MES 等部分都集成起来。如果跳出制造部分本身，把企业的制造部分只作为端到端集成需要实现的一部分，端到端的概念就拓展了，通常指的是通过价值链上不同端口的整合，实现从产品设计、生产制造、物流配送、使用维护的产品全生命周期管理和服务。价值链的端到端集成概念如图 8-2 所示。

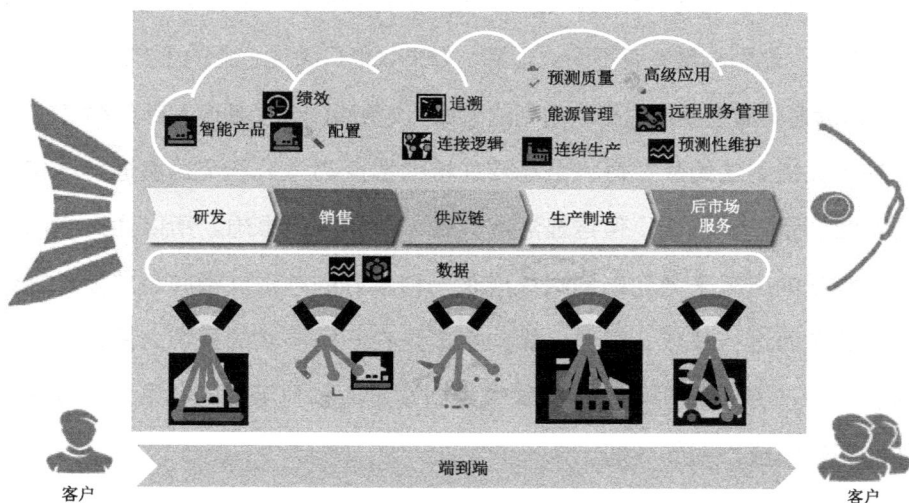

图 8-2　价值链的端到端集成示意图

这是一个非常大的概念，需要集成的系统很多，集成的复杂度也更高。这个大概念的端到端集成已经超出了智能制造第一层的范围，也超出了我们本章所说的整个智能制造的四个层次。这个价值链的端到端其实是另一个角度的端到端，即从客户中来到客户中去，需求、反馈、数据来源于客户，最终的应用和改善还是作用于客户；研发、生产、服务等跟制造企业相关的部分是衔接环节，也是提供价值的环节。

8.2 智能制造第二层——数字化、数据化

　　制造企业数字化建立在端到端集成的基础上。制造企业实现端到端集成意味着企业在设计部分对 CAD 和 PLM 系统的应用已经普及；在生产部分中 ERP 等相关的信息系统也发挥了作用。但制造企业做到了端到端集成还不够，在解决如何制造→工艺设计这个环节上未必实现了数据模型和数据治理，所以需要引入数字化或数据化。

　　通过数据模型，对整个制造过程进行设计规划、模拟仿真和治理；通过建立统一的信息平台，将制造信息及时地与生产监督环节和供应商进行共享。数据模型的使用和数据平台的引入，双管齐下以保证制造企业实现虚拟制造，实现生产企业内部和供应商之间的并行工程，在提高质量的同时减少设计时间，缩短产品开发周期，消除浪费，保障生产的顺利进行。

　　以上就是制造企业数字化能够发挥的作用效果。其实制造企业的数字化和数据化还可以细分，细分后主要包括针对数据的模型化和平台化。模型化是为了制造企业能够进行仿真，除了要对产品开发过程进行建模仿真之外，还要根据产品的变化对生产系统的重组和运行进行仿真，使生产系统在投入运行前就了解系统的使用性能，分析其可靠性、经济性、质量、工期等，为生产过程优化和网络制造提供支持。而平台化主要是把各个子系统中的数据进行大集成，为的是做到连续的、没有中断的数据管理，实现管理、生产等各个环节的交流透明化，保证所有产品属性信息从始至终保持同步并能够实时更新，从而降低制造企业的管理成本、提高企业的盈利能力。

如果从生产过程中活动阶段的角度来看制造企业的数字化，制造企业的数字化包括产品开发数字化、生产准备数字化、制造数字化、管理数字化、营销数字化，等等。这些环节共同构成了产品的生命周期，所以制造企业的数字化也是产品生命周期中各个环节的数字化。

8.3 智能制造第三层——让数据发挥作用

让数据发挥作用指的是制造企业数字化、数据化之后，有了大量的数据，可以把这些数据利用起来，挖掘其中的价值从而发挥生产指导作用。

挖掘数据价值是不是一定意味着要使用大数据技术或人工智能算法来分析数据，让决策有据可依？可以说一定是朝着这个方向发展的。大数据、云计算、人工智能等技术未来可以为制造企业节省大量资金、人力成本，提高市场竞争力；而这些技术形成的产业也逐渐会成为未来制造企业进步发展的主力军，一旦得到普及将意味着制造企业业务结构彻底变革与重组优化。

但是，大数据、云计算、人工智能这些技术形成的产业目前还处于尚未非常成熟的应用阶段，很多问题还停留在摸索阶段，没能得到规模化普及与应用。那是不是说目前这样的阶段就不能从制造企业的数据中挖掘到价值？是不是说目前生产制造业的数据就不能发挥作用呢？

当然不是。数据的深度分析和应用的确是数据应用的高级阶段，但并不是只有高级阶段的应用才能挖掘到数据的价值。大多数情况下，"没数"才是数据应用的瓶颈。这里的"没数"一方面是指没有进行数据采集所以也就没有数据；另一方面是指没有把数据进行统计、展示、基本分析，所以制造企业的管理者们并不知道企业的状况，有的只知道问题的大致方向却不知道问题的细节，有的甚至连问题大概在哪都不清楚。

根据企业所处的行业特点，把生产的 KPI 数据用报表、图形、历史曲线的表现形式展示出来，比如设备 OEE（设备利用率）、计划与实际生产的数值差距、设备故障率、质量数据，等等。梳理这些 KPI 值依赖的基础数据，并确保这些基础数据能够通过各种方式被收集上来。通过这种对数据需求的倒推方式进行数据的利用，至少目前都是成熟的技术，主要工作量在于企业要与服务商一起进行梳理、需求澄清、项目支持、实施和调整。对于让数据发挥作用，如果目前只停留在先把数据应用起来让数据产生价值的层次，其实并没有那么难；而恰恰是这个层次的数据应用，目前在中国的大多数制造企业中是缺失的。连这个层次的数据应用都没做到，想一步到位让数据能代替人的思考过程、自动决策，无疑是天方夜谭。

有人可能有疑问"没有太多的人工智能算法就可以挖掘数据价值，是不是没那么高大上呢？"能做到数据应用的高阶层次当然好，而且那一定是数据应用的前景和方向。但在这里我们强调的是先把数据应用起来能够发挥价值，而不是在没有 200 千米时速列车的时候那就坐等 300 千米时速的列车，永远没有一步到位的事情，大多数人都可以到位了，那也就意味着大家都没到位，那个"位"已经落伍了。只要数据应用能够为企业带来价值，符合企业的投资性价比，那就不妨利用起来，再迭代升级、与时俱进。

如果这个过程中有部分的数据可以进行大数据分析或应用人工智能算法，那么可以在部分数据中先试点这些技术。我们遇到一些企业，虽然没有对全厂的数据都进行大数据分析，但可以对设备侧的数据先进行大数据分析，以便进行设备生命周期预测等应用。在某个应用上先进行高科技的应用或在某个价值瓶颈环节上先进行高科技的试点，不失为一种明智的做法。

再者，现在大部分软件进行的工作无非是记录、查询、展示等，但这些功能恰恰是人们最需要也最常用到的。比如我们最常用的 Word、Excel、ERP 等，这些软件最主要的功能就是记录信息输入、方便查询，然后可以用不同的方式、不同的界面把一些数据进行展示和汇总。但大家并没有觉得这个很低端。制造企业对数据的应用也一样，未必一定把大数据分析、深度学习等各种技术和算法都用上才觉得紧扣了智能制造这个主题，能够满足需求、能够符合投资预期、能够产生应用价值才是最重要的。先让制造企业有数，对于新技术的高阶应用且行且试，不断根据价值去实施转化。

8.4 / 智能制造第四层——决策和优化的闭环

在挖掘了制造企业的数据价值并发挥了生产指导的作用之后，把数据进行闭环，从而形成一个不断优化迭代、各个环节进行持续的改进，这是智能制造的最高级阶段，这也是一种能够做到生产过程自治的理念，这个层次的数据应用就已经进入了数据的高阶应用。

生产过程自治是不是就完全淘汰了人工？至少目前看不到这种可能性，而且人将会在生产制造中发挥更重要的决策干预作用。

设备层的自动控制过程不需要人工干预，可以由 PLC 等控制器的数据对其进行直接控制；现场层设施诸如 PLC、SCADA 等，其简单决策也不需要人工干预，可以由 MES 软件等系统里设置的规则对其进行自动决策；车间生产层系统诸如

MES、APS 等，其规则需要人工干预，人工调整诸如 APS 排产的结果以便于处理紧急插单，或者在 MES 中为了加急生产而延长设备维护周期等；企业层系统诸如 ERP 等，其规则也需要人工干预，人工干预在这些系统中数据的应用规则，对结果进行纠正便于数据持续优化；而整个生产制造企业的复杂决策更是少不了人工的干预，我们在前面章节中介绍大数据分析这种赋能工具时就说过原因——计算机系统目前虽然在数据处理速度、计算能力等方面超过了人，但目前不能取代人的智慧，机器有学习和分析能力但不能具备感悟和创造能力。分析技术和人工干预在制造企业中发挥的作用如图 8-3 所示。

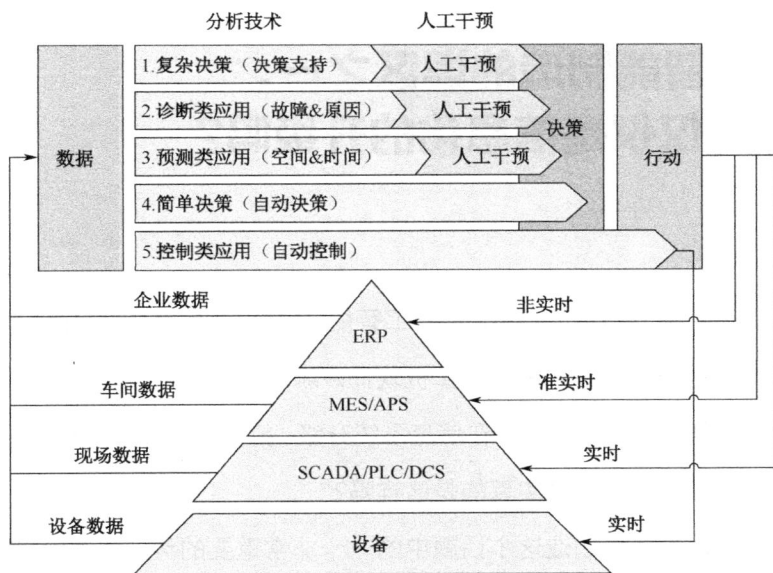

图 8-3　分析技术和人工干预在制造企业中发挥的作用示意图

图 8-3 所示中也是一个数据应用的闭环过程。从设备层采集设备数据是控制逻辑的判定依据，自动控制指令发送到设备后，设备的新状态等数据再次被采集到上层系统，可能又触发了新的控制逻辑；从 SCADA 和 DCS 等系统中采集的现场数据是简单决策的判定依据，自动决策指令发送到现场层设施后，这些现场层设

施产生的数据再次被采集到上层系统,可能又触发了新的决策指令;从 MES 和 APS 等系统中采集的车间生产数据经过数据分析和人工干预之后,这些诊断类和预测类的决策逻辑能够指导车间生产系统做出相应动作,车间生产系统的新状态等数据再次被采集到上层系统,又会触发新的决策逻辑;从 ERP 等系统中采集的企业数据经过数据分析和人工干预之后,这些复杂决策逻辑、诊断类和预测类的决策逻辑能够指导企业层系统做出相应动作,企业层系统的新状态等数据再次被采集,又会触发新的复杂决策逻辑。

8.5 / 智能制造的误区之一: 仅仅是信息化的升级吗?

智能制造中的"智能",指的是人工智能,所以智能制造听起来好像是利用人工智能等数据分析技术来做到计算机软件系统取代白领的分析。这样来看,智能制造主要是信息化的事,建立在信息系统升级、打通的基础上,然后采集数据,利用数据做人工智能,但事实真的是这样吗?

信息化的确是智能制造这个话题中的一个非常重要的环节,但信息化的升级(软件系统升级、数据平台建立、大数据分析和人工智能)并不是智能制造的全部。任何内容都不可能是空中楼阁,一定要有根基,智能制造也一样,它离不开自动化的支撑,这是前提,它的落脚点离不开精益的要求,这是导向。

制造企业里如果实现不了自动化甚至是基本的自动化,数据采集就无从谈起。如果使用人来手动进行数据收集和输入,软件系统首先不能完成快速的数据闭环，也就是说数据分析优化的结果无法快速传递给工人，而且随着生产的进行快速闭环迭代，人的信息输入和信息反馈速度会成为这个过程中的瓶颈。其次，只有数据传输效率和数据优化分析提升一个层次，制造过程中的生产效率还会成为企业的瓶颈。制造企业在智能制造的大话题下，需要平衡制造效率、信息传递效率、数据优化带来的提升等方面的关系。能够挖痛点、找瓶颈、补短板，这才是智能制造的平衡之道。

当然，这里并不是强调要把生产过程全自动化。一方面要看自动化是不是短板，具备什么程度的自动化或哪个生产环节的自动化计算设备投资回收周期是划算的；另一方面，要衡量自动化是否带来了收益，比如有些行业只有用手工才能支撑品牌理念，而机器生产的产品根本卖不上价格。之前有一些制造企业高管去某个号称自己实现了"工业 4.0"的定制服装企业参观，参观完之后感觉这个企业的自动化程度很低。其实，服装、饰品等一些行业，如果全用机器来进行所有环节的制作，产品就不值钱了，全部环节自动化程度高反而会损害品牌价值。所以，自动化一定是智能制造的重要支撑，但在哪个环节进行自动化，自动化能达到什么程度，还是需要投资衡量，紧扣价值为核心的。

精益理念依然是智能制造这个话题绕不开的。精益是智能制造的指导方法，同样也是智能制造的最终落脚点。怎么理解呢？如果把精益这个词理解为精益理念下包含的工具和方法，那么精益依然是给智能制造赋能的工具；如果把精益这个词理解为消除浪费、减员增效的生产制造目标，那么其实与智能制造殊途同归，这也正是智能制造需要追求的终极目标。只智能不解决问题，或者是解决了问题但花费了不划算的成本，都不符合精益的要求，这样的智能制造最终也是要失败的。我们在前面的章节中说过：最好的是能够紧扣价值能为制造企业提供什么好处，其次的是跟制造企业谈能够提供什么样改进的方案，再次之的是没有整体方案那就着眼于一些用户痛点做改进，最差的就是只谈技术。智能制造要以精益作为指导方法，以精益作为最终的落脚点，同样是这个意思。

你的企业或者你服务的企业存在自动化的短板吗？你的企业或者你服务的企业推行的智能制造符合精益理念吗？你的企业或者你服务的企业处在智能制造的第几层、智能制造项目的目标又在第几层？对于智能制造，不行动肯定不行，要行动同样也需要"三思而后行"。

8.6 智能制造的误区之二：定制化

智能制造最终要实现大规模定制化，无论是仅仅参加了几天智能制造培训课的外行还是内行的专家，都可能会这样评论智能制造。这话有没有问题？既可以说它有问题也可以说它没问题，这要看说这话的人怀着什么样的心态和出发点。

（一）大规模定制化是最初的目标还是附带结果

大规模定制化其实是智能制造一个附带的结果，只不过事后来看，"以终为始"，大规模定制化好像反而成了最初追求的目标。怎么理解这句话呢？

逼迫制造企业要寻找新出路的问题源有 3 个：白领的工作通过传统手段（比如做报表、做计划、人根据流程进行沟通等）能够发挥的作用已经遇到了瓶颈；蓝领的工作越来越难找到人手，因为年轻人不愿意进制造企业工作，宁可去送外卖也不愿意去工厂打工；白领和蓝领要求的工资都越来越高，企业在劳动力上的支出力不从心。

　　用什么方法来解决这 3 个问题呢？方法无非是减少对劳动力的依赖（白领和蓝领）、减少体力活（针对蓝领）、利用软件系统来辅助工作（针对白领）。而具体的做法就是机器换人取代蓝领的部分工作、信息系统集成取代白领的部分工作。如果这样做，结果就是由于机器和软件系统带来的高生产效率和高沟通效率，可以使人工运输减少、人工方式进行的信息传递减少、人工之间的切换和管理变得更高效。如果所有环节都提高了效率，那么生产柔性就增强了。比如说，之前混线生产几乎不可能，因为需要不断地调整生产指令、监督生产过程，这个过程如果靠人来做，因为环节中存在的沟通低效和反馈低效等问题，太容易造成混乱而无法实现；而现在生产设备和软件系统的自动化极大地缩短了生产环节之间的信息沟通时间，并能够实时识别要加工的产品属性，使混线生产变得可行。

　　生产柔性高了，就意味着在一批制造订单中可以有不同的产品型号，既可以通过混线生产的方式进行定制化生产，也可以通过自动排产的方式进行分批次的生产，总之大规模定制变得可行了。整个上述过程如图 8-4 所示。

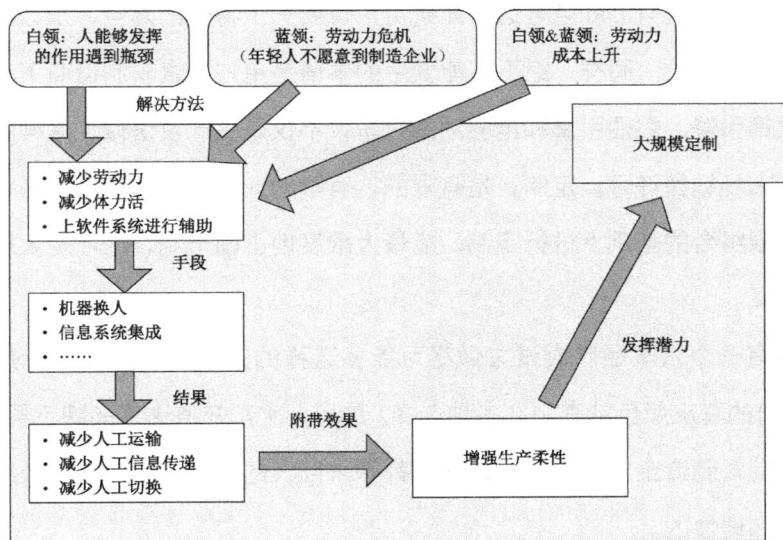

图 8-4　制造领域遇到的问题与大规模定制之间的关系

由图 8-4 可知，大规模定制是结果，它最初的出发点是因为生产制造企业遇到了劳动力等的问题，但发现实现这样的智能制造过程后，大规模定制成了一个可以宣传的话题，所以以终为始，大规模定制就成了智能制造要达到的目标。

（二）定制化就是每个环节都定制，柔性就是每个环节都柔性？

大规模定制化里的定制化可不是处处定制化，也不是最大程度的定制化。工业是什么？工业就是批量生产，如果每个部分都定制，那么就没有生产标准，那是艺术而不是工业。

大规模定制仍然是基于标准化的定制。通过把产品的大部分组成部分模块化，然后根据客户需求把这些模块进行组装，组装过程中通过压缩某些不必要的模块给用户一个廉价的低配版，然后在某些小的模块上根据用户要求进行二次处理，这就是基于标准化的定制，这才是大规模定制的真正含义。

比如用户要定制一台汽车，色系只有黑色、白色、银白、红色、炫舞橙等有限的选择，并不是有 256 色可选，如果用户想要一个特殊的颜色，那么买到汽车之后可以自己再改。同样，绝不可能发生的事情是用户向汽车制造商下单生产一台装有火箭引擎、燃油引擎和电驱动的汽车，不仅是生产没法做，这样的概念车也拿不到市场销售许可。定制，是有限的，有限的选择就能够满足用户需求；但在这个有限组合的基础上进行定制，能最大限度地占领市场，这才是大规模定制的真正含义。

曾经有一个汽车品牌尝试去做尽可能多选择的定制，这个品牌就是大众辉腾，光座椅的真皮颜色就有 200 多种选择。最后大家都知道这个品牌不再生产了，过度的定制对制造企业本身和用户而言都带来巨大的成本压力，市场最终还是要回归价值和理性的。

8.7 / 智能制造的误区之三：柔性制造

柔性制造也跟大规模定制化一样，是智能制造中被经常提到的概念。柔性制造的概念本身也没有问题，问题是如果忽略了支撑它的环境来谈柔性制造，那就同样走入了误区。

柔性制造并不等同于制造柔性化。柔性制造化指向的是产品制造过程的柔性，而柔性制造不仅是制造环节的柔性化，也包括了制造环节之外、为了达到柔性制造而需要的支撑环境。

现在大家谈柔性制造，过多地注重了制造柔性化的环节，往往忽略了设计模块化的环节，其实要想真正实现中国制造业从刚性生产转型为柔性制造，设计模块化是一个很重要的基础。如果没有这个基础，所谓的"柔性制造"根本就无从谈起。其实设计模块化才是真正的内功，是柔性制造的根基所在。

所谓的设计模块化，就是从产品设计源头就开始融入柔性制造，基于企业的制造能力和柔性程度，同时结合市场供应链的水平和成本来对产品进行模块化设计，把产品的各个功能部件独立成一个一个的模块，这些模块的接口是标准而通用的，并且不同模块的生产流程和生产成本也是柔性和可控的，只有这样设计，在后续的产品定制化方案输出的时候，才能真正做到落地的生产与销售。"中国制造2025"主张企业推行以客户为主导的定制化产品，而这种定制化的产品并不是说没有原则性的，随意的产品定制化，其实是建立在企业对产品的模块化引导基础上的产品定制化。

上一小节中，汽车颜色的例子同样可以用在柔性制造这个话题的讨论中。某制造企业的汽车产品推向市场了，我们承诺可以对这个产品的颜色实现按客户需求定制，难道我们真的就能随意地根据客户的任意需求去定制吗？这种成本企业真的能够接受吗？这种柔性化要求，产品的制造流程真的能够被人们接受吗？这在很大概率上是否定的，但是我们可以引导客户，例如我们可以推出七色彩虹色系让客户来选择，既保证了色彩供应的丰富性，也提升了客户参与产品设计和主导产品生产的用户体验，同时因为我们只推出七种颜色可选，这在一定程度上也降低了对制造柔性的要求，这也在很大程度上降低了企业的生产成本，这才是真正的定制化、个性化生产，这才是真正的柔性化制造。

尽管智能制造的一个主题要求就是要实现制造过程的柔性化，其实这个柔性化在一定程度上是面临很大的困难的，制造过程柔性化的打造可以从以下几个方面来实施，例如制造工艺流程的再造，其基础是工业自动化技术的现状和应用，还有就是制造过程的信息化管理与融合。

其中，基于工业自动化技术的工艺流程再造是最难的点，单纯地只要实现某道工序的自动化或者智能化生产，利用现在的技术已经不存在太大的问题，归根结底不过是钱的问题，但是要实现产品生产的柔性制造，那对企业的产品的工艺流程和自动化技术的柔性就面临很大的挑战了，而且这种挑战很多时候不是单纯基于技术的，还有很多别的层面，例如产业链的配套，企业管理的升级，企业用人结构的调整等。

这里再举个例子，柔性制造需要机器设备的支撑，没做过自动化生产线不知道要做成这样的生产柔性的设备有多难。有时候为了设计适应多个产品共线生产，设计师们都不知道熬了多少个掉头发的日夜；特别是对一些加工母机来说，更是给设计师带来了无尽的烦恼；无论是夹具的通用性、刀具的选择与参数的设置、加工程序的配置与调试、机械手的抓取与自动传输、自动线加工节拍与可靠性的保持等，都是非常大的技术难题。这些难题并不是单纯的一句柔性制造就能解释的。有时候为了在某条产线上多配置一种产品型号，不得不附加很多机构和调整环节，既增加了制造成本，也对产线操作和维护人员提出了更多的要求，同时还可能需要承担降低生产线可靠性的风险。

第 9 章
落地生根之土壤
——敏捷、敏捷再敏捷

　　我们在本书的前面章节谈了智能制造的外部因素，包括企业从组织上和汇报线上要由领导亲自抓，企业需要培养对智能制造项目成果进行消化和造血的人才，从心态上端正，从而寻找合适企业的方案，做好整体顶层规划及心理上准备好过程中的花费和时间代价等，除此之外，其实还有一个重要的因素，这个因素因为不仅仅是制造企业需要的方法论，也同样是服务商需要的智能制造项目实施的支撑方式，所以在这里单独提取出来，谈谈敏捷这个话题。

　　敏捷本义是反应快速迅捷，在软件开发中是指一组基于迭代开发的软件开发方法，其中需求和解决方案是通过自身组织的跨功能团队之间的协作来开发的。而我们如果把敏捷再扩大一点范围来谈，敏捷方法或过程可以作为推进一个项目的管理过程，围绕快速、迭代的概念进行项目高质量的交付。

　　本章中，我们就来一起看看敏捷在智能制造项目的推进中，可以怎样发挥作用，以及敏捷这种方式会带来什么样的好处。

9.1 敏捷是什么样的敏捷？
——先行先试，善做善成

敏捷概念是将工作拆分成为易于管理的小块，更加容易地去管理这种小块；以及更早地改正错误；更科学地隔离风险。这样可以避免它们稍后在项目中发展成为更大、更难解决的问题。好处之一是能够提供在项目时间表中多个日期进行构建和测试的更小的功能性发布。通过验证分片的交付，每个交付都降低了项目风险。另一个显而易见的好处是能够应付突如其来的变更，部分的变化不能影响全局。

对于推进制造企业的智能制造来说，推荐的方式是避免两个极端。一个极端是没有成熟的经验便匆忙开展大的智能制造项目，铩羽而归之后就对智能制造这个词避之唯恐不及；另一个极端是对智能制造无动于衷，在目前的生产现状上裹足不前。

从青岛市区跨过海底隧道前往西海岸的路上，路边会看到一个个大牌子写着先行先试，善做善成的标语。在智能制造项目中，这是一个妥帖的建议，也符合在智能制造的推进过程中的敏捷精神。从尝试小项目开始，把小项目做好可以累积经验、培养人才，后续通过做一个个小的智能制造项目或逐渐尝试大的智能制造项目，在这个过程中循环增长对智能制造项目的把握，并且从企业迭代的受益中再剥离出一部分来进行下一轮智能制造项目的实施。

9.2 项目目标符合 SMART 原则

很多智能制造的项目做不成功，很大一部分原因在于没计划好，而没计划好的相当多一部分原因是由于项目任务或项目目标的制定不合理。

项目目标管理中有一个著名的 SMART 原则。S=Specific（目标必须是具体的），M=Measurable（目标必须是可以衡量的），A=Attainable（目标必须是可以达到的），R=Relevant（目标是要与其他目标具有一定的相关性），T=Time-bound（目标必须具有明确的截止期限）。

这里不是说用一句话便可以使用 SMART 原则描述清楚项目的任务或项目目标，用一段话说明项目的目的倒是可以，但我们很难用一句话说清楚项目的任务，项目的目标是需要拆解成多条来进行描述的，这每一条都是一个项目的任务，每一条项目的任务依然要符合 SMART 原则。SMART 原则简单易懂，但在我的工作经历中却发现只有为数不多的项目目标达到了 SMART 原则的要求。我们不妨把每一条拆解开来仔细看看它们的含义。

明确性（Specific）：要用具体的语言清楚地说明要达到的标准，很多项目不成功的重要原因之一就因为目标确定得模棱两可，或无法将目标有效地传达给甲乙双方。比如，某个智能制造项目中的一个工作包内容是优化现有数据采集方案，这就是一个不明确的目标。现在的数据采集性能是如何衡量的？使用什么指标作为数据采集的优化参照？（数据采集速率、数据采集数量、数据采集范围）将数据采集优化到什么程度？

衡量性（Measurable）：目标应该是明确的，而不是模糊的。所以应该有一组明确的数据，作为衡量是否达成目标的依据。如果制定的目标没有办法衡量，就无法判断这个目标是否实现。比如，某个智能制造项目中的一个工作包内容是深入进行人工智能的应用，这就是一个不可衡量的目标。什么叫深入进行？人工智能需要在哪些系统中应用，应用达到多少百分比才算完成该目标？

可实现性（Attainable）：目标是要能够被执行人所接受的，如果企业管理层利用一些权利方面的影响力把自己所制定的目标强压给下属，下属典型的反应是一种心理和行为上的抗拒：我可以接受，但是否完成这个目标，有没有最终的把握，这个可不好说。一旦有一天这个目标真完成不了的时候，下属就有一百个理由可以推卸责任：你看我早就说了，这个目标肯定完成不了，但你坚持要压给我。

相关性（Relevant）：实现此目标与其他目标的关联情况。如果实现了这个目标，但与其他的目标完全不相关，或者相关度很低，那这个目标即使被达到了，意义也不是很大。在具体的项目中，那些不处于项目实现路径上或者跟项目实现无关的工作就是没有相关性的目标，比如项目经理安排某个人去调研某个企业的 WMS 系统用的是哪个厂家的，或者调研智能制造用的新技术，而最终这个调研结果没有在项目中发挥作用，这时候很难说这样的目标是否具有"相关性"，如果是为了项目中选型 WMS 系统或为了甄别供应商而进行了技术比对工作，这样的目标是有相关性的；而如果是因为项目计划混乱、对项目范围不清晰而导致的方向不明确，那基于这样的背景制定的上述目标是不具有相关性的。

时限性（Time-bound）：目标是有时间限制的。例如，我将在 2019 年 1 月 1 日之前完成某事。2019 年 1 月 1 日就是一个确定的时间限制。没有时间限制的目标没有办法考核，或造成考核的不公正。上下级之间对目标轻重缓急的认识程度不同，管理层着急，但下面不知道。这种没有明确的时间限定的方式也会带来考核的不公正，影响工作关系。在项目管理中，这种事情常见的情况就是大家一起开了某个会后，列了一堆待做事情的列表，而很多情况下对这些待做事情分配给谁、什么时候提交所要求的结果没有明确说明，会后人人觉得轻松，会议的效果也可想而知。

如果总体项目目标难以用一句概括性的语言进行总结，没有体现 SMART 原则，那么对于总体项目目标进行拆解的各个项目任务一定要符合 SMART 原则。如果总体目标和目标下的任务都体现没有 SMART 原则，项目难以执行也难以验收。SMART 原则指导下的项目任务的描述，也可以作为制造企业和服务商之间的合同内容，比如放在验收标准部分。

9.3 项目任务分优先级

如果让你今天去买 1 箱 X 品牌的矿泉水和 1 箱 Y 品牌的凉茶，你肯定是不需要优先级的，因为你足够在 1 天的时间内完成这点工作。如果让你今天去采集 200 种不同种类的植物标本，你就得问"如果做不完，先做哪个"了。所以，正因为工作太多可能完不成，所以我们得给任务排个优先级——在时间和资源有限的情况下，先关注重要环节、完成主要工作。

对于项目任务而言，什么是重要的呢？当然是指能有助于达成特定目标成果的开发内容或产品功能。

聚焦于特定的目标成果，这是排定开发工作优先级的秘诀。对于智能制造项目来说，主要就是先去解决制造企业里的瓶颈问题才是企业生产制造过程中的当务之急。

先解决影响制造的瓶颈问题，用这种思路来排列项目优先级的方法听起来简单，但实际操作起来其实很多人会发现存在一些问题——从业务角度考虑，我将功能 A 放在第 1 优先级上，功能 B 放在第 2 优先级上，但后来发现功能 A 依赖于功能 B，所以其实功能 B 的开发要先进行。怎么处理这种状况？这种情况其实并不少见，比如从业务角度考虑，需要首先做一个制造企业的数据驾驶舱，但后来发现数据驾驶舱这个功能对各种软件系统（如 MES、ERP 等）之间的打通存在着依赖关系，需要首先把 MES 与 ERP 之间打通；而本来的打算是先实现数据驾驶舱的功能来提供给企业领导层掌握企业数据，而后再考虑 MES 与 ERP 等系统之间的对接。

对于这种情况，我们这里不说这是对功能的优先级排列有问题，因为从用户或业务角度来考虑，这的确是正确的，只是在技术层面才涉及了需要对优先级进行调整的状况。这里，我们使用优先级继承这个概念来处理类似事情的。

优先级继承这个概念的大概意思是：当高优先级任务需要以低优先级任务完成的结果为前提，那么就将低优先级任务的优先级提高，原来的高优先级的任务在其之后执行。这样，对于以上提到的功能 A 的开发工作放在第 1 优先级上，功能 B 的开发工作放在第 2 优先级上，但后来发现功能 A 依赖于功能 B 的情况，我们就可以把功能 A 的优先级继承给功能 B（提高功能 B 的优先级），开发完功能 B 后再开发功能 A。

调整优先级是在项目的详细规划阶段才去做的，项目立项和初步计划时不需要考虑这么多，而是要优先考虑制造企业存在什么瓶颈问题，在什么方向上投资才能最具有性价比。

如果在详细规划阶段发现定义的高优先级任务大部分都因为优先级继承的

问题被迫变成了低优先级，而大部分低优先级的任务都被上调了优先级，那说明任务块切分得有问题，需要重新调整。比如针对上面提到的例子，完全可以把"1.实现数据驾驶舱"拆分为"1.1 实现数据驾驶舱的管理者视图"和"1.2 实现数据驾驶舱的车间信息视图"等；把"2.对各种软件系统之间打通"再次拆分为"2.1打通 ERP 与 MES""2.2 打通 MES 与 SCADA"和"2.3 打通 MES 与 WMS"等，这样就可以不需要把整个"2.对各种软件系统之间打通"排到"1.实现数据驾驶舱"前面，而是通过 2.1→1.1→2.2→2.3→1.2 的顺序进行，尽可能地先把"1.1 实现数据驾驶舱的管理者视图"的功能实现出来。

9.4 小投资大收益，可能吗？——有可能

追求性价比，是很多制造企业推进智能制造的追求。这并不是不可能达到的，通过摸清楚制造企业真正的瓶颈问题，并且选择适合制造企业的小成本技术方案，针对制造企业的投资真的可能做到好钢用在刀刃上。通过投资小的系统解决制造企业的瓶颈问题，让制造企业尤其是中小企业迈入智能制造的大门，逐渐可以用正确的观念、丰富的项目经验去继续深入推进智能制造项目，这也是敏捷思想所倡导的理念。

要找到小成本的技术方案，首先要甄选制造企业需要解决什么样的问题，这样得到的方案才能有的放矢。制造企业最常见的能解决问题的应用是生产过程追溯（包含质量追溯）、设备状态管理等，要实现这些功能，可以选择用一整套的 MES 并把 MES 与其他企业内部的信息系统打通，也可以选择较为便宜的条码系统、

安灯系统等方式来解决这些问题。便宜、灵活、可拓展性好，且能满足需求、解决制造企业痛点的方式，是我们本章所说的小投资大收益的小成本技术方案。

这里我们以条码系统为例，举一个小成本技术方案的例子。条码系统的功能依然非常复杂，这里我们仅取其中一个功能来进行说明。例子中，关键的步骤是一起来看看一个简单的方案是怎么设计出来的，以及其中如何反映出的小投资大收益的理念。

有一个给某品牌电脑做供应商的小型制造企业 A，主要的加工产品是机箱，经常收到客户（品牌电脑集成商）抱怨"发货出错、数量与订单要求不匹配"的问题。所以这家制造企业 A 寻求一个能够解决这些问题的服务商。某服务商 B 针对制造企业 A 的问题，推荐了使用条码系统来解决这些问题，由于服务商 B 已经有一套开发好的条码系统，但可能需要根据制造企业 A 的具体需求进行定制化拓展开发。对于这样一个例子，我们推荐用生产流程复盘→梳理问题→概要方案设计→功能块详细设计→布署结构设计→系统软硬件组成和投资估算的过程方法来实施。

（一）生产流程复盘

梳理制造企业目前的流程，这样做的目的是对制造企业遇到的问题能够有个全局观，至少知道制造企业提出的生产痛点或需求处于哪个环节。这个环节需要解决的问题往往要与其他环节配合才能最终解决。图 9-1 所示是制造企业 A 的生产流程示意图。

（二）梳理问题

针对流程中遇到的问题进行问题梳理，如图 9-2 所示。

图 9-1　制造企业 A 的生产流程示意图

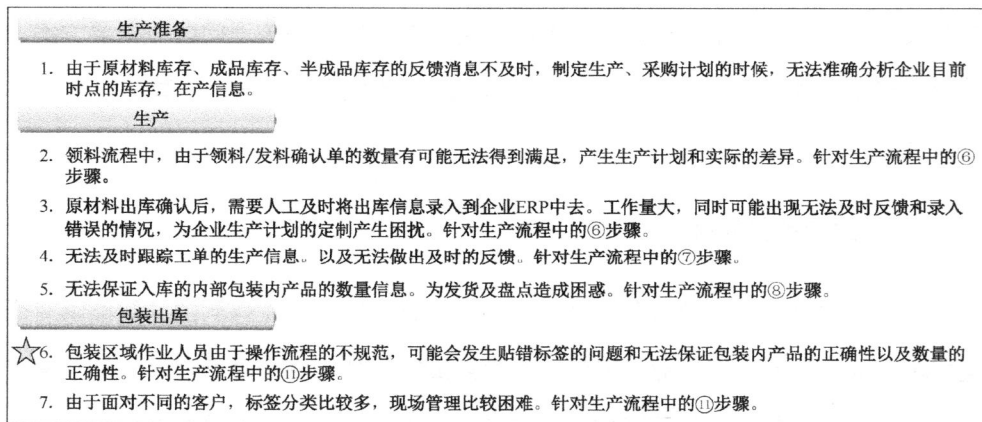

生产准备

1. 由于原材料库存、成品库存、半成品库存的反馈消息不及时，制定生产、采购计划的时候，无法准确分析企业目前时点的库存，在产信息。

生产

2. 领料流程中，由于领料/发料确认单的数量有可能无法得到满足，产生生产计划和实际的差异。针对生产流程中的⑥步骤。

3. 原材料出库确认后，需要人工及时将出库信息录入到企业ERP中去。工作量大，同时可能出现无法及时反馈和录入错误的情况，为企业生产计划的定制产生困扰。针对生产流程中的⑥步骤。

4. 无法及时跟踪工单的生产信息。以及无法做出及时的反馈。针对生产流程中的⑦步骤。

5. 无法保证入库的内部包装内产品的数量信息。为发货及盘点造成困惑。针对生产流程中的⑧步骤。

包装出库

☆6. 包装区域作业人员由于操作流程的不规范，可能会发生贴错标签的问题和无法保证包装内产品的正确性以及数量的正确性。针对生产流程中的⑪步骤。

7. 由于面对不同的客户，标签分类比较多，现场管理比较困难。针对生产流程中的⑪步骤。

图 9-2　制造企业 A 的生产问题梳理

梳理出的问题未必一定能够通过条码系统来解决。实际上，条码系统可以帮助该制造企业解决上述的 4~7 四个问题。这里我们在本例中只举例说明如何解决上述问题 6，也就是在图 9-2 中标有星号的那个问题。

（三）概要方案设计

包装作业环节存在的问题是包装区域作业人员由于操作流程的不规范，可能会发生贴错标签的问题，从而无法保证包装内产品的正确性以及数量的正确性。

针对这一问题，概要设计方案中为此而设计的主要功能是三点照合功能，也就是保证内部标签、产品标签和用户订单要求一致。

条码系统除了解决这一问题的三点照合功能，还有其他功能，如图 9-3 所示。但本例中我们以三点照合功能为例进行说明，所以暂时不涉及其他功能的设计介绍。

（四）功能块详细设计

这里的功能块详细设计就是针对三点照合功能的设计。功能设计的示意如图 9-4 所示。

- 客户订单被读入了条码系统的数据库，而扫描枪作为条码系统的终端，可以连接到该数据库。

- 通过扫描枪扫描生产过程中已经打印在产品上的内部标签后,会调用标签比对程序,自动比对是否是属于该客户订单的产品。如果不属于该客户订单，则不能打印发货用的产品标签；如果属于该客户订单，则打印发货用的产品标签，该标签可以贴在产品的外包装上。

- 产品标签打印后，在条码系统的数据库中将该条产品信息标记为已出货，并自动扣减客户订单的应发货数量。全部产品扫描完内部标签并打印完发货用的产品标签后,如果打印出的产品标签的数量等于客户订单中产品的数量，则自动结单；如果数量不匹配，则不能对该客户订单结单。

● 发货前可以再次确认内部标签与贴好的产品标签是否能对应得上（非必须步骤）。这个功能可以通过分别扫描内部标签和产品标签上的条码，扫码枪的标签比对程序可以显示比对结果。

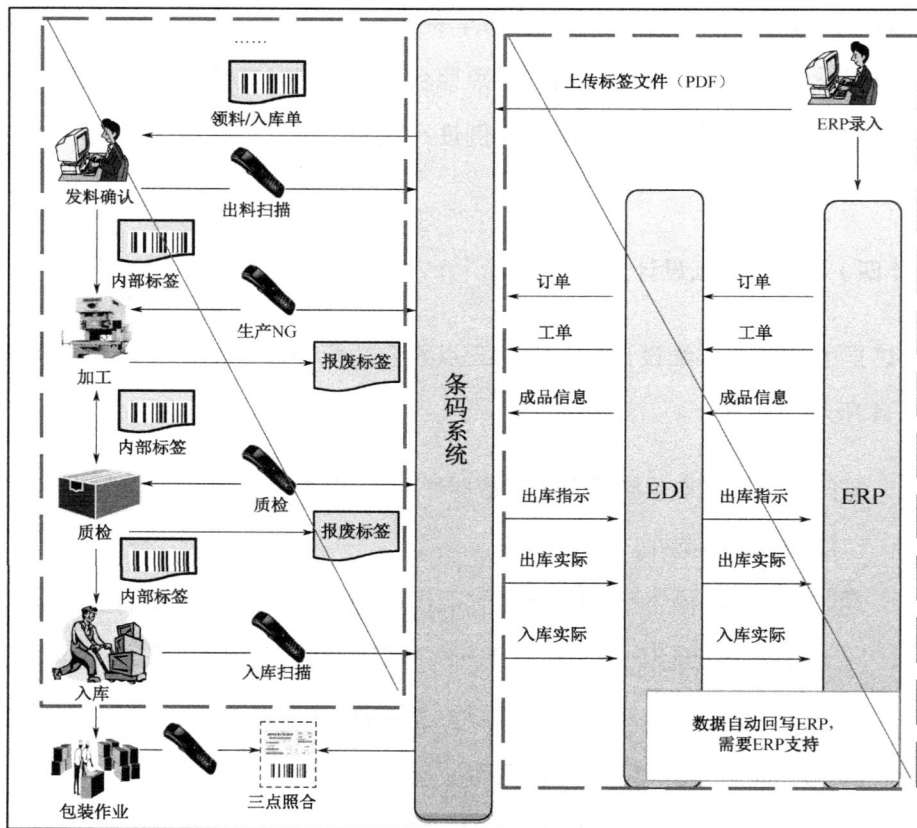

概要方案设计

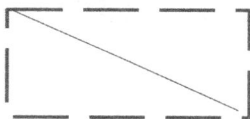

图 9-3　制造企业 A 的概要设计方案示意

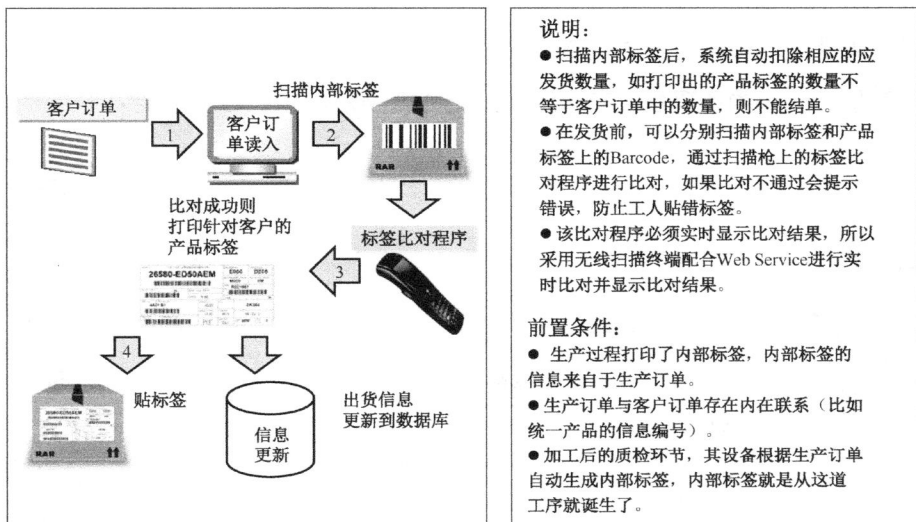

说明:
● 扫描内部标签后,系统自动扣除相应的应发货数量,如打印出的产品标签的数量不等于客户订单中的数量,则不能结单。
● 在发货前,可以分别扫描内部标签和产品标签上的Barcode,通过扫描枪上的标签比对程序进行比对,如果比对不通过会提示错误,防止工人贴错标签。
● 该比对程序必须实时显示比对结果,所以采用无线扫描终端配合Web Service进行实时比对并显示比对结果。

前置条件:
● 生产过程打印了内部标签,内部标签的信息来自于生产订单。
● 生产订单与客户订单存在内在联系(比如统一产品的信息编号)。
● 加工后的质检环节,其设备根据生产订单自动生成内部标签,内部标签就是从这道工序就诞生了。

图 9-4　制造企业 A 的三点照合功能详细设计示意图

以上就是一个三点照合功能设计的示例。实际功能设计中需要关联其他功能进行统一的流程梳理,还需要看某一块的逻辑功能在整个方案中是否可以逻辑自洽,是否发生了功能重叠或缺失,这就需要一些前置条件,比如"与其他功能的配合"或"关联功能接口"等的说明,在我们的例子中也列举了一些前置条件,主要是说明内部标签是通过哪道工序来的,内部标签与生产订单和客户订单之间的信息映射关系等。

(五)布署结构设计

任何系统,哪怕是软件系统,都需要运行载体,也不能不需要硬件。智能制造的各种赋能工具中,很多的工具不仅仅是运行在单机电脑或者服务器上的软件,而是包含了硬件终端如扫码枪、RFID 读写器等一套较为复杂的机构,甚至还需要考虑网络搭建等问题。之所以我们平时用到的软件大多数不需要强调布署结构,以至于我们对布署结构这个概念不熟悉,是因为我们平时使用的大部分软件都是安装在个人电脑上的单机版软件。

我们示例中的条码系统布署结构如图 9-5 所示。整个布署需要以下几部分：

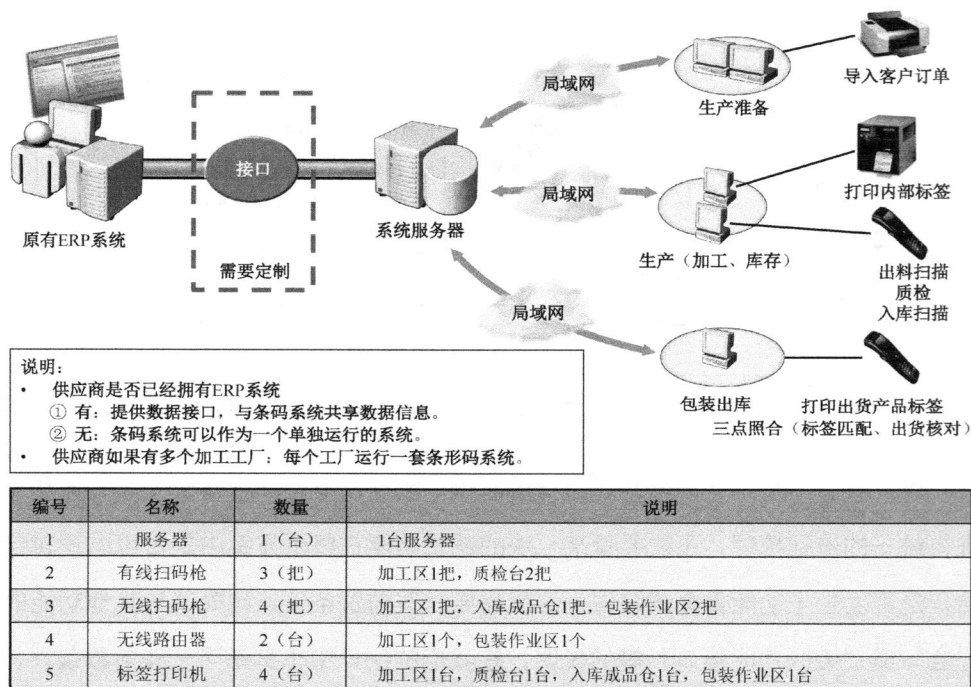

说明：
- 供应商是否已经拥有ERP系统
  ① 有：提供数据接口，与条码系统共享数据信息。
  ② 无：条码系统可以作为一个单独运行的系统。
- 供应商如果有多个加工工厂：每个工厂运行一套条形码系统。

编号	名称	数量	说明
1	服务器	1（台）	1台服务器
2	有线扫码枪	3（把）	加工区1把，质检台2把
3	无线扫码枪	4（把）	加工区1把，入库成品仓1把，包装作业区2把
4	无线路由器	2（台）	加工区1个，包装作业区1个
5	标签打印机	4（台）	加工区1台，质检台1台，入库成品仓1台，包装作业区1台

图 9-5　制造企业 A 的条码系统布署结构示意图

- 运行条码系统用的服务器；
- 组建一个连接生产准备、生产和包装出库环节的局域网，或者在已存在的生产车间局域网上进行拓展；该局域网还要通过无线方式连接扫码枪终端；
- 扫码枪若干；
- 与 ERP 的接口需要进行定制。

（六）系统软硬件组成和投资估算

现在市面上做一套能用的 MES 系统的价格一般在 100～300 万（ 注意我说的是"能用"，仅仅安装了软件得不到客户认同而不支付尾款的情况不在讨论之列 ），哪怕是并非全功能模块的 MES 系统，哪怕是针对中小企业的应用情况。大型企业的 MES 系统花费轻易超过 1000 万也是常见情况，小型企业用不到那么复杂功能的 MES 系统，往往也就是生产过程追溯、设备状态管理等简单应用。那么能够解决这些中小型制造企业目前遇到的瓶颈问题的小成本方案，比如我们本例中的条码系统，到底怎么体现小投资大收益呢？我们不妨来看看。

针对本例的硬件组成、软件组成和投资估算如图 9-6 所示。

硬件组成

编号	名称	数量	说明	成本核算（kRMB）
1	服务器	1（台）	1台服务器。	40*1 = 40
2	有线扫码枪	3（把）	加工区1把，质检台2把	2*3 = 6
3	无线扫码枪	4（把）	加工区1把，入库成品仓1把，包装作业区2把	6*4 = 24
4	无线路由器	2（台）	加工区1个，包装作业区1个	2*2 = 4
5	标签打印机	4（台）	加工区1台，质检台1台，入库成品仓1台，包装作业区1台	3*4 = 12

软件组成

编号	名称	数量	说明	成本核算（kRMB）
1	条码系统软件	1（套）	1家工厂1套（1个局域网内）	160（原有系统：100 + 定制化：60）

总组成

编号	名称	说明	费用（kRMB）
1	条码系统硬件	40+6+24+4+12 = 86 kRMB	86
2	条码系统软件		160
3	人力实施费用	10个人天，按1人天4kRMB计算	40
4	项目风险和供应商利润预留	按以上项总和的20%计算	57.2
	总费用		343.2

图 9-6　制造企业 A 的条码系统软硬件组成和投资估算示意图

投资估算有很多种算法，实际情况很可能比较复杂。因为计算这个数值的角色就有可能分为甲方（制造企业）估算、乙方（服务提供商）估算。而乙方又有多种情况，有的智能制造的服务提供商本身的产品线中就涵盖某种软件或硬件系统，而有的服务提供商只是个集成商，需要集成别人的产品形成自己的解决方案。

在以上提到的各种复杂情况下，计算项目总价的方法是有所差别的，所以在本例中仅作简单示意。需要注意的是，硬件组成、软件组成和人力实施费用的总价格（本例中是 286 000RMB）是项目的一条红线。也就是说，如果经过甲乙双方讨价还价之后，如果合同的支付总价低于红线价格，乙方是要亏本的。在这种情况下，如果乙方仍然要赚取利润，那么只能通过降低项目质量或硬件缩水等方式来平衡。国内很多行业之前推行的"最低价中标"的方式运行了几年之后发现最终的结果就是工程质量差或项目烂尾，所以，很多行业现在改成了报价排名倒数第二家中标的方式进行招标。

从投资者（制造企业、甲方）角度如何保证小投资仍然可以最大限度地保证项目质量和收益，恐怕是投资者最关心的问题。

从保证项目质量角度出发，关键是找到合适的服务提供商。因为能够提供类似解决方案的不同服务提供商有着不同的成本结构。如果服务提供商本身就是专注于做某个领域或针对某种问题的解决方案和产品的，那么这样的服务商所需要的项目风险预留成本也就比较低，由于产品批量生产的原因，他们的软件或硬件边际成本也低，所以能够做到一番讨价还价之后，依然有足够的利润空间来实施项目；如果服务提供商在此领域没有经验，那么这样的服务商需要更多的费用来平衡项目实施的风险，硬件甚至软件都需要从外面来采购，最终用户需要支付采购过程中的差价，项目如果发生了费用缩减的情况就只能从质量上打折扣了。

从保证项目收益角度出发，关键是方案能够解决的问题是否能切中投资者

（制造企业、甲方）的瓶颈问题，以及在多大程度上帮助投资者节省了成本、提高了效率。这取决于服务商在类似领域或解决类似问题过程中的经验积累，还有服务商派什么样的专家来实施该项目，当然还需要制造企业本身的配合程度等多方面因素。服务商是否有行业经验？项目中是否有专家？问题和需求挖掘是怎么做的？制造企业和服务商之间是否共同认可了方案、交流顺畅、配合得力？看这些问题都可预测智能制造项目执行的结果。

第 **10** 章
其 他 问 题

智能制造是一个很大的话题，一本书很难包罗万象地从各个角度去完整阐述这个话题；而目前市面上绝大多数讲智能制造的书籍基本上都讲"工业 4.0"和实施中国制造强国战略二者之间的区别和联系，以及智能制造的目标、各种软件系统的使用角度来阐述这个话题。

本书前面的章节从智能制造所应该围绕的价值层面，从制造企业面临的困惑和痛点开始，导入赋能工具和智能制造如何推进的方法；从制造企业及服务商两侧来提供视角，让他们能够彼此理解对方的业务和难点，从而更清楚自己在智能制造之路上应做好的准备；并分享了作者自己做智能制造调研、诊断、提供方案的一些专家工具和思路；将智能制造与敏捷执行进行结合，提出智能制造分层、智能制造小投资大收益的可能性。这些努力希望能让读者更清晰地认识智能制造，对智能制造如何落地有更清晰的认识。

所以，本书前面的章节都围绕着智能制造的价值如何落地这个比较"专"的话题进行展开，本章中我们进行一下拓展，看看智能制造的一些近景和远景，比如智能制造处于什么阶段、预言智能制造的未来等问题。

10.1 流程行业的智能制造有哪些不同

有读者可能会提这样的疑问：为什么在本书中大部分案例讲的都是适合离散行业的案例，适合流程行业的案例比较少。

的确是这样的。原因我们在本节的后面来解释，这里先稍微介绍一下这两个名词——离散行业和流程行业。

离散行业是制造企业中的一类企业，它们的最主要特征为生产过程中基本上没有发生物质改变，只是物料的形状和组合发生改变；即最终产品是由各种物料装配而成的，并且产品与所需物料之间有确定的数量比例，比如一个产品有多少个部件，一个部件有多少个零件，这些物料不能多，也不能少。按通常行业划分属于离散行业的典型行业有机械制造业、汽车制造业、家电制造业等。

流程行业也是制造企业中的一类企业，它们的最主要特征为生产过程中被加工对象不间断地通过生产设备，通过混合、分离、粉碎、加热等物理或化学方法使原材料增值，最终得到满意的产品。由于生产过程是 24 小时连续不断的，人们也称此类生产为过程型或连续型。按通常行业划分属于流程行业的典型行业有医药、化工、石油化工、电力、钢铁制造、能源、水泥等。

但是由于流程行业的最终输出产物如果不是通过管道直接运输走的，那么一般也需要包装等环节，所以还有另一个名词叫做混合行业。混合行业是指在流程行业的企业中，产品包装成本占有较大比例的一类企业。这类企业前期生产是流程的，后期包装则是离散的。如果没有前期原料生产，是通过购买原料来进行包装的，则就是完全的离散行业。按通常行业划分属于混合行业的典型行业有制药行业、化妆品生产行业、食品行业、酒类生产行业等。这类企业的前期生产与流程行业完全相同，后期生产与离散行业基本相同。

说完了这几个名词，我们回归到之前的那个问题，想一下为什么智能制造中好像特别关注离散行业而对流程行业涉及较少，以及流程行业中的智能制造有什么不同。

（一）离散行业与流程行业的不同

1．产品品种和批量不同

相比流程行业而言，离散行业的特点是多品种和小批量。因此，生产设备的布置不是按产品而是按照工艺进行布置的。例如，离散制造业往往要按车、磨、刨、铣等工艺过程来安排机床的位置。因为每个产品的工艺过程都可能不一样，而且可以进行同一种加工工艺的机床有多台。

流程行业制造企业的特点是品种固定、批量大，生产设备投资高，而且按照产品进行布置。通常流程生产行业企业设备是专用的，很难改作其他用途。

【总结】离散行业由于是离散生产，生产按工艺布局，所以需要对所加工的物料进行调度，并且中间品需要进行搬运和中间库存。而流程行业大批量生产，不存在或较少存在中间库存、换产等问题，但对工艺过程参数把控要求更严格。

2．产品结构和生产模型的要求不同

离散行业制造企业的产品结构可以用"树"的概念（产品 BOM）进行描述——其最终产品一定是由固定个数的零件或部件组成，这些关系非常明确并且

固定。

　　流程行业制造企业一般可以用"配方"的概念来描述这种动态的产品结构关系。而且，在流程行业制造企业每个工艺过程中，伴随产出的不只是产品或中间产品，还可以被细分为主产品、副产品、协产品、回流物和废物等。

　　【**总结**】流程行业制造企业的产品结构与离散行业有较大的不同，它们往往不是很固定，上级物料和下级物料之间的数量关系可能因温度、压力、湿度、季节、人员技术水平、工艺条件不同而不同。所以在流程行业中对工艺条件的监控就显得尤为重要。

　　3．自动化水平不同

　　离散行业制造企业的产品的质量和生产率在很大程度上依赖于工人的技术水平。离散行业制造企业自动化主要为单元级，例如数控机床、柔性制造系统。因此，离散行业制造企业一般是人员密集型企业，自动化水平相对较低。

　　流程行业制造企业则大多采用大规模生产方式，生产工艺技术成熟，广泛采用 PCS（过程控制系统），控制生产工艺条件的自动化设备比较成熟。因此，流程行业制造企业生产过程多数是自动化的，生产车间的人员主要从事管理、监视和设备检修等工作。

　　【**总结**】流程行业自动化程度高，这就意味着早期投产的流程行业制造企业的信息化水平低。

　　4．数据采集方式不同

　　离散行业制造企业以手工上报为主，并可以结合条形码采集等半自动信息采集技术，这是中国制造企业目前的现状。

　　流程行业制造企业的自动化程度较高，对于信息采集而言，重点在于自动化设备接口。

【总结】流程行业自动化程度高，所以信息采集相对比较简单，主要是看自动化设备是否有数据接口，如果自动化设备投资早、没有接口，那么就需要使用工业视觉识别等 Add-on 的方案来解决，不太容易通过扫码枪的方式来解决，因为流程行业往往生产环境恶劣、用人少。

5．生产计划的管理不同

由于离散行业制造企业的产品的工艺过程经常变更，它们需要具有良好的计划能力。对于按订单组织生产的企业，由于很难预测订单在什么时候到来。因此，对采购和生产车间的计划就需要很好的生产计划系统，特别需要计算机来参与计划系统的工作。

流程行业制造企业主要是大批量生产。只有满负荷生产，企业才能将成本降下来，在市场上才能具有竞争力。因此，在流程生产行业企业的生产计划中，年度计划更具有重要性，它决定了企业的物料需求。

【总结】离散行业制造企业的生产计划更灵活、更短期；流程行业制造企业的生产计划更长期，并要预测年度的市场需求。

6．设备管理不同

离散行业制造企业可以将单台设备停下来检修，并不会影响整个系统生产。

流程行业制造企业的产品比较固定，而且一旦生产就有可能是十几年不变。流程行业制造企业的设备是一条固定的生产线，设备投资比较大、工艺流程固定。其生产能力有一定的限制，生产线上的设备维护特别重要，不能发生故障。

【总结】流程行业制造企业的设备对比离散行业而言，更关注设备的可靠性和使用寿命，价格相对不那么敏感。

7．生产批号管理和质量测试

离散行业制造企业的产品可以逐个测试，但正因为可以逐个测试来看结果，所以即使缺失了对物料的追踪，也能在最后的质检关头把握产品质量。

流程行业制造企业的生产工艺过程中，会产生各种协产品、副产品、废品、回流物等，对物资的管理需要有严格的批号记录。例如，制药业中的药品生产过程要求有十分严格的批号记录和跟踪，从原材料、供应商、中间品及销售给用户的产品，都需要记录。一旦出现问题，企业要可以通过批号反查出是哪一环节出现了问题。

【总结】流程行业制造企业因为是大批量生产而且只能通过样本抽检，所以一旦物料有问题产生的影响会比较大，需要特别注重批号记录和跟踪。

8．作业指令的下达方式不同

离散行业制造企业的作业指令下达一般采用派工单、施工单等书面方式，或采用电子看板方式。

流程行业制造企业不仅要下达作业指令，还要将作业指令转化为各个机组及设备的操作指令和各种基础自动化设备的控制参数。

【总结】流程行业制造企业的生产作业指令也是高度自动化的，这也是流程行业大量使用 PCS（过程控制系统）、DCS（分布式控制系统）和 PLC 控制器的原因。

通过以上的对比，我们可以看出，流程行业与离散行业的确是有一些不同。总体而言，离散行业生产过程中遇到的问题更为复杂，因为涉及物料搬运、中间库存、小品种多批量、生产切换和柔性等问题，而这些问题也是精益理念和智能制造需要解决的问题。这也是为什么当初"工业 4.0"的概念提出时是以离散制造行业为背景的原因。同时，这也是为什么在本书中大部分案例讲的都是适合离散行业的案例，适合流程行业的案例比较少的原因。

（二）流程行业中的智能制造

既然包含了智能制造的"工业 4.0"概念的提出是以离散制造行业为背景并着眼于解决离散行业遇到的问题，是不是说智能制造在流程行业中不适用呢？

其实智能制造作为顶层理念设计，并不需要区分是离散行业还是流程行业，只不过不同行业适用的技术方案应该有所区分。在大多数情况下，因为离散行业遇到的问题更复杂，所以智能制造如果针对离散行业可以有解决方案，那么能解决复杂的问题肯定能解决简单情况下的问题（注意，不是说复杂状况下的方案适用简单情况），所以不存在智能制造不适用流程行业的说法。

当然，流程行业有些情况是比离散行业复杂的。比如，因为后期改动成本高，所以对前期规划要求更苛刻，老旧设备不能轻易被拆除、改装（那样会导致全线停产），所以对数据采集的 Add-on 方案要求更苛刻，对工艺条件的监控要求更苛刻，作业指令的自动闭环控制要求更苛刻，生产的安全性对网络和设备等的要求更苛刻，等等。这些因素也导致流程行业中的智能制造更多地关注以下智能制造话题或赋能工具：

- 仿真优化对流程行业前期投产的建模和规划作用；
- 大数据分析和人工智能算法对设备报警状态、生产调度、能源处理等方面的数据挖掘和决策指导作用；
- 工业信息安全对保障网络安全、生产过程免受攻击的防御作用；
- 实时的高集成自动化系统全盘管理生产过程和运营系统；
- 可靠的 Add-on 方案，比如综合使用工业视觉和传感技术等的复杂算法应用；
- 对各种工艺参数进行全流程监控，并做到生产过程可视化。

10.2 / 小微企业也要走智能制造之路吗？

　　本书中很多内容是围绕着中小企业去实现智能制造给出的指导方法，比如第 9 章中的《小投资大收益，可能吗？》一节中，其实就是为中小企业迈入智能制造的大门而设计的方案。所以，中小企业可以走智能制造之路是毫无疑问的。本书的第 1 章中已经说明了制造企业的升级转型迫在眉睫，市场正在淘汰不思进取的制造企业，所以中小企业走智能制造之路也是必然的。但还有一个有趣的问题是：小微企业也要走智能制造之路吗？

　　我们本书前面的章节中也提到了一个现状：我国制造企业的利润率较低，推进智能制造往往缺乏足够的资金进行投入。对大企业而言是这样，对中小企业而言更是这样，对小微企业而言资金支出更是难以承受之重。那么小微企业是不是也必须像大企业或中小企业一样去推进智能制造呢？

　　我个人觉得"小微企业也要走智能制造之路吗？"与"小微企业是不是也必须像大企业或中小企业一样去推进智能制造？"是两个问题。对于第一个问题，我给的参考答案是应该是的，而对于第二个问题，我给的参考答案是不是。

　　怎么理解呢？我们一个个地回答。小微企业也要走智能制造之路吗？仅有一些特别的例子中不需要小微企业去推进智能制造，比如这些小微企业生产的不是工业品，而是艺术品，我们说过工业品的特点就在于保证质量下的批量，而艺术品在于唯一，质量反而是次要的。所以，如果这些小微企业是生产艺术品的，那完全可以不推进智能制造，钢铁味道的设备生产出来的东西反而会降低产品价格或品牌价值立意。但是，绝大多数的小微企业仍然是生产工业产品，而且往往是作为大企业的供应商而存在的，也是某个工业品生产链上的一个环节，是一个工业环境下的生态组成，那么这种小微企业毫无疑问就需要走智能制造之路了。至于小微企业的智能制造之路怎么走，这正是我们回答下一个问题需要阐述的。

小微企业是不是也必须像大企业或中小企业一样去推进智能制造？当然不是，小微企业推进智能制造有其自己的方式。小微企业不可能有那么大量的资金去进行智能制造的投入，而且小微企业之所以存在也得益于其生产的灵活性，今年生产 A 产品的某个部件，明年可能彻底转为产品 B 生产某个配件。小微企业因为是给大企业做零配件的供应商，是某个产品工业生态上的一个环节，所以推进智能制造首先要满足质量要求和与上游公司之间的数据接口。

质量要求这个不用太多解释，工业品的质量要从物料、配件开始抓起，而不是放在最后的一道质检环节，这是常识。小微企业作为供应链上的一环，必须保证所供应物料或零配件的质量，这些质量数据以前是以纸质文件的形式（比如质检记录表格或合格证等）提供给上游公司的，在智能制造的大环境中则需要以准实时的方式提供给上游公司，至少保证物品运送到上游公司时，这些质量数据能够被上游公司的软件系统读取到。

与上游公司之间的数据接口，这个在解释质量要求时已经涉及了，主要是指小微企业能够与上游公司之间进行数据交互，比如上游公司的生产计划数据能够下发到小微企业，小微企业的质量数据和生产完成数量数据也能够上送到上游公司，等等。这是一个双向的过程，数据要能够上通下达。如果小微企业在上游公司厂内设有货品存储柜，存储柜里的货品存量数据也需要能够传输到上游公司和小微企业本身。

总之，大制造企业的智能制造之路是标准品基础上的柔性生产，通过标准模块的有限组合做到大批量定制，这需要大型企业追求尽量全面的智能化生产。中小企业的智能制造之路是标准品基础上的柔性生产，通过灵活的生产组织方式和智能化的应用，做到多品种小批量和定制化，这需要中小企业改善瓶颈环节、追求逐步优化迭代的智能化生产。小微企业的智能制造之路是通过智能化的手段把某个细分领域做得更好，给上游公司高效灵活地提供有质量保证的零配件。而这需要小微企业注重供应货品的质量并打通与上游公司之间的数据接口。

10.3 现在处于智能制造的什么阶段？

任何行业都有其生命周期，行业生命周期指的是行业从出现到完全退出社会经济活动所经历的时间。行业生命周期主要包括四个发展阶段，即导入期、成长期、成熟期和衰退期。在成熟前期，几乎所有行业都具有类似 S 形的生长曲线。如果把智能制造作为一个行业来看待，也是应该有其自身的生命周期的，那么现在处于智能制造的什么阶段？

个人观点，现在正处在智能制造的成长期，而且是成长期的比较初始的阶段，如图 10-1 所示。

之所以这样判断，从认知度角度来看：一方面是因为智能制造现在是个热词；另一方面因为智能制造还没有达到大众皆知的地步，甚至没有大众认可的定义。从智能制造的实施效果来看，一方面智能制造的确在某些行业、某些企业中发挥了作用；另一方面智能制造还没有在大部分行业，大、中、小、微等不同体量的公司中都发挥作用。基于这些原因可以得出结论：现在正处在智能制造的成长期，而且是成长期的比较初始的阶段。

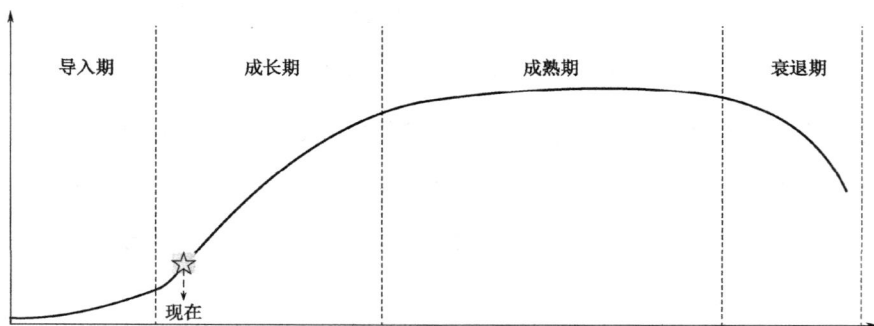

图 10-1　智能制造的生命周期示意图

　　如何证明上述说的这些似乎既成事实的支撑论据呢？智能制造的火爆程度我想不需要证明，翻开跟制造企业或服务商有关的人员的朋友圈，经常会看到《××企业助力××企业实现智能制造》《××企业制定智能制造新战略，致力于打造××××》《××企业新厂区投入使用，以智能制造为蓝本打造该行业的示范样本》等文章。怎么佐证大家对智能制造没有统一认知和普适的定义呢？我们在第 1 章中说过，数字化是智能制造的前提，即使业内人士对于数字化这个概念目前也没有形成统一的认知标准。我在业内人士、同事和同行专家中做了一个小小的调研，看大家是怎么理解智能制造的前序阶段数字化这个概念的，统计结果如下。（在此隐去被询问专家的名字，仅以数字标号代表姓名。而且，为了不连篇累牍，仅展示 10 条）

　　001：

　　面对这个精彩纷呈的世界，数字化开启了一个全新的视角，把复杂多变的模拟世界变成了精准可控的数字世界，帮助人类更加深刻地了解和认识整个宇宙，对全人类的技术创新和发展具有革命性的重要意义。

002:

1. 本质是过程或对象建模,即将物理世界映射到可被计算机处理的数学模型;

2. 目的是通过利用计算机的运算性能实现对物理世界的数据关联关系的描述,达到对物理世界的更好和更精准的预测、控制;

3. 数字化本身也是普及计算机使用范围的一种方式,将计算机作为一种生产资料是对生产力的极大促进;

4. 数字化进程发展的未来势必带来更加智能的研发方向,比如作为智能驾驶和人工智能的基础最终取代人参与事情的终极目标。

003:

我的理解是数字化是将枯燥乏味的数据、数字组织起来,以一种受众友好的方式呈现给人。并将数字进行归类与分析,形成有效的信息,用以控制系统进行决策或辅助操作员/管理者进行决策。具体表现为:

1. 数字化要有底层数据作为支撑;

2. 数字化要有将数据整理分析成有效信息的能力,要得出关键变量/指标辅助决策;

3. 数字化要有用户友好和形象的界面呈现,例如 Digital Twin 或 Dashboard;

4. 数字化要形成有效的控制模型,例如 Model Predictive Control,根据设备或 sensor 获取的输入形成有效的控制输出。

004:

通过利用 IT 技术将 OT 领域的产品信息、工艺信息、设备信息等进行数据化、电子化、网络化;

将传统工业领域的机械设计、电气及自动化控制等环节使用设备模拟、虚拟调试、数据分析迭代优化等手段进行升级改进；

解决传统技术难以提升的工业领域瓶颈，比如产品快速上市、生产柔性、进一步提高质量、降本增效等。

005：

数字化就是把信息转换为计算机可以认识和处理的形式。把各行各业各个领域的信息数据以一种统一的形式表示和存储。

数字化可以用于数字化办公，数字化生产、制造，数值化销售，数字化设计，数字化养殖，等等。

数字化可以极大地提高生活品质，提高生产效率，优化工作流程等。

数字化之后，会产生无穷无尽的数据。

应用大数据分析，人工智能等技术基于这些数据，又可以提供更多有价值的信息。

006：

数字化主要体现在产品生命周期管理、自动化集成及制造运营管理这三个方面。

其中产品生命周期管理基于数字化双胞胎与大数据概念，依托相关软件从产品设计、过程规划、生产线布局、过程仿真及运维管理进行产品周期管理。

自动化基于 SCADA 系统，通过 PLC 对生产单元进行控制，同时通过 PLC 将信息采集系统采集的生产数据通过工业通信协议比如 OPC UA 上传到 MES 或 ERP 系统中。

制造运营管理基于 MES 等系统，对生产数据进行分析计算，从而实现对生产的优化。其中我们经常提及的数字化双胞胎，更多的是展现为制造运营管理系统在产品生命周期的数字化概念上辅助产品设计、产品布局及过程仿真。

007:

数字化就是把现实世界中的人、物、生产流程等通过计算机技术转化成可视化的数字化模型，实现数据的存储、传输、交互等，从而打通生产过程的全产业链，全面实现无需人工介入的自动化和智能化，最终创造价值。

简单总结就是：现实世界什么样，就可以通过计算机把它存储成什么样，并通过大量的传感器等设备使现实世界全息映射到计算机世界里，并通过收集分析的大数据进行智能化自动化的处理。

008:

目前大多数客户对数字化的了解倾向于使用信息化手段对工厂常规业务的管理（管制）与监控。一方面的原因是多数客户前期已具备传统信息化管理的基础和经验。

对原有信息化业务的依赖和管理惯性，使得客户一旦谈起数字化，往往理解为对原有信息化业务的修正或补充，对数字化建设的认知仍停留在"管"的层面。

另一方面，大多数数字化供应商对客户业务的数字化建设不具备全局观念，对客户的引导要么着眼于局部信息化痛点问题的解决，如 MES，立库等局部产品的推销，要么顶层设计能力不足，往往"大而空"，难以落地。

和传统信息化业务相比，数字化业务所要解决的问题往往更倾向于工厂整体或局部业务效率的提升，脱离"管"的概念，更强调"用"，尤其智能化应用。

目前基于数字化及智能化概念的延伸，已经有人提出较为完善的 BI（Business intelligence）业务模式理论。

一般数字化业务根据个人理解包含以下几个方面的内容：

1. 数字化经营理念，目前国内数字化理论仍存在乱象，成功的数字化经营理念的宣贯对数字化业务的发展具有积极意义；

2. 装备数字化，这是整厂数字化业务的前提，一般装备的数字化属性起码具有数据交互能力，模块化扩展于裁剪能力，数据采集及存储能力，基本控制单元的不可再分能力；

3. 数据链接，指常规业务数字单元之间的链接能力，具体指产、供、销、流通、人员等数据相关性的链接能力；

4. 数据打通，目前绝大多数工厂因为早期业务架构能力不足或其他因素影响导致相关性数据尚未打通，物料、装备、仓储、物流、生产等环节数据存在数据孤岛；

5. 数据安全，一旦数字化成为工厂常态，数据安全将成为至关重要的环节；

6. 数据管理能力，时序数据的管理与存储能力；

7. 数据价值挖掘，用于装备智能化提升，管理数据参考，业务决策或参考，产供销流程优化。

009：

机械行业在个人电脑普及之初逐渐步入数字化设计阶段，当时的数字化仅仅指的是使用电子手段取代传统的手绘制图，这使机械行业行为发生了巨大的变化，表现上体现在设计难度大大降低，对从业人员的经验依赖降低了很多，工人甚至不需要看懂图纸，依靠三维软件就能够进行加工与装配。

互联网兴起之后，工业领域受限于行业特点，在数字化方面的发展滞后，虽然对数字化引入了更多的内涵，实际上一直处于摸索状态，因而不像最初的数字化设计那样有明确的概念。当前大多数工厂的数字化理解都源自互联网公司，是传统自动化与信息化的结合。因而在顶层上各种工业信息平台应运而生，这些平台大多都基于工业物联网信息大数据。这些大数据的应用多是偏向于两个方面的应用，一个是偏向于数据分析，另一个是偏向于人机交互。

通常传统的制造型企业更偏向于做数据分析方面的应用，如设备故障诊断，场景监测等，因为这些关系企业核心技术竞争力，简单地说就是希望使用数字化，一是可以提升自身产品的质量，二是可以提高效率，三是可以降低工人对经验依赖，四是可以降低成本。

偏向自动化和互联网的公司更喜欢物流数据分析应用，人机交互等更擅长的领域，比如产品定制化等。

这两种类型的需求有一定的重叠，但是远没有达到可以解决传统制造型企业痛点的地步，所以我们面向传统制造型企业推广数字化制造总是得到很暧昧的回馈。

××机床厂之前推出了工业云平台，具备数据收集、物流管理等多种功能，但脱开自身制造业的基础，偏向物流管理、租赁服务，彻底走向互联网思维，最终造成的恶果就是将自己拉入价格战的泥潭。

数字化双胞胎的概念、PLM软件覆盖产品的全生命周期，这种数字化能力相对比较全面的公司提出的"万金油"的策略使我们能够在很多行业获得进入门槛，我感觉尤其是提出的类似燃气轮机数字化双胞胎不停机故障检测技术，更能获得制造型企业的青睐，如果这种类似的技术结合我们在工业信息化上的优势，会更加无往而不利。

010：

数字化，digitalization，是使用计算机技术、信息技术和数字化技术等相关技术，对现实世界进行建模，进一步模拟现实世界的各种事物和行为。

数字化技术可以实现部分甚至完全模拟现实世界的行为，提供了一种虚拟的、快速的、易用的、低成本的方式，来感知现实世界事物变化的行为，从而理解和控制现实事物，获得感知—理论—实践的模式。

数字化是实现工业自动化、智能化的基础，只有先将工业现场设备等各种硬件数字化后，在计算机中映射成虚拟设备，将设备的各种信息和数据能用数字表示，才能实现信息化、自动化和智能化。

企业通过应用数字化，可以在某种程度上降低企业的人力和生产成本，提高产品开发的效率，及早地发现问题从而解决问题，进而增加企业的利润。

制造业是国家的根本，制造业的水平高低能够代表一个国家的实力。而要实现先进制造业，必须依靠数字化。制造业从传统的非数字化向数字化的转型，是势不可当的一种趋势，也是国家发展计划的一项战略方针。

通过上述在同行中调研、询问的结果，可以看出，大家对数字化、智能制造的理解真是千人千面；虽然每个人说的都有道理，但也是每个人都有自己的理解，每个人都有自己看待数字化和智能制造的角度，没有一个大而全囊括所有，能获得大家普遍认可的定义。而这些不同的理解和看法，正是智能制造处于成长期的有力佐证。

相比于知过去，大家都更关心如何知未来。细心的读者可能会发现，上面的智能制造生命周期图中虽然有时间轴（横轴），但没有标注时间；大家应该很关心从现在的成长期加上成熟期这两个阶段，到底能够延续多长时间？

首先，这个问题要看智能制造这个词是广义还是狭义、是"肉体"还是"精神"存在。这是什么意思呢？一方面，如果把智能制造作为一个广义的名词，一切有助于制造企业的内容都应纳入到智能制造的体系下，那么这个名词就拥有了自我更新的能力，那么它的生命周期理论上可以无限长，但这也就失去了讨论智能制造生命周期的意义。另一方面，如果仅把智能制造作为一个"肉体"名词，随着当今社会造新词的速度，这个词可能过几年就被其他名词替代了，但内容还是智能制造的内容。因此如果仅看"肉体"的智能制造，那么它的生命周期很可能也就 2~3 年，不会超过 5 年，在这种情况下讨论智能制造的生命周期同样意义不大。

所以，我们从狭义的、"精神"的角度来讨论智能制造的生命周期才更有意义。从这个角度看待的智能制造，我个人估测它的成长期加上成熟期这两个阶段，大概有 25~30 年的生命周期。这不能算是一个精确的估算，但可以算是一个有些依据的估算。

一般而言，工业方面的转变不像消费领域那么快，一方面是由于工业领域需要成熟的技术而不是太新颖的技术，另一方面工业领域更新换代所需要的资金较大而变革又偏保守，所以工业的转变本身就发生得比较慢。我们可以以电力系统为例来做参照：电力属于工业领域的一部分，数字化继电保护和控制技术的成长期和成熟期差不多也走过了 25~30 年的时间，这可以作为智能制造在同样两个阶段生命周期的参照。

这里需要澄清一点的是，我并不是说现有的组成智能制造的各个产品或赋能工具（比如 MES）能够在成长期和成熟期这两个阶段持续 25~30 年。行业生命周期的确是由行业的产品生命周期支撑起来的，但一个产品代表不了整个行业，行业的组成方案由许多产品组成，当一个产品衰退后，往往可以被一个具有类似功能的新产品来替代，继续作为行业组成方案的一部分支撑行业发展。比如，铁路行业并不因为蒸汽火车退出历史舞台而导致行业生命周期进入衰退，电力高铁为行业续命并且带来了更大的发展。行业生命周期与产品生命周期的关系可以用图 10-2 表示。

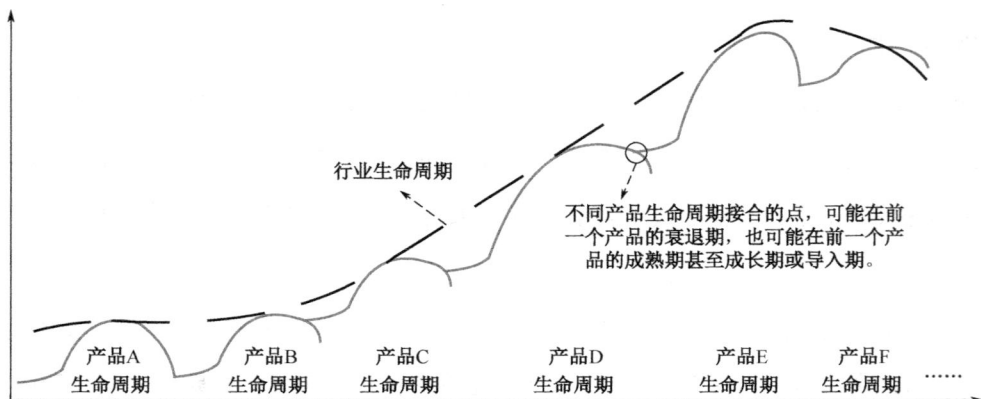

图 10-2　行业生命周期与产品生命周期的关系示意图

图 10-2 所示的一个产品其实是代表了该行业多个产品的叠加，如果对一个个产品都进行统计，这张图看起来会非常复杂和杂乱。另外，组成行业生命周期的各个产品，它们的生命周期之间的结合点（后一个新产品的生命周期和前一个产品的生命周期的交叉点）可能发生在前一个产品的衰退期，也可能发生在前一个产品的成熟期甚至成长期或导入期。

既然智能制造为制造业赋能，而制造业生产的产品给大家的衣食住行提供硬核的解决方法，那么应该是只要有人存在制造业就永远存在，智能制造的生命周期不应该是无限长的吗？只要有人存在制造业就永远存在是没错的，但智能制造的生命周期应该是无限长是不可能的。一个行业的生命周期进入衰退期，并不意味着这个行业永远消失，而是指需求下降或者产品种类以及竞争者数量减少。智能制造可能因为什么原因进入衰退期呢？我认为可能有以下几个原因：制造企业的饱和带来的对智能制造的需求下降，制造企业效率再提升的瓶颈，技术的普遍性带来的智能制造行业收入降低。

10.4 预言智能制造的未来

在上一节中，我们刚推论了智能制造现在处于成长期比较初始的阶段，而且估测了智能制造的成长期加上成熟期这两个阶段的生命周期大概有 25～30 年。那么智能制造在深入走向成长期的下一步，以及在成熟期的阶段，会有哪些趋势逐渐变成现实，走向我们的生活和技术领域呢？这是我们本小节要一起展开的话题。

我们从智能制造未来能够达到的生活场景、人能够发挥的作用、工厂和产品的模式、技术架构等几个方面聊聊；这些方面也涵盖了生活场景和技术两个维度的话题。

智能制造下的生活场景

任何场景只能反映一种情形，没有人能给出代表所有智能制造生活场景的描述。这里，我们也就给出一个智能制造下的生活场景。每个人可以有自己的智能制造生活场景的畅想，以下案例仅供读者参考而已。

如图 10-3 所示，某一天，你按例在户外跑步。

- 智能可穿戴设备提示运动达到了一定效果，接下来平时吃的降压药可以降低 15% 的剂量；
- 智能可穿戴设备将这个信息发送到了云端数据平台；

- 云端查找附近的智能药柜，看有没有符合这种要求的降压药；
- 智能药柜扫描药柜内部的药品，发现没有这种规格的药品，反馈到云端；
- 云端自动对接各个生产药品的工厂，根据工厂的距离和产线排产信息，自动选定一个可最快到货的工厂并下单；
- 在工厂出货口，无人机已经到达，载着药品直奔目的地。

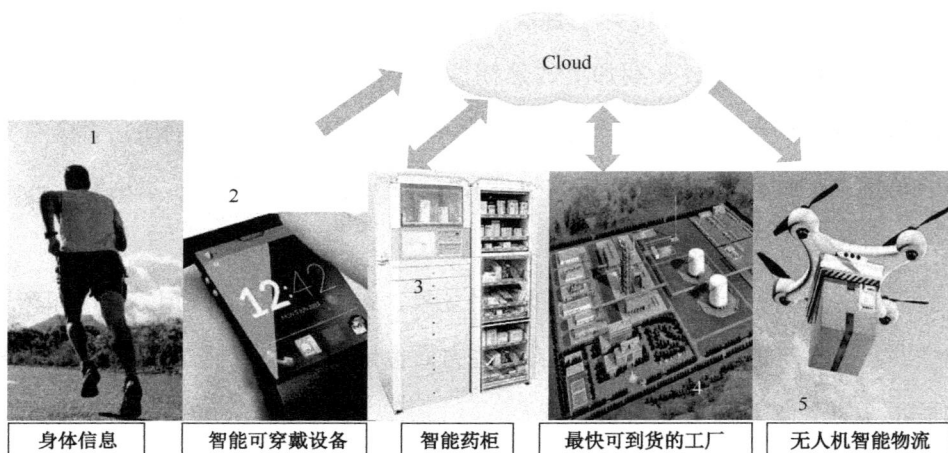

图 10-3 一个智能制造生活场景示意图

　　每个人都可以抽取生活中的一个场景，想象自己的智能制造是如何改变生活的。智能制造能够做得很多，通过减少信息沟通、制造、运输、检索等环节的时间，让生活更便捷高效，这是智能制造一直在实现也一定能实现的目标。

人能发挥的作用

　　"机器换人淘汰蓝领，人工智能淘汰白领"，智能制造下的人类是否无业可就？这个问题我们在本书的前面已经做过一部分解答。至少从目前来看，人工智能还达不到智慧的层次，智能制造中有了智能的元素，但软件、机器还是不能替代人的所有工作，人将会在生产制造中发挥更重要的决策干预作用。

但不是说所有人都不会失业。人对比计算机而言，优势在于可以处理高复杂度、高创造性和高社交性的问题。如果目前某个人的工作是简单的重复，不需要什么创造性、社交性也比较低，那么这个人离失业仅是一步之遥。

智能制造消灭某些工作岗位的同时也在创造着新的工作机会。人工智能作为智能制造的重要组成元素，我们在《言简意赅且抓住重点地聊聊主要赋能工具》一章中已经提过，这已经是人工智能第四次成为热词的时代了，但实际上我们离实现人工智能还有很远的距离，人工智能 AI 当前甚至今后很长一段时间内都没有办法使它自己变得更聪明。所以，高层次的问题诊断、推理和反推理分析、监管、创造、组织、服务，仍然是智能制造时代下人能够发挥作用，而计算机无法取代人类的领域。

当然，还有一个话题是人去思考而非人工智能可以思考的——人和人工智能如何优势互补。计算机可以很好地自动重复任务，擅长识别图案和处理规模任务，但是机器不擅长很多事情。人类擅长常识性事务，可以做反事实推理。人可以利用小数据进行学习，并且举一反三，将其应用到我们以前从未见过的事情中去。最重要的是，人有创造力，比如会思考人和人工智能如何优势互补并寻求答案。

工厂有模型、生产的产品也有模型

前面聊了两个比较大并且较为抽象的话题，我们把眼光收回来，看看制造企业本身会有哪些改变。改变会有很多、很多层面，其中的一个是工厂自身会提供模型，工厂生产的产品也会提供模型。

之所以会做这样的预测，是基于工业领域大部分产品或细分行业会走向集中化、小部分产品或细分行业走向分散化的预测；社会分工包括制造领域的分工越来越细分，这也就意味着工厂之间的联合生产模式、小企业为大企业提供零配件的模式越来越深度化。以前的模式是小企业更多靠关系成为某个大企业的供应商，以后的模式是通过看数据化的生产能力来决定某个小企业是否能够成为大企业的合格供应商。而如何提供数据化的生产能力？不能再靠纸质的文字说明，而是提供工厂的模型，让大企业可以拿自己工厂的模型去论证该工厂的产能是否足够、是否需要增加供应商来达到生产目的。

同样，产品也要有模型。现在如果需要搭建一个包含很多产品的系统，这个系统一定是要把实物产品都拿到了之后，搭建起来然后做针对系统的测试，从而来验证该系统能够满足某些功能和性能需求。这种传统的方法费时费力还很难预测系统的瓶颈环节，如果能拿到产品的模型，在虚拟环境下测试由不同产品组建出来的系统到底可以怎样工作，会大大节省时间成本、运输成本和采购成本等。现在虽然也用到一些产品的模型，但这种模型往往是在产品拿到了之后，由仿真建模专家通过观测了产品的某些特性后再进行建模；这种建模方式一方面可能导致建模数据不准确，另一方面建模数据的深度较浅，仅局限于产品尺寸、颜色、重量等层面。而未来的产品模型数据应该是由生产产品的制造企业（或设计产品的企业）来提供的，这种产品数据模型数据最接近产品本身、包含的信息维度也多，在一个虚拟系统里可以直接进行使用和测试。

当然，为了通用性，不同制造企业提供的工厂模型和产品模型可以用同一种数据接口去对接、联合使用，需要有一种模型的标准来统一规定。所以，这里我预测数据模型方面的标准制定也是智能制造未来会发生的事情。

"大平台，小 App"的架构

我们在上一节跟大家讨论智能制造的行业生命周期时就提出，组成智能制造的各个产品或赋能工具的生命周期，不等于智能制造这个行业的生命周期。行业生命周期的确是由行业的产品生命周期支撑起来的，但一个产品代表不了整个行业，行业的组成方案由许多产品组成，当一个产品衰退后，往往由一个类似功能的新产品来替代，继续作为行业组成方案的一部分支撑行业发展。

在本书中提到的智能制造的赋能工具诸如 ERP、MES、APS、PLM 等工具，是当前智能制造较为初级阶段的赋能工具，未来智能制造的赋能工具很可能不再是这些。虽然开发一个特别庞大复杂的系统由于从资源组织、项目协调、沟通协调等各个方面都异常复杂等原因阻碍了大一统的软件出现，但越来越多的软件还是从本地化走向了云端，这样做从成本角度考虑是可以理解的：降低了服务商或者软件提供商的布署、配置和维护成本，本来需要出差到现场去解决的很多问题，在云端更改一下配置就好了，并能省一大笔费用。

所以，智能制造未来的赋能工具很可能逐渐脱离在本地布署多个独立软件的模式，转向"大平台，小 App"的架构。大的平台为小的应用提供统一支撑和基础服务（如协议解析和转发、图形库等），小的应用来完成具体的业务场景适用模块，数据收集到大平台上进行统一的分析。

本书中提到过的智能制造赋能工具诸如大数据分析、AI、精益、自动化等，这些是智能制造走向成熟也依然会用到的赋能工具，因为这些方面还有较大的发展空间，目前还没有达到强人工智能、全价值链精益、后自动化时代。而且这些技术是智能制造的支撑，如果没有了这些技术组成，比如当人工智能都已经要过时的时候，那么智能制造肯定早已过了其生命周期的衰退期，不管广义还是狭义、"肉体"还是"精神"都已经不存在智能制造了。

总结

前面所预言的智能制造未来趋势，其实并不是每一个都是市面上闻所未闻、见所未见的，有一些方面比如"大平台，小 App"已经初现端倪；西门子、SAP等著名工业软件提供商都在往这个方向发展。这些初露锋芒但没有被大量应用的事物，我们说它仍然处在其生命周期的导入期，针对这种情况我这里预言的是它们会有一个比较长的生命周期，能迈过成长期的"鸿沟"，伴随着智能制造这个大话题走向成熟。并不是所有产品或行业都有一条完整的生命周期曲线的，产品或行业在成长期面临一个需要跨越的"鸿沟"，如图 10-4 所示。

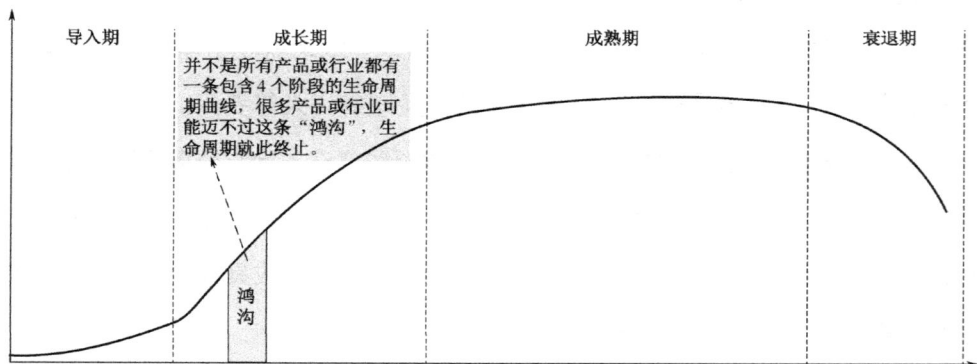

图中标注文字：
- 导入期
- 成长期
- 成熟期
- 衰退期
- 并不是所有产品或行业都有一条包含4个阶段的生命周期曲线，很多产品或行业可能迈不过这条"鸿沟"，生命周期就此终止。
- 鸿沟

图 10-4 产品或行业生命周期中的"鸿沟"示意图

所以，我们本节中预言的智能制造的未来包括了一些新事物的出现的例子，也包括了一些现在初露锋芒而作者认为它会跨越"鸿沟"继续发展的事物。预言是否准确，智能制造的路还长，让我们拭目以待吧。

你预言的智能制造的未来是什么样子呢？

读者调查表

尊敬的读者：

  自电子工业出版社工业技术分社开展读者调查活动以来，收到来自全国各地众多读者的积极反馈，他们除了褒奖我们所出版图书的优点外，也很客观地指出需要改进的地方。读者对我们工作的支持与关爱，将促进我们为你提供更优秀的图书。你可以填写下表寄给我们（北京市丰台区金家村 288#华信大厦电子工业出版社工业技术分社　邮编：100036），也可以给我们电话，反馈你的建议。我们将从中评出热心读者若干名，赠送我们出版的图书。谢谢你对我们工作的支持！

姓名：＿＿＿＿＿＿　　　　　　　　性别：□男　□女

年龄：＿＿＿＿＿＿　　　　　　　　职业：＿＿＿＿＿＿

电话（手机）：＿＿＿＿＿＿＿＿　　E-mail：＿＿＿＿＿＿＿＿＿＿＿＿

传真：＿＿＿＿＿＿＿＿＿＿＿＿　　通信地址：＿＿＿＿＿＿＿＿＿＿＿

邮编：＿＿＿＿＿＿＿＿＿＿

1．影响你购买同类图书因素（可多选）：

□封面封底　　　　□价格　　　　　　□内容提要、前言和目录

□书评广告　　　　□出版社名声

□作者名声　　　　□正文内容　　　　□其他＿＿＿＿＿＿＿＿＿＿＿＿＿＿

2．你对本图书的满意度：

从技术角度　　　　　　　□很满意　　　　□比较满意

　　　　　　　　　　　　□一般　　　　　□较不满意　　　□不满意

从文字角度　　　　　　　□很满意　　　　□比较满意　　　□一般

　　　　　　　　　　　　□较不满意　　　□不满意

从排版、封面设计角度　　□很满意　　　　□比较满意

□一般　　　　□较不满意　　　□不满意

3．你选购了我们哪些图书？主要用途？

_____

4．你最喜欢我们出版的哪本图书？请说明理由。

_____

5．目前教学你使用的是哪本教材？（请说明书名、作者、出版年、定价、出版社），有何优

缺点？

_____

6．你的相关专业领域中所涉及的新专业、新技术包括：

_____

7．你感兴趣或希望增加的图书选题有：

_____

8．你所教课程主要参考书？请说明书名、作者、出版年、定价、出版社。

_____

邮寄地址：北京市丰台区金家村288#华信大厦电子工业出版社工业技术分社　邮编：100036

电　　话：010-88254479　E-mail：lzhmails@phei.com.cn　　微信 ID：lzhairs

联 系 人：刘志红

电子工业出版社编著书籍推荐表

姓名		性别		出生 年月		职称/职务	
单位							
专业			E-mail				
通信地址							
联系电话			研究方向及 教学科目				
个人简历（毕业院校、专业、从事过的以及正在从事的项目、发表过的论文）							
你近期的写作计划： 你推荐的国外原版图书： 你认为目前市场上最缺乏的图书及类型：							

邮寄地址：北京市丰台区金家村 288#华信大厦电子工业出版社工业技术分社　邮编：100036
电　　话：010-88254479　E-mail：lzhmails@phei.com.cn　　微信 ID：lzhairs
联 系 人：刘志红

反侵权盗版声明

电子工业出版社依法对本作品享有专有出版权。任何未经权利人书面许可，复制、销售或通过信息网络传播本作品的行为；歪曲、篡改、剽窃本作品的行为，均违反《中华人民共和国著作权法》，其行为人应承担相应的民事责任和行政责任，构成犯罪的，将被依法追究刑事责任。

为了维护市场秩序，保护权利人的合法权益，我社将依法查处和打击侵权盗版的单位和个人。欢迎社会各界人士积极举报侵权盗版行为，本社将奖励举报有功人员，并保证举报人的信息不被泄露。

举报电话：（010）88254396；（010）88258888

传　　真：（010）88254397

E-mail：　dbqq@phei.com.cn

通信地址：北京市万寿路 173 信箱

　　　　　电子工业出版社总编办公室

邮　　编：100036